2024 年赣南师范大学校企合作教材资助出版项目

家具市场营销实务

主编　聂绍群　饶启聪　王苏洲
副主编　熊琦　廖忠暄　吴述文

沈阳出版发行集团
沈阳出版社

图书在版编目（CIP）数据

家具市场营销实务 / 聂绍群, 饶启聪, 王苏洲主编 .
沈阳 : 沈阳出版社, 2025. 5. -- ISBN 978-7-5716
-5129-9

Ⅰ . F407.885

中国国家版本馆 CIP 数据核字第 2025RN8896 号

出版发行：沈阳出版发行集团 ｜ 沈阳出版社
　　　　　（地址：沈阳市沈河区南翰林路 10 号　邮编：110011）
网　　　址：http://www.sycbs.com
印　　　刷：定州启航印刷有限公司
幅面尺寸：185mm×260mm
印　　　张：16.75
字　　　数：350 千字
出版时间：2025 年 5 月第 1 版
印刷时间：2025 年 5 月第 1 次印刷
责任编辑：吕　晶
封面设计：寒　露
版式设计：寒　露
责任校对：高玉君
责任监印：杨　旭

书　　　号：ISBN 978-7-5716-5129-9
定　　　价：98.00 元

联系电话：024-24112447
E－mail：sy24112447@163.com

前　言

　　家具产业是赣州的传统优势产业、首位产业、富民产业，为赣州市最具特色、链条最全、规模最大的产业集群，历经 30 年风雨征程，实现跨越式高质量发展。2024 年，南康家具产业集群产值突破 2800 亿元，其中，规模以上家具企业数量 526 家，单个产业规模以上企业数全省第一；南康家具品牌价值超 700 亿元，居全国家具产业首位。

　　营销是企业的龙头，南康家具产业 5000 亿元的销售目标任重道远，把南康家具优秀企业和一线营销实践专业人士的成功策略与营销路径总结出版显得特别有价值。本教材立足家具行业特性，结合企业真实案例与院校教学规律，探索"产业需求驱动、能力本位导向"的编写模式，为培养具有市场洞察力与实战技能的应用型人才提供支撑。

　　本书第一、二、三、十一章由聂绍群编写，第四、九、十、十二章由饶启聪编写，第五、六、七、八章由王苏洲编写，共 12 章，主要围绕我国家具市场的现状、面临的挑战及机遇，系统地探讨了家具市场营销新方略，旨在为传统家具企业和门店提供摆脱惯性、突破壁垒、实现转型升级和再创佳绩的策略与方法。

　　本教材具有以下特点。

　　综合性强：本教材内容涵盖了家具市场营销的多个方面，从理论到实践、从策略到执行，全面而系统。

　　双师协同：企业导师深度参与课程设计，依托企业营销部门与院校教研组的定期联席会，将行业新趋势（如智能家居生态营销）实时转化为教材素材。

　　实战导向：注重培养学生的实践能力和解决问题的能力，结合南康家具产业的具体情况撰写了 12 个真实案例，实地开展相关实践活动，让学生将专业知识应用于实际情境中。

　　校企融合：加强与家具企业的合作，通过校企合作项目设计了 34 个实训任务，让学生深入家具企业了解市场运作和营销策略的实际应用情况，增强学生的实践能力和职业素养。

　　内容新颖：以家具行业痛点驱动及时更新教材内容，引入最新的市场趋势、营销策略和家具电商等新技术手段，确保学生所学知识的时效性和前沿性。

　　本教材为赣南师范大学校企合作教材，得到南康家具行业协会和头部家具企业如文华家瑞、自由王国、世纪家缘等公司的大力支持，将企业真实项目转化为教学模块，实现"案例源于实战、方案反哺产业"的闭环。

　　编者虽已竭尽全力，但因时间仓促，水平有限，书中难免存在不足之处，恳请读者不吝赐教。

目　录

第一章 家具市场营销概述

【案例导入】

南康家具：从"无中生有"到"千亿产业"的集群蝶变

第一个阶段从 1993 年到 2012 年，从无到有。

南康人多地少，"男做木匠，女做裁缝"是南康人的主要谋生手段之一。改革开放之后，一大批南康木匠南下广东务工，积累一定技术和资金后返乡创业。1993 年南康诞生了第一家家具厂，后经历届党委、政府"放水养鱼"，家具产业快速增长，到 2012 年达到了产值超百亿、数量近 6000 家的规模。

第二个阶段从 2013 年到 2016 年，转型升级。

此时的南康家具已形成"铺天盖地"的发展势头，但面临管理粗放、低小散乱污、产品低端化、销售不畅通、物流成本高等一系列制约产业转型升级的瓶颈问题。南康搭平台、补链条，创造性建成了首个集国际物流、海关监管、保税仓储、数字经济等为一体的中国内陆口岸（江西）国检监管试验区，打造了九大公共服务平台[赣州国际陆港、中国（赣州）家具产业博览会、江西省家具质检中心、家居小镇、共享喷涂中心、金融中心、物流、烘干、标准厂房]，使南康家具要素更加集聚、链条更趋完善、功能更加齐全。

第三个阶段从 2017 年至今，高质量发展。

一是实施"三强"战略，做大规模。引进了格力电器、美克家居、大自然家居、左右家私、圣蒂斯堡等 30 多家头部企业，培育并形成了一批既能组织中下游产业链水平分工，又能实现垂直整合的龙头企业、链主企业。二是聚焦产业提升，做响品牌。"南康家具"品牌成为全国第一个以县级行政区划地名命名的工业集体商标，拥有 274 家"南康家具"集体商标使用企业。推进南康家具"百城千店"，开展"百馆千店万商"市场拓展行动，签约全国各大高端家具卖场 78 家品牌馆，开业 12 家，开设连锁专卖店 400 多家，企业自营店、加盟店 8 万多家。三是强化"双线"驱动，做活营销。线上方面，深化与阿里、京东、拼多多、抖音四大电商平台合作，培育带动 3000 多家家具企业"触网"，同时建成跨境电商产业园，上线运营陆港跨境贸易中心，常态化开展"9710""9810"跨境电商业务，在欧洲、日本、韩国、美国设立 7 个海外仓。线下方面，不断优化超 300 万平方米家具市场，按照整装大家居"所见即所得"模式，稳步推进家居美学馆、红星美凯龙家居Mall等整装大家居集采中心的建设运营工作，组织家具企业赴马来西亚、意大利、德国、日本等地抢市场、抢订单。2024年南康家具第二次进驻全球家具业的"奥林匹克"盛会——米兰家具展，组成东南亚、欧洲、中亚三国经贸考察团，南康家具更加自信从容走向世界，助力实现"把南康家具旗帜插遍全球"的目标。四是加强产业联动，做强展会。创新发展"春季采购节、家博会、秋季订货会、绿色供应链配套展会"的"一节三会"展会格局，2023年交易额累计突破400亿元。2024南康家具春季采购节吸引全国各地经销商、采购商超10万人，线上线下交易额突破60亿元；120多家"南康家具军团"抱团参加广东四大家具展，交易额突破20亿元；第二届绿色供应链（配件／配套）展览会吸引全国各地经销商、采购商超15万人，线上线下交易额突破80亿元。第11届家博会盛大举行，创下专业观展人数超25万人、交易额突破110亿元、项目签约金额达138.5亿元的喜人成绩，堪称国内史无前例的现象级流量展会。

第一节　市场与家具市场

学习目标

【知识目标】

（1）理解市场的经典定义及其构成要素。

（2）理解家具市场的特性及分类。

【能力目标】

（1）熟练运用多种市场调研工具和方法，收集家具市场相关信息。

（2）掌握市场分析的关键内容。

一、市场

市场作为经济活动的基础单元，是买卖双方进行商品或服务交换的重要场所、机制或过程。它不仅是一个物理或虚拟的空间，更是资源配置、信息传递和价格发现的关键环节。例如：在传统的农村集市，每逢特定日子，周边村民带着自家农产品、手工艺品等前来售卖，而其他村民则按需购买，这里的集市就是一个典型的物理空间市场；而在电商蓬勃发展的今天，像亚马逊这样的国际电商平台，让全球各地的商家和消费者通过网络实现商品交易，便是虚拟空间市场的生动体现。

（一）经典定义

1.经济学视角

亚当·斯密、马歇尔理论认为市场是商品或服务交换的场所及交易关系的总和。

2.营销学视角

菲利普·科特勒提出的"需求集合体"，强调消费者需求驱动市场形成。

3.现代延伸

数字化市场的虚拟性（如电商平台）与全球化特征（跨国供应链整合）。

（二）市场的核心要素

市场的核心要素包括需求、供给和交易条件。这三者相互作用，共同决定了市场的运行状况和价格水平。

1.需求

需求是指消费者在一定时期内和一定价格水平上，愿意并且能够购买的商品或服务的数量。需求受多种因素影响，如消费者收入水平、偏好、替代品和互补品价格等。以智能手机市场为例，当消费者收入增加时，对高端智能手机的需求可能上升；若消费者偏好大屏手机，大屏手机的需求也会相应增加；当某品牌手机价格上涨时，其替代品的需求则可能被激发。当需求增加时，市场价格往往上升；反之，当需求减少时，市场价格可能下降。在家具市场中，当居民收入提高时，对高品质、设计独特的家具的需求会增加；如果消费者偏好简约风格，那么简约风格的家具需求就会上升；若实木家具价格上涨，板式家具等替代品的需求可能会被带动。

2.供给

供给是指生产者在一定时期内和一定价格水平上，愿意并且能够提供的商品或服务的数量。供给同样受多种因素影响，如生产成本、技术进步、政策法规等。例如，随着新能源汽车生产技术的进步，电池成本降低，新能源汽车的供给量增加，价格也更具竞争力。在家具行业，随着自动化生产技术的普及，家具生产效率大幅提高，供给量增加，成本降低，进而影响市场价格。若环保政策要求家具生产企业采用更环保的材料，这可能会增加生产成本，在一定程度上影响供给量。供给增加通常会导致市场价格下降；反之，供给减少则可能导致市场价格上升。

3.交易条件

交易条件是指买卖双方进行交易时所遵循的规则和条件，包括价格、支付方式、交货期限、质量保证等。以网购为例，消费者可以选择货到付款、在线支付等支付方式，商家会明确交货期限，以及提供一定期限的质量保证，这些交易条件的设定直接影响市场的交易效率和公平性。在家具交易中，一些高端家具品牌会提供定制化的付款方式，如分期付款；对于交货期限，大型家具卖场会承诺在消费者下单后的一定工作日内送货上门；质量保证方面，许多家具企业提供一年甚至更长时间的质保服务。这些交易条件的差异会影响消费者的购买决策。

（三）市场的类型与形态

市场可根据不同的标准进行分类，形成不同类型的市场。

1. 按交易对象分类

市场可分为商品市场和服务市场。商品市场主要交易有形商品，如食品、衣物、家具等；服务市场则主要交易无形服务，如教育、医疗、旅游等。像教育培训机构提供的英语培训课程，就是服务市场的典型代表；而红星美凯龙销售的各类家具，则属于商品市场范畴。在家具领域，还可以进一步细分，如办公家具市场、民用家具市场等，不同细分市场的需求特点和竞争态势各不相同。

2. 按交易方式分类

市场可分为现货市场和期货市场。现货市场进行即时交付的商品或服务交易；期货市场则进行未来某个时间点交付的商品或服务的交易。例如：在农产品交易中，农民将刚收获的粮食直接卖给粮商，这是现货交易；而粮商与农产品加工企业签订合同，约定未来某个月以固定价格供应一定数量的粮食，这便是期货交易。在家具行业，消费者在家具卖场直接购买现货家具，当场提货或短期内送货上门，这是现货交易；而一些大型家具采购项目，如酒店家具采购，采购方与家具供应商签订合同，约定在几个月后交付定制的家具，这类似于期货交易模式。

3. 按市场形态分类

市场可分为有形市场和无形市场。有形市场是指买卖双方在同一物理空间内进行交易的场所，如集市、商场等；无形市场则是指买卖双方通过电子或其他非物理方式进行交易的场所，如电子商务平台。如北京的王府井步行街，汇聚众多实体店铺，是有形市场；而闲鱼这个二手交易平台，用户通过网络交易，属于无形市场。在家具领域，线下的家具专卖店、家居建材市场是有形市场，而线上的淘宝家具频道、京东家具商城等则是无形市场，消费者可以在这些平台上浏览海量家具产品信息并完成交易。

（四）市场分析的关键内容

市场分析是了解市场动态、预测市场趋势和制定营销策略的重要手段。市场分析通常涉及以下关键内容。

1. 市场规模

市场规模是指某一特定时期内市场上商品或服务的总交易量或总销售额。了解市场规模有助于企业评估市场潜力和制定销售目标。以中国的智能手机市场为例，通过统计每年的手机销量和销售额，手机厂商可以判断市场的饱和程度，从而制订下一年度的生产和销售计划。在家具市场，通过对全国或某个地区的家具销售额和销售量的统计分析，家具企业可以了解市场的容量大小，判断市场是否还有增长空间，进而确定自身的生产规模和销售目标。例如，根据权威机构的统计数据，近年来中国民用家具市场规模持续增长，这为家具企业提供了广阔的发展空间。

2. 市场增长率

市场增长率是指某一特定时期内市场规模的增长速度。通过分析市场增长率，企业可预测未来的市场趋势并制定相应的发展战略。比如新能源汽车市场，近年来增长率持续上升，汽车企业纷纷加大研发投入，布局新能源汽车领域。在家具行业，若某一细分市场，如智能家具市场的增长率连续多年保持较高水平，家具企业就可以考虑加大在该领域的研发和生产投入，推出更多智能家具产品，抢占市场份额。

3. 市场结构

市场结构是指市场上竞争者的数量、规模和市场份额的分布情况。不同的市场结构对应不同的竞争程度和价格行为。了解市场结构有助于企业制定竞争策略。例如，在智能手机市场，苹果、三星、华为等少数品牌占据较大市场份额，属于寡头垄断市场结构，新进入的品牌需要制定差异化竞争策略才能分得一杯羹。在家具市场，中低端家具市场竞争激烈，品牌众多，市场份额较为分散；而高端家具市场则相对集中，少数知名品牌凭借品牌优势和产品品质占据较大份额。对于新进入的家具品牌，如果选择进入中低端市场，可能需要通过价格优势、独特的设计或优质的服务来吸引消费者；若进入高端市场，则需要在品牌建设、产品创新等方面下功夫。

4. 消费者行为

消费者行为是指消费者在购买商品或服务时所表现出的行为特征和偏好。通过分析消费者行为，企业可了解消费者的需求和期望，从而制定更精准的营销策略。比如通过市场调研发现，年轻消费者更注重智能手机的拍照功能和外观设计，手机厂商就可以在这些方面加大研发和宣传力度。在家具市场，通过问卷调查、焦点小组讨论等方式，企业发现年轻消费者更倾向于简约时尚、可灵活组合的家具，且对线上购物的接受度较高；而老年消费者则更看重家具的舒适性、稳定性和传统风格，更愿意在实体店购买。家具企业就可以根据这些消费者行为特点，针对不同消费群体推出不同风格和功能的产品，并选择合适的销售渠道和营销方式。

（五）市场的作用与功能

市场在经济活动中发挥着至关重要的作用，具有多种功能。

1. 资源配置

市场通过价格机制引导资源向效益更高的领域流动，实现资源的优化配置。例如：当房地产市场火爆时，大量资金、人力、物力等资源会流向房地产行业；而当某个传统制造业产能过剩，资源则会逐渐流出，转向更有发展潜力的行业。在家具行业，如果某一时期实木家具市场需求旺盛，价格上涨，那么木材供应商会增加木材供应，家具生产企业会加大实木家具的生产投入，相关的设计、营销等资源也会向实木家具领域倾斜。

2. 信息传递

市场为买卖双方提供商品或服务的价格、质量、供求状况等信息，有助于双方做出明智决策。在电商平台上，消费者可以通过查看商品评价、价格对比等信息，选择性价比高的商品，商家也能根据市场反馈调整产品策略。在家具市场，消费者可以在不同的家具卖场或线上平台对比不同品牌、不同款式家具的价格、材质、工艺等信息，从而做出购买决策；家具企业通过收集消费者的反馈和市场数据，了解消费者对产品的满意度和需求变化，进而改进产品设计、提高产品质量。

3. 风险分散

市场允许买卖双方通过交易来分散风险，如通过期货市场进行套期保值来规避价格波动风险。例如，农产品种植户担心农产品价格下跌，可在期货市场卖出期货合约，锁定价格，降低价格波动带来的风险。在家具行业，家具生产企业担心木材价格上涨增加生产成本，可以通过与木材供应商签订长期合同，锁定木材价格；或者在原材料期货市场进行套期保值操作，降低原材料价格波动对企业经营的影响。

4. 激励创新

市场竞争促使企业不断创新和改进，以提升产品质量和服务水平，从而赢得市场份额和消费者信任。以智能手机行业为例，各大品牌不断推出新技术、新功能，如快充技术、折叠屏技术等，以提升产品竞争力。在家具行业，为了在竞争中脱颖而出，企业不断创新设计理念，推出环保新材料家具、智能家具等；同时，在服务方面，企业不断优化售后服务流程，提供个性化的售前咨询和设计方案，以满足消费者日益多样化的需求。

二、家具市场

家具市场是专门销售各类家具的市场，涵盖从衣橱、桌子、床到沙发等大件物品，以及家居收纳类、装饰类、用具类等多种产品。近年来，随着全球经济的复苏和居民生活水平的提高，家具市场迈入稳步增长阶段。特别是在中国，作为全球最大的家具生产国和出口国，其家具市场呈现持续增长态势，市场规模稳步扩大。同时，线上渠道的发展也为家具市场带来新的增长动力，电商销售额占比逐年提升。未来，随着消费者对家具品质和设计要求的提高，家具市场将更加注重品牌建设与产品设计，向新零售、新营销、新服务方向发展。

（一）家具行业的产业链全景

（1）上游：原材料供应商（木材、金属、化工材料）、设计软件服务商（如AutoCAD、3D云设计平台）。

（2）中游：生产制造（OEM/ODM模式）、品牌运营（自主品牌 vs 代理品牌）。

（3）下游：零售渠道（专卖店、电商平台）、消费者（个人家庭、企业客户）。

（二）家具市场的细分与定位

家具市场可根据不同维度进行细分，如风格、材质、功能等。这种细分有助于企业更精准地定位目标客户群，制定有针对性的营销策略。例如：按照风格可分为欧式古典、现代简约、中式等；按材质可分为实木、板式、皮质等；按功能可分为办公家具、民用家具等。全友家居针对年轻消费群体，推出简约时尚风格的板式家具，精准定位目标客户。再如，一些企业专注于打造高端实木中式家具，将目标客户锁定为对传统文化有深厚情感且具有较高消费能力的人群。

（三）家具市场的销售渠道与模式

传统实体店销售仍是家具市场的主要销售渠道之一。然而，随着电子商务的兴起，电商平台逐渐成为家具销售的重要渠道。比如，居然之家既有线下实体店，也搭建了线上销售平台，为消费者提供更多购物选择。消费者可以先在线上浏览产品信息，了解产品款式、价格等，再到线下实体店亲身感受产品的质感和舒适度，最后进行购买，也可以直接在线上下单，享受送货上门服务。

设计师定制服务、整装家居等新兴渠道也逐渐受到消费者青睐。这些新兴渠道不仅提供更多选择和便利，还满足了消费者个性化、定制化的需求。尚品宅配通过提供全屋定制服务，根据消费者的户型和需求设计家具，深受消费者喜爱。一些高端家具品牌还会与知名设计师合作，推出限量版的定制家具，满足高端消费者对独特性和高品质的追求。

（四）家具市场的趋势与挑战

图1-1 2010—2025年全球家具市场规模及预测

家具市场正面临消费升级、智能化、环保化等趋势。消费者对家具在品质、设计、功能等方面的要求越来越高，推动了家具行业的转型升级。例如，智能家具逐渐走进消费者家庭，具备智能调节灯光、温度等功能的家具受到欢迎，消费者也更倾向于选择用环保材料制作的家具。一些家具企业推出了智能床垫，能够根据人体睡眠状态自动调节硬度和温度。在环保方面，越来越多的企业采用无甲醛板材、水性漆等环保材料进行生产。

家具市场也面临激烈的市场竞争、原材料价格波动、环保政策收紧等挑战。企业需不断创新，提升核心竞争力，以应对市场的变化和挑战。比如，面对原材料价格上涨，家具企业需要优化生产流程，降低成本，同时加大研发投入，推出更具竞争力的产品。一些企业通过与供应商建立长期合作关系，争取更稳定的原材料价格；在研发方面，不断探索新的生产工艺和材料替代方案，以提高产品质量和降低成本。

任务实训

【目标】

通过模拟家具市场，培养学生 PEST 分析能力、数据收集能力、团队协作能力以及报告与展示的综合能力。

【内容】

选择一个南康地区的家具市场进行实地考察，收集市场信息，包括主要家具品牌、产品类型、价格区间、消费者群体特征等。

【步骤】

1. 制订考察计划，明确考察目的和重点

比如，考察目的可以是了解当地家具市场的竞争态势，重点关注中高端家具品牌。在制订计划时，要确定考察的时间、地点、考察对象以及采用的考察方法，如问卷调查、访谈、实地观察等。

2. 实施实地考察，记录观察结果，拍摄照片或视频作为辅助资料

在考察过程中，详细记录各个品牌的店铺位置、店内陈列、产品特点等信息。与销售人员、消费者进行交流，了解他们对不同品牌、产品的看法和需求。

3. 分析收集到的数据，总结家具市场的现状、趋势及潜在机会

通过数据分析，发现当地市场对智能家具的需求增长趋势，以及某一细分市场存在的空白。运用统计分析方法，对收集到的问卷数据进行量化分析；对访谈和观察得到的定性数据进行归纳总结，提炼关键信息。

4. 撰写实训报告，分享考察心得和发现

实训报告应包括市场调研的背景、方法、结果以及对未来市场发展的建议等内容。在撰写报告时，要注意语言表达清晰、逻辑严谨，数据图表准确直观，为家具企业或相关从业者提供有价值的参考。

第二节　市场营销与家具市场营销

学习目标

【知识目标】

（1）掌握市场营销的基本概念及核心要素，清晰把握市场营销的内涵与关键要点。

（2）精准分析家具市场营销的主要策略及其应用。

【能力目标】

（1）能够精准收集市场信息并设计和执行家具市场调研项目。

（2）根据家具市场特点和调研结果，制定可行的整合营销策略，包括产品定位、价格策略、渠道选择、促销活动策划等。

一、市场营销

市场营销是通过研究市场、确定目标市场、制定营销组合策略（产品、价格、渠道、促销）来满足消费者需求并实现组织目标的过程。市场营销的核心在于理解消费者需求，创造、传播和交付价值。以苹果公司为例，它深入洞察消费者对智能手机便捷性、创新性和时尚感的需求，通过持续的技术研发和设计创新，打造出兼具强大功能与时尚外观的产品；制定中高端价格策略，匹配其品牌定位和产品价值；借助直营店、授权经销商以及线上电商平台等多元渠道，确保产品触达全球各地的消费者；运用广告宣传、新品发布会等促销手段，激发消费者的购买欲望，成功实现商业目标，在全球市场占据重要地位。

（一）市场营销的核心要素

1.市场研究

这是市场营销的起点，旨在收集并分析关于市场环境、消费者需求、竞争对手状况等方面的信息，为后续的营销决策提供科学依据。例如，可口可乐公司定期开展市场调研，通过问卷调查、焦点小组讨论等方式，了解消费者对饮料口味的偏好、对包装设计的喜好以及对竞争对手产品的看法。基于这些调研数据，可口可乐公司不断优化产品配方，推出新口味产品，同时改进包装设计，以满足消费者不断变化的需求，保持市场竞争力。在家具行业，某家具企业通过线上问卷、线下访谈等形式，了解消费者对家具风格的偏好，发现简约现代风格在年轻消费者群体中备受青睐，于是以此为依据，调整产品研发方向，加大简约现代风格家具的设计与生产投入。

2.目标市场确定

在深入了解市场的基础上，企业需根据自身优势、资源条件及市场潜力，选择并确定最适合自己的目标市场，以实现资源的优化配置和最大化效益。小米公司在发展初期，凭借自身的技术研发能力和成本控制优势，精准定位追求高性价比智能手机的年轻消费群体。通过推出性能强劲、价格亲民的手机产品，迅速赢得这一目标市场的认可，积累了大量用户，实现了快速发展。在家具领域，一些小型家具企业，由于资金和生产规模有限，选择专注于特定目标市场，如专注于儿童家具市场。针对儿童成长过程中的不同需求，设计生产安全环保、功能多样的儿童家具，如可调节高度的书桌、带有收纳功能的儿童床等，成功在细分市场站稳脚跟。

3.营销组合策略

涉及产品的设计、功能、品质、品牌及包装等方面，旨在满足消费者的特定需求和期望。戴森吹风机以独特的设计、强大的干发和造型功能，以及高品质的产品质量，树立了高端个护电器品牌形象。在家具行业，一些高端家具品牌注重产品设计，与知名设计师合作，打造具有艺术感和独特风格的家具产品；同时，采用优质原材料和精湛工艺，确保产品品质，满足消费者对高品质、个性化家具的需求。

4.价格策略

根据市场定位、成本结构及竞争状况，制定合理的价格策略，以吸引消费者并保障企业的盈利能力。拼多多采用团购模式，以低价策略吸引大量对价格敏感的消费者，迅速在电商市场崛起。在家具市场，一些主打性价比的家具品牌，通过优化供应链、降低生产成本，推出价格亲民的家具产品，满足中低收入消费者的需求；而高端家具品牌则根据品牌价值和产品独特性，制定高价位策略，满足追求高品质生活的消费者需求。

5.渠道策略

选择合适的分销渠道和物流方式，确保产品能够顺畅地送达目标消费者手中。联合利华的产品通过超市、便利店、电商平台等多种渠道销售，覆盖广泛的消费群体。在家具行业，传统的家具卖场如红星美凯龙、居然之家，汇聚众多品牌，为消费者提供一站式购物体验；同时，线上电商平台如淘宝、京东的家具频道，也成为家具销售的重要渠道，消费者可以通过线上平台便捷地浏览和购买家具产品。此外，一些家具企业还通过与房地产开发商合作，开展精装修配套业务，直接将家具产品推向终端消费者。

6.促销策略

运用广告、公关、销售促进及人员推销等手段，提升产品知名度和品牌形象，激发消费者的购买欲望。每年的双十一购物节，各大电商平台和品牌都会推出大量促销活动，如满减、折扣、赠品等，吸引消费者购买。家具企业也常采用促销策略，如在新店开业、节假日等时段，通过广告宣传、举办促销活动，如家具展销会、限时折扣等，吸引消费者关注和购买。同时，一些家具企业还会通过人员推销，为消费者提供专业的家具选购建议和个性化服务，促进销售。

（二）市场营销的新趋势与挑战

1.数字化转型

随着互联网的普及和大数据技术的应用，市场营销正经历着前所未有的数字化转型。企业需充分利用数字技术，提升营销效率，实现精准营销和个性化服务。抖音通过算法推荐，根据用户的兴趣爱好推送相关的产品广告，实现精准营销。家具企业也在积极拥抱数字化转型，利用 3D 建模、虚拟现实（Virtual Reality，VR）和增强现实（Augmented Reality，AR）技术，为消费者提供线上虚拟展厅，让消费者在家中就能全方位浏览和体验家具产品；通过分析消费者在电商平台的浏览、购买数据，了解消费者的偏好和购买行为，实现精准营销，如向消费者推送符合其需求的家具产品信息。

2.消费者主权提升

在信息爆炸的时代，消费者拥有更多的选择权和话语权。企业需更加关注消费者的需求和体验，积极回应消费者的反馈和投诉，建立良好的口碑和品牌形象。海底捞以优质的服务著称，通过满足消费者的各种需求，如提供免费小吃、美甲服务、贴心的用餐服务等，赢得了良好的口碑。在家具行业，消费者在购买家具前，会通过网络搜索产品评价、咨询朋友等方式获取信息；购买后，也会通过社交媒体、电商平台等渠道反馈使用体验。家具企业需要重视这些消费者反馈，及时改进产品和服务，以提升消费者满意度和忠诚度。

3.市场竞争加剧

随着市场的不断开放和竞争的加剧，企业需不断创新，提升产品和服务的质量，以在激烈的市场竞争中脱颖而出。在共享出行市场，滴滴、美团打车等平台不断推出新的服务和优惠活动，来提升竞争力。家具市场竞争也日益激烈，品牌众多，产品同质化现象严重。家具企业需要不断创新设计理念，推出具有差异化的产品；同时，提升服务质量，如提供个性化的设计方案、高效的配送安装服务等，以吸引消费者，扩大市场份额。

4.社会责任与可持续发展

企业在追求经济效益的同时，还需承担社会责任，关注环境保护、员工福利及消费者权益等议题，实现可持续发展。星巴克推行环保杯计划，减少一次性杯子的使用，体现了企业的社会责任。在家具行业，环保意识日益增强，消费者对家具的环保性能要求越来越高。家具企业需要采用环保材料，优化生产工艺，减少对环境的污染；同时，保障员工的合法权益，关注消费者的健康和安全，树立良好的企业形象。

二、家具市场营销特殊性及营销特点

（一）市场营销概述

1.定义与核心概念

市场营销是以消费者需求为中心，通过创造、传播和交换产品价值，实现组织目标的系统性活动，其核心在于"需求管理"与"价值交换"。

家具市场营销核心概念：需要、欲望与需求。需区分消费者基本需要（如家具功能需求）与特定欲望（如个性化设计）。

产品价值：消费者对家具的感知效用与成本（价格、时间）的权衡。

交换与交易：家具企业通过渠道（如电商平台）与消费者完成价值转移。

2.家具营销组合（4Ps）

产品（Product）：包括实体家具（如沙发、床）及附加服务（设计、安装）。

价格（Price）：需平衡成本（原材料占35%）与市场定位（如高端品牌溢价20%～30%）。

渠道（Place）：线上线下融合（如红星美凯龙卖场＋抖音直播）提升触达效率。

促销（Promotion）：通过广告投放（搜索量增长50%）、社交媒体［成交总额（Gross Merchandise Volume，GMV）年增120%］与体验营销（VR展厅）激活消费。

3.家具营销观念演变

生产导向：以规模化生产降低成本（如OEM代工模式）。

需求导向：基于消费者分层（年轻群体偏好智能家具）定制产品。

社会营销：强调环保（E0级板材认证）与循环经济（二手家具回收）。

（二）家具市场营销的特殊性

1.高度定制化

随着消费者对家居环境个性化需求的不断提升，家具市场中的定制化服务日益受到重视。消费者可根据自己的喜好、家居风格以及空间尺寸等因素，定制专属的家具产品。这种高度定制化的服务不仅满足了消费者的个性化需求，也提升了家具市场的竞争力。索菲亚衣柜提供全屋定制服务，消费者可以选择衣柜的款式、颜色、材质、内部结构等，打造符合自己家居风格和收纳需求的衣柜。通过定制化服务，索菲亚满足了不同消费者的个性化需求，在市场中占据优势地位。

2.环保与健康意识增强

现代消费者越来越注重环保和健康，对家具的材质、生产工艺以及甲醛等有害物质的释放量等方面有着更高的要求。因此，家具企业需要在生产过程中注重环保和健康标准的执行，以满足消费者的需求。欧派家居采用环保板材，严格控制甲醛释放量，推出环保系列家具，受到消费者欢迎。同时，一些家具企业还会通过第三方检测机构认证，如获得中国环境标志产品认证等，向消费者证明产品的环保性能，增强消费者的购买信心。

3.跨界合作与品牌联动

家具市场中的跨界合作与品牌联动趋势日益明显。通过与家居、设计、艺术等领域的知名品牌或设计师进行合作，家具企业可以推出更具设计感和品质感的产品，提升品牌形象和市场竞争力。喜临门与知名设计师合作，推出具有艺术感的床垫产品，提升了品牌的设计感和品质感。一些家具品牌还会与家居饰品品牌、软装设计公司等进行合作，为消费者提供一站式的家居解决方案，满足消费者对整体家居风格的追求。

4.线上线下融合加速

随着电商平台的快速发展和消费者购物习惯的变化，家具市场的线上线下融合趋势日益明显。线上平台为消费者提供了便捷的购物体验和丰富的产品信息，而线下实体店则提供了亲身体验和售后服务等优势。因此，家具企业需要注重线上线下渠道的整合和优化，以提升消费者的购物体验和满意度。宜家不仅有线下大型家居商场，还推出了线上购物平台，消费者可以先在线上了解产品信息，再到线下体验和购买，实现线上线下的无缝对接。同时，一些家具企业还会通过线上平台进行产品宣传和推广，吸引消费者到线下实体店体验和购买，通过线下实体店为线上平台提供售后服务支持，实现线上线下的协同发展。

（三）家具市场营销的特点

1.注重品质与性价比

高品质、有设计感的家具产品虽然价格较高，但消费者对其的接受度逐渐提升。同时，消费者也越来越注重性价比，希望以合理的价格购买到高品质的家具产品。因此，家具企业需要在保证产品品质的同时，合理控制成本，提供具有竞争力的价格。源氏木语以实木家具为主，在保证产品品质的前提下，通过优化供应链，直接与木材供应商合作，减少中间环节，降低成本，提供高性价比的产品，受到消费者青睐。

2.社交媒体营销兴起

随着社交媒体的普及和影响力的提升，家具企业越来越注重在社交媒体上进行品牌宣传和推广。通过发布精美的产品图片、视频以及用户评价等内容，家具企业可以吸引更多潜在消费者的关注，提升品牌知名度和美誉度。林氏木业在小红书、抖音等社交媒体平台上发布大量家具搭配案例和用户使用心得，吸引了大量年轻消费者的关注。同时，一些家具企业还会邀请家居博主、网红进行产品推广，通过他们的影响力和粉丝基础，扩大品牌传播范围。

3.数据分析与精准营销

随着大数据技术的不断发展，家具企业可以通过收集和分析消费者的购物数据、浏览记录等信息，实现精准营销。通过了解消费者的需求和偏好，家具企业可以制定更加精准的营销策略和促销活动，提高营销效果和转化率。红星美凯龙通过分析消费者在其线上平台的浏览和购买数据，向消费者推送符合其需求的家具产品，提高了营销效果。同时，家具企业还可以根据数据分析结果，优化产品设计，调整产品结构，满足消费者的需求。

4.售后服务体系完善

家具产品的售后服务对于消费者的满意度和忠诚度具有重要影响。因此，家具企业需要建立完善的售后服务体系，包括安装、维修、退换货等服务内容。通过提供优质的售后服务，家具企业可以赢得消费者的信任和口碑，提升品牌形象和市场竞争力。全友家居建立了全国性的售后服务网络，为消费者提供快速、高效的安装和维修服务；同时，制定了完善的退换货政策，保障消费者的合法权益，赢得了消费者的信任和好评。

（四）家具市场营销策略

1.行业分析

低频高参与决策：消费周期长（5～10年），家庭成员共同决策占比超60%；产业链复杂，涵盖设计（米兰展影响）、生产（柔性制造）、服务（物流＋安装）全链路。

区域差异显著：一线城市——客单价超8万元，依赖体验店与品牌信任；下沉市场——县域经济贡献30%增量，拼多多"百亿补贴"驱动性价比消费。

2.消费者行为分析

需求分层：年轻群体（30%）偏好智能家具（渗透率25%）、DIY设计工具（转化率提升40%）；家庭用户（60%）注重实用性与安全性（零甲醛认证搜索量增长80%）。

3. 竞争策略设计

差异化竞争：设计创新，如联名款（如梵几 × 无印良品）提升品牌溢价。

技术壁垒：工业 4.0 柔性生产线（尚品宅配 C2M 模式）降低库存成本。

成本领先：规模化生产（全友家居）与供应链整合（佛山产业带直发县域）。

集中化聚焦：细分市场深耕（如办公家具供应链优化）。

4. 渠道变革与管理

全渠道融合：线下——体验店（红星美凯龙"设计云"平台）强化场景化营销；线上——电商直播（抖音家具 GMV 年增 120%）与私域流量（微信社群复购率 15%）。

人员策略：店员培训——产品知识（新材料应用）与数字化工具（VR 展厅操作）；激励机制——业绩分层奖励（月销 5 万元奖励 200 元）与季度冠军评选。

（五）家具市场营销理念演化

1. 家具营销观念演变与适配性

生产导向（1950 年—1970 年）：以规模化生产为核心，通过 OEM 代工降低成本（如早期家具企业粗放式生产）。

需求导向（1980 年—2000 年）：基于消费者分层（如年轻群体偏好智能家具）定制产品，强调 STP（细分 - 目标 - 定位）模型。

社会营销（2010 年至今）：平衡企业利润与社会责任，如推广 FSC 认证木材、二手家具循环经济（红星美凯龙推出"绿色家居计划"）。

2. 家具营销组合（4Ps）扩展

表 1-1　家具营销组合矩阵

要素	核心策略与案例	数据支撑
产品（Product）	功能创新：智能床垫（睡眠监测 +App 联动）渗透率达 25%；服务延伸：尚品宅配"免费全屋设计 + 终身保修"	2025 年智能家具市场规模预计突破 5000 亿元
价格（Price）	分层定价：顾家家居针对下沉市场推出"县域专供款"（价格降低 20%）；动态调价：电商平台根据用户行为数据实时调整折扣	抖音家具直播间客单价较传统渠道低 15% ～ 30%
渠道（Place）	全渠道融合：红星美凯龙"线下体验店 + 抖音云货架"模式提升转化率 40%；下沉渗透：拼多多"百亿补贴"覆盖 80% 县域市场	2025 年线上家具销售占比将达 35%
促销（Promotion）	内容营销：3D 虚拟展厅（转化率提升 50%）；社交裂变：微信社群"拼团 + 砍价"复购率超 15%	抖音家具类目 GMV 年增速达 120%

（六）家具行业趋势与挑战应对

1.增长机遇

存量房翻新需求：2025年规模达8000亿元，推动定制家具（渗透率35%）和局部改造服务增长。

智能家居融合：智能床垫、电动沙发销量年增60%，小米生态链企业加速布局。

绿色经济驱动：FSC认证木材采购量增长50%，政府补贴推动二手家具循环利用。

2.核心挑战与解决方案

表1-2　家具行业挑战与解决方案及案例参考

挑战	解决方案	案例参考
同质化竞争	强化品牌故事（如"非遗工艺传承"）、专利技术（如无醛胶黏剂）	曲美家居"环保实验室"提升消费者信任度
价格战挤压利润	转向高附加值服务（全屋设计、智能家居系统集成）	欧派家居"整装大家居"业务毛利率达40%
渠道管理复杂度高	数字化工具应用：企业资源计划（Enterprise Resource Planning，ERP）系统优化库存周转率、CRM系统提升客户留存率（红星美凯龙客户复购率提升20%）	索菲亚"AI客服"响应效率提升50%

任务实训

【目标】

通过模拟家具营销，培养学生市场调研技能，品牌管理与推广、数字营销应用与销售的综合能力。

【内容】

分析南康一家知名家具品牌的营销策略，包括其产品、价格、渠道、促销等方面的具体做法。

【步骤】

（1）选择目标家具品牌，收集其营销活动的相关资料。可以通过品牌官方网站、电商平台店铺、社交媒体账号、行业报告、新闻媒体报道等多种渠道收集资料，确保资料的全面性和准确性。

（2）分析该品牌的市场定位、目标客户群及其需求特点。通过对品牌宣传资料、产品特点以及市场反馈的分析，明确品牌的市场定位。

（3）详细解读其营销组合策略，包括产品设计、价格策略、销售渠道选择、促销活动安排等。分析产品设计是否符合目标客户群的需求和审美；研究价格策略是否与市场定位和成本结构相匹配；探讨销售渠道的选择是否合理，是否能够有效触达目标客户群；剖析促销活动的形式、时机和效果，如促销活动是否能够吸引消费者购买，是否能够提升品牌知名度和市场份额。

（4）结合市场趋势和消费者行为变化，评估品牌现有营销策略的适应性和有效性。针对存在的问题，提出具体的改进建议，如优化产品设计、调整价格策略、拓展销售渠道、创新促销活动等。

（5）撰写实训报告，展示分析结果和见解。实训报告应包括引言、品牌介绍、营销策略分析、市场趋势与消费者行为分析、营销策略有效性评估、改进建议、结论等部分。报告内容应逻辑清晰、数据准确、分析深入，为家具企业制定营销策略提供有价值的参考。

第二章　家具市场营销环境分析

【案例导入】

转"危"为"机"的底气从何而来?
——"中国实木家具之都"产业绿色转型破"三难"

破"转型动力之难":"不改,终将走向末路。"南康区是国内实木家具制造集聚区,产业发展带来的环保治理难题由来已久。2016 年以来,中央生态环境保护督察组多次到南康区就家具产业环保整改问题进行督导,群众长期反映家具企业异味扰民问题,不少品牌企业因环保检测不达标影响发展……"如果不从源头解决好环保问题,南康家具产业终将走向末路。"尽管南康家具规模与产量仍然数一数二,但这样的担忧在当地业内渐增。业界普遍认为,采用水性涂料替代传统的溶剂型涂料是降低 VOC(挥发性有机化合物)排放的有效手段,然而,传统水性涂料技术无法突破最底层封闭问题、价格高、施工环境要求苛刻等难题,导致木器涂装"油改水"推行寸步难行。与此同时,政府与企业畏难情绪、"鸵鸟心态"、守成思维较为普遍。

破"技术运用之难":"以科研创新打通新赛道"。"Q-POSS 涂层新技术的成功引进,是'油改水'工作坚定推行的底气。"经过大量市场调研,南康区了解到这一技术能突破传统水性涂料的技术难题,且能实现生产的木质家具"零苯零甲醛",生产成本逐步接近油漆等涂料。在多番洽谈后,Q-POSS 涂层新技术相关企业在南康落户。技术引进来了,运用与推广却成为大难题。伍江涛分析,"油改水"牵一发而动全身,影响到产业利益分配格局,面临市场风险,习惯了传统喷漆方式的喷涂工人也不愿因技术更换影响短期工资收入,"说不干就不干了"。南康区发挥产业链党建统筹各方、聚合资源作用,以点带面发展党员代表的龙头企业先试先行,在示范引领中提升水性漆材料性能,总结运用推广经验,让其他企业从"看着改""带着改"到"自主改",为绿色转型注入源源不断的红色动能。

破"市场推广之难":"健康环保就是竞争底气"。过去,"低端低价"一度是南康实木家具的主要标签。"'油改水'的推行,让南康家具真正贴上了健康环保的新标签,未来水性漆家具将是南康家具产业弯道超车的核心竞争力。"南康区家具协会会长、江西团团圆家具有限公司董事长罗海龙认为。"我们的客商把健康环保作为首选,而这正符合我们产品定位。"仅 2024 南康家具秋季订货会期间，富龙皇冠收获订单就超 1500 万元。健康环保家具品牌效应逐步形成影响力，省内外多地政府采购把眼光投向南康水性漆家具。"这一场家具行业绿色环保技术的变革，终将为南康未来产业带来新机遇，也为其他县域相关产业集群的绿色转型带来启示。"江西省家具协会执行会长、江西自由王国家具有限公司董事长顾建厦认为。

第一节 家具营销宏观环境分析

学习目标

【知识目标】

（1）理解家具营销宏观环境的构成要素及基本概念。

（2）掌握运用 PEST 分析方法对家具营销宏观环境进行分析的作用。

【能力目标】

（1）运用 PEST 评估外部环境变化给家具企业带来的机会和威胁。

（2）根据宏观环境分析结果，提出有针对性的市场营销策略建议。

一、家具营销宏观环境分析内容

宏观环境分析是家具企业制定战略的基础，需从多维度系统性评估外部不可控因素。以下为六大核心维度的深度解析。

（一）人口环境

1. 人口结构与趋势

老龄化加剧：中国 60 岁以上人口占比达 19.8%，推动适老家具需求（如升降床、无障碍设计）年增 15%。

年轻群体崛起：Z 世代（1995 年—2009 年出生）占家具消费人群的 30%，偏好"颜值经济"（网红款家具搜索量增长 200%）和智能家居。

2. 家庭结构变迁

小户型化：一线城市 90 ㎡以下住宅占比超 60%，推动折叠家具、多功能定制柜（渗透率 35%）需求。

单身经济：独居人口达 1.25 亿，小型化家具（迷你沙发、单人餐桌）线上销量年增 40%。

（二）经济环境

1. 宏观经济指标

GDP 与消费力：人均可支配收入增速 6.3%，下沉市场（县域）家具消费占比提升至

35%，客单价集中在 3000 ～ 8000 元。

房地产周期：新房销售疲软（2023 年同比下降 12%），但存量房翻新需求激增（2025 年规模预计达 1.2 万亿元）。

2.消费信贷与支付方式

分期付款渗透率：年轻群体中 60% 选择分期购买家具（花呗、京东白条占比 70%）。

汇率波动影响：进口木材（如北美黑胡桃）价格受美元汇率波动影响，2023 年成本上涨 8%。

（三）自然环境

1.资源约束与替代材料

木材短缺：全球硬木供应量下降 10%，倒逼企业使用竹纤维（成本低 20%）和再生塑料（宜家"回收塑料家具"系列）。

环保法规升级：《欧盟零毁林法案》要求进口家具提供 FSC 认证，未达标企业出口损失超 15%。

2.气候变化影响

极端天气：2023 年东南亚洪灾导致橡胶木供应链中断，国内库存周期延长 30 天。

（四）技术环境

1.生产技术创新

工业 4.0 应用：尚品宅配柔性生产线使定制家具交付周期缩短至 15 天（行业平均 30 天）。

3D 打印技术：曲美家居试点 3D 打印椅子，单件成本降低 40%，设计迭代速度提升 3 倍。

2.智能家居融合

IoT 技术渗透：智能床垫（睡眠监测 +App 联动）销量年增 60%，小米生态链企业市占率达 25%。

AI 设计工具：酷家乐 AI 设计平台用户超 1000 万，设计方案转化率提升 50%。

（五）政治法律环境

1.政策支持方向

绿色补贴：政府对 E0 级板材企业每立方米补贴 200 元，环保认证企业数量年增 30%。
区域产业带扶持：佛山家具产业集群获 50 亿元专项贷款，推动自动化设备普及率至 65%。

2.法律风险管控

广告合规：2023 年上海市场监管部门处罚家具虚假宣传案例 23 起，平均罚款 20 万元。
数据安全法：用户隐私保护要求升级，企业 CRM 系统需通过等保 2.0 认证（达标率仅 45%）。

（六）社会文化环境

1. 消费观念升级

健康意识：零甲醛板材搜索量增长80%，儿童家具安全认证（如CQC标志）成为购买决策关键。

文化自信：国潮家具（如故宫联名款）线上销量年增120%，溢价空间达30%～50%。

2. 生活方式变迁

居家办公常态化：办公椅、升降桌线上销量增长50%，电竞椅成为Z世代新刚需。

体验经济：消费者愿为"沉浸式场景"（如露营风阳台家具）支付20%溢价。

二、家具营销宏观环境分析方法（PEST模型）

PEST模型是分析宏观环境的经典工具，需结合定量数据与定性洞察。

（一）政治（Political）

表2-1　核心分析维度

要素	具体内容与案例	数据与政策关联
产业政策	国家"十四五"规划明确家具行业绿色转型目标，2025年环保家具占比须超50%	地方政府对智能家居研发企业给予15%税收减免，2024年环保家具政府采购占比提升至40%
国际贸易环境	中美关税战导致北美木材进口成本增加12%，企业转向俄罗斯木材（占比提升至25%）	2023年家具出口额同比下降8%，东南亚市场增长18%
区域法规差异	广东省要求家具企业2025年前完成VOCs排放改造，未达标者限产30%	长三角地区环保执法力度强度全国领先

（二）经济（Economic）

表2-2　关键指标与影响

指标	对家具行业的影响	数据支撑
居民消费价格指数（CPI）	2023年CPI上涨2.1%，中低端家具提价空间有限（毛利率压缩至15%）	下沉市场家具价格敏感度高于一线城市20%
消费者信心指数	指数环比提高3.15%，高端定制家具（客单价8万元以上）订单量增长25%	一线城市高收入群体中，50%愿为设计服务支付额外费用
汇率波动	人民币兑美元汇率破7.2，进口五金配件（如德国海蒂诗铰链）成本上涨10%	国产五金品牌（如东泰）市占率提升至35%

（三）社会（Social）

表 2-3　人口与行为洞察

维度	分析要点与策略建议	案例与数据
代际差异	Z 世代偏好"社交属性"家具（如 ins 风拍照背景墙），小红书相关内容曝光量增长 300%	林氏家居联名 LINE FRIENDS 系列首月销量破亿
城乡消费分层	县域市场偏好高性价比套装（客单价 5000 元以下），拼多多"百亿补贴"家具 GMV 年增 80%	全友家居县域专卖店覆盖率超 90%，单店坪效提升 15%
教育水平影响	高学历群体（本科以上占比 60%）更关注环保认证，愿为认证产品支付 10%～15% 溢价	曲美家居"环保实验室"线下体验活动转化率达 40%

（四）技术（Technological）

表 2-4　技术应用与趋势

技术领域	行业影响与案例	数据与预测
智能制造	工业机器人普及率超 50%，顾家家居智能仓库效率提升 30%	2025 年定制家具交付周期有望缩短至 7 天
数字化营销	VR 展厅（如红星美凯龙"设计云"）使消费者决策周期缩短 50%，转化率提升 40%	抖音家具类目直播 GMV 年增速达 150%
新材料技术	碳纤维复合材料（重量减轻 50%）应用于高端办公椅，溢价空间达 60%	2025 年环保新材料在家具中的渗透率将超 40%

三、PEST 分析实战应用

（一）动态监测工具

政策追踪平台：使用"企查查"实时监控各地环保法规变动，预警供应链风险。经济数据看板：接入国家统计局 API，分析 GDP、CPI 与家具消费的滞后相关性（通常滞后 6～12 个月）。

（二）情景模拟与应对

技术颠覆风险：若 3D 打印技术成熟度提前 2 年，企业需调整生产线（投资回报率需达 20% 以上）。

政策极端变化：假设欧盟全面禁止非 FSC 认证木材进口，企业需建立替代供应链（成本预计增加 18%）。

（三）实务案例：南康家具行业 PEST 分析报告

表 2-5　南康家具行业 PEST 分析报告

维度	机遇	风险	应对策略
政治	地方政府补贴智能制造（最高 500 万元）	环保执法趋严（违规成本增加 20%）	2024 年前完成 VOCs 处理设备升级，申请绿色工厂认证
经济	县域市场消费力提升（年增 12%），进口木材成本上涨（北美黑胡桃价格涨 10%）	消费降级、经济下行和劳动力成本上升	通过数字化、智能化改造提升家具产业韧性
社会	Z 世代成为消费主力（占比 35%）	适老家具需求未被充分满足（市场缺口达 200 亿元）	联合医疗机构开发适老功能家具（如跌倒监测床垫）
技术	AI 设计工具降低研发成本（节省 30%）	工业互联网平台数据泄露风险（年损失预估 500 万元）	与腾讯云合作搭建私有化部署系统，通过等保三级认证

任务实训

【目标】

通过模拟南康家具市场，培养学生 PEST 分析、资源整合与方案落地的综合能力。

【内容】

选取南康区域的家具市场，如长三角地区家具市场，运用 PEST 分析方法，深入分析该区域当前家具营销宏观环境。

【步骤】

（1）准备阶段，将学生分成小组，每组选择一个具体的家具企业或市场作为分析对象。根据上述宏观环境分析结果，制定初步的市场进入策略。

（2）实施实地考察，记录观察结果，拍摄照片或视频作为辅助资料。在考察过程中，详细记录各个品牌的店铺位置、店内陈列、产品特点等信息。与销售人员、消费者进行交流，了解他们对不同品牌、产品的看法和需求。

（3）数据收集与分析，通过政策文件、经济报告、社会调查、技术文献等方面进行数据的收集，运用 PEST 分析各类因素对家具市场的影响。

（4）撰写实训报告，总结家具市场的现状、趋势及潜在机会。详细阐述各环境因素的现状及对家具企业在产品研发、市场定位、营销策略等方面的具体影响。在撰写报告时，要注意语言表达清晰，逻辑严谨，数据图表准确直观，为家具企业或相关从业者提供有价值的参考。

第二节　家具营销微观环境分析

学习目标

【知识目标】

（1）理解家具宏观营销与微观环境的主要构成因素。

（2）理解家具产业各因素之间相互作用、相互影响的关系。

【能力目标】

（1）熟练运用波特五力模型和 BCG 矩阵。

（2）基于对家具市场营销微观环境的分析，制定切实可行的市场营销策略，包括产品策略、价格策略、渠道策略和促销策略 。

一、家具营销微观环境分析内容

（一）企业自身

企业的资源包括人力资源、资金、技术专利等。拥有专业的设计人才和高素质的生产团队，能够保证产品的创新性和高质量；充足的资金可以支持企业进行大规模的市场推广和研发投入。企业的能力体现在研发能力、生产能力、营销能力等方面。强大的研发能力能够不断推出适应市场需求的新产品，高效的生产能力可以保证产品的及时交付，出色的营销能力有助于提升品牌知名度和产品销量。战略目标决定企业的发展方向，如企业以成为行业领导者为目标，就需要在产品创新、品牌建设、市场份额拓展等方面加大投入。良好的组织架构能够明确各部门职责，提高沟通效率，促进企业高效运营。

（二）供应商

分析供应商的议价能力，若供应商是行业内少数几家掌握核心原材料生产技术的企业，其议价能力就很强，企业在采购时可能面临较高的成本压力。供应稳定性关乎企业生产的连续性，一旦供应商出现供应中断，企业可能面临停产风险。产品质量直接影响企业产品的品质和口碑，优质的原材料才能生产出高质量的家具产品。

（三）营销中介

经销商和代理商是家具企业拓展市场的重要力量，他们熟悉当地市场情况，拥有成熟的销售渠道和客户资源。高效的物流企业能够确保家具产品及时、安全地送达客户手中，提升客户满意度；专业的广告公司可以为企业制定精准的品牌推广策略，提升品牌知名度。

（四）消费者

研究消费者的需求，包括对家具功能的需求，如满足收纳、舒适坐卧等基本功能，以及对个性化功能的需求，如智能家居功能。购买行为分析涉及消费者的购买频率、购买渠道选择、购买决策时间等。消费心理研究关注消费者的品牌认知、情感需求、从众心理等。了解消费者对家具的功能、款式、价格的偏好，有助于企业在产品设计、定价和市场推广中精准定位目标客户群体。

表2-6　南康家具需求分层与决策路径

消费群体	核心特征与数据	企业应对策略
Z世代（18～30岁）	线上决策占比85%，偏好"直播验货+VR体验"模式 为设计溢价支付意愿达25%	抖音直播引流+小红书种草（内容曝光量增长300%）
中产家庭（30～50岁）	环保认证（如FSC）影响购买决策的权重占40% 全屋定制客单价8万～15万元	推出"环保质保20年"服务，联合第三方机构认证
下沉市场用户	价格敏感度高于一线城市30%，偏好"套餐式"销售（客单价5000元以下）	拼多多"百亿补贴"专区投放爆款，县域专卖店覆盖率超90%

（五）竞争者

分析现有竞争者的数量、竞争策略、市场份额等。若市场中竞争者众多，且竞争策略主要以价格战为主，企业就需要在成本控制和产品差异化方面下功夫。潜在进入者的威胁，如新兴的互联网家具品牌，凭借其独特的商业模式和线上营销优势，可能迅速抢占市场份额。替代品的威胁，除了共享家具模式，智能家居集成系统的发展也可能对传统家具市场形成冲击，消费者可能更倾向于购买一体化的智能居住解决方案。

表2-7　竞争格局与策略

竞争维度	关键数据与案例	威胁等级（1～5级）
直接竞争者	欧派、索菲亚、尚品宅配CR3市占率达38% 价格战导致沙发品类毛利率下降至18%	4级（高威胁）
替代品威胁	装配式装修渗透率提升至15%，挤压定制家具需求 二手家具平台（闲鱼）交易额年增50%	3级（中威胁）
潜在进入者	小米生态链（如云米）智能家具市占率突破10% 跨界企业（如宜家+Sonos联名）创新加速	4级（高威胁）

二、家具营销微观环境分析方法

（一）波特五力模型

（1）供应商的议价能力：评估供应商影响企业投入要素价格和质量的能力。若供应商提供的是稀缺木材等原材料,其在价格谈判中往往占据主导地位,企业需要通过建立长期合作关系、寻找替代材料等方式来降低供应商议价能力带来的影响。

(2)购买者的议价能力:分析购买者影响产品或服务价格以及其他交易条件的能力。对于团购客户或大型连锁家居卖场等购买量大的客户,企业可能需要在价格上给予一定优惠,同时在服务条款上做出让步,以满足客户需求。

(3)潜在进入者的威胁:判断新企业进入该行业时将面临的障碍和竞争压力。家具行业虽然进入门槛相对较低,但新进入者需要面对品牌建设、渠道拓展、客户信任建立等诸多挑战。企业要不断提升自身的核心竞争力,以应对潜在进入者的威胁。

(4)替代品的威胁:识别其他产品或服务对本企业产品或服务的替代性。对于共享家具模式,企业可以通过提供更优质的产品、个性化的服务以及建立长期客户关系等方式,降低消费者对共享家具的依赖;对于智能家居集成系统的替代威胁,企业可以加强与科技企业合作,推出融合智能功能的家具产品。

(5)同行业竞争者的竞争程度:分析行业内现有企业之间的竞争激烈程度。家具行业竞争激烈,企业常通过价格战、产品创新、服务升级等多种方式争夺市场份额。企业需要不断优化自身竞争策略,突出产品差异化优势。

表 2-8　南康家具波特五力模型

维度	分析要点与数据支撑	企业行动建议
供应商议价能力	木材进口依赖度达 70%,俄罗斯供应商提价 10%	建立东南亚供应链(越南橡胶木采购占比提升至 25%)
买方议价能力	消费者比价工具使用率超 60%(如慢慢买、惠喵)	推出"价格保护计划",30 天内降价补差价
新进入者威胁	跨界竞争者(华为智能家居)研发投入年增 40%	强化专利壁垒(2024 年申请智能家具专利超 200 项)
替代品威胁	3D 打印家具成本下降 30%,冲击中低端市场	布局高端定制细分市场(客单价 15 万元以上订单增长 25%)
同业竞争程度	头部企业促销频率提升至每月 2 次,净利率压缩至 5%	差异化竞争:聚焦适老家具(年需求缺口 200 亿元)

(二)BCG 矩阵

将企业的业务分为明星业务、现金牛业务、问题业务和瘦狗业务。对于家具企业,高市场份额、高增长的新产品系列,如具有创新性设计且市场反响良好的智能家具系列,可能是明星业务,企业应加大资源投入,推动其快速发展;成熟的、市场份额高但增长缓慢的经典产品系列,如传统实木家具中的畅销款式,属于现金牛业务,企业可以利用其稳定的现金流支持其他业务发展。通过 BCG 矩阵分析,企业可以合理分配资源:对于问题业务,如市场份额低但增长潜力大的新兴产品线,企业可以进行市场调研,找准问题所在,尝试加大投入进行培育；对于瘦狗业务，如市场份额低且增长缓慢的老旧产品线，企业可以考虑逐步淘汰或进行转型升级。

表 2-9　南康家具 BCG 矩阵策略

象限	典型产品与数据	策略建议
明星产品	智能床垫（市场增长率 25%，占有率 18%） 全屋定制（增长率 20%，占有率 22%）	加大研发投入，2025 年前建成 10 个智能工厂
现金牛产品	板式衣柜（增长率 5%，占有率 35%） 布艺沙发（增长率 3%，占有率 28%）	优化成本结构（板材利用率提升至 95%），维持现金流
问题产品	电竞桌椅（增长率 40%，占有率 8%） 露营家具（增长率 50%，占有率 5%）	选择性投资：联名 IP（如英雄联盟）提升溢价，试点社区体验店
瘦狗产品	传统实木餐桌（增长率 -2%，占有率 12%） 中式红木家具（增长率 -5%，占有率 3%）	逐步退出：库存打折清仓，产能转向智能家居

三、实战案例：某定制家具企业微观环境优化

（一）竞争策略调整

对标分析：对比索菲亚（毛利率 32%），优化设计软件，将方案出图速度从 2 小时缩短至 30 分钟。

供应链重组：引入区块链溯源系统，木材采购成本降低 7%，交货准时率提升至 98%。

（二）BCG 矩阵落地

资源再分配：

砍伐瘦狗产品线：淘汰 10 款过时 SKU，释放产能用于智能衣柜生产。

投资明星产品：2024 年智能家具研发预算占比从 8% 提升至 15%。

（三）消费者洞察驱动

数据化运营：

建立客户标签系统（200+ 维度），精准预测 Z 世代爆款（误差率 <5%）。

推出"30 天无理由退换"政策，净推荐值提升至 75 分。

任务实训

【目标】

通过模拟家具营销微观环境，培养学生环境分析、资源整合与方案落地的综合能力。

【内容】

选择一家知名家具企业，如宜家，运用波特五力模型对其微观竞争环境进行分析。

【步骤】

（1）制订考察计划，明确考察目的和重点。在制订计划时，要确定考察的时间、地点、考察对象以及采用的考察方法，如问卷调查、访谈、实地观察等。

（2）实施实地考察，记录观察结果，拍摄照片或视频作为辅助资料。在考察过程中，详细记录各个品牌的店铺位置、店内陈列、产品特点等信息。与销售人员、消费者进行交流，了解他们对不同品牌、产品的看法和需求。

（3）分析收集到的数据，运用波特五力模型对其微观竞争环境进行分析。深入研究宜家的供应商结构，评估供应商议价能力；分析宜家的客户群体和销售模式，判断购买者议价能力；探讨家具行业新进入者对宜家的潜在威胁，以及智能家居产品等替代品的威胁；研究宜家与同行业竞争对手如红星美凯龙等在市场份额、竞争策略等方面的竞争态势。

（4）撰写实训报告，详细阐述各竞争力量对宜家的影响程度及宜家采取的应对策略，如宜家通过全球采购降低供应商议价能力，通过独特的产品设计和品牌建设提升产品竞争力等。

第三节　家具营销环境分析与对策

学习目标

【知识目标】

（1）培养准确识别家具市场中的机会与环境威胁的能力。

（2）熟练运用SWOT分析方法，为家具企业制定切实有效的市场营销策略。

【能力目标】

（1）综合运用各种调研手段，全面收集家具产业市场信息。

（2）运用专业分析工具，全面评估家具市场营销环境。

一、家具市场机会与环境威胁分析

（一）市场机会

新兴市场的崛起，如随着城镇化进程的加快，三、四线城市及农村市场对家具的需求快速增长，为家具企业提供了广阔的市场空间。消费升级带来的对高品质家具的需求增长，消费者对环保、健康、个性化家具的追求，促使企业加大在产品研发和创新方面的投入。技术创新为产品升级提供了可能性，如新型材料的应用、智能技术的融合，使家具产品功能更加丰富，满足消费者对高品质生活的需求。

1.消费分级下的结构性机会

高端市场（一线／新一线城市）：客单价超15万元的整屋定制需求年增25%，设计师联名款溢价率高达 40%（如顾家 × 无印良品联名系列）。

智能家居集成系统（如华为全屋智能）：渗透率达 18%，智能衣柜、智能床垫复购率超 30%。

2.下沉市场（三线以下城市及县域）

县域家具市场规模达 1.2 万亿元，拼多多"百亿补贴"专区订单占比超 50%（客单价集中在 3000～6000 元）。

轻量化快装家具（模块化沙发、折叠餐桌）销量增长 80%，安装时效要求压缩至 48 小时内。

表 2-10　场景化需求变化

场景类型	核心数据与典型案例
居家办公	升降桌、人体工学椅销量年增 45%，乐歌股份跨境电商收入增长 60%
适老化改造	适老家具市场规模突破 800 亿元，防跌倒床垫（如喜临门"安脊护"系列）渗透率不足 5%，潜在需求巨大
露营经济	便携式露营家具（折叠桌椅、收纳箱）天猫年销超 20 亿元，原始人品牌市占率达 35%

3.技术驱动的产业升级

3D 打印技术使定制家具生产成本降低 30%，交付周期缩短至 7 天（如酷家乐"闪电生产"模式）。

AI 设计工具（如三维家 AI 云设计）方案采纳率提升至 65%，设计效率提高 400%。

（二）环境威胁

1.原材料价格上涨

如木材、钢材等主要原材料的价格波动，会直接增加企业生产成本，压缩利润空间。竞争对手推出更具竞争力的产品，可能导致企业市场份额下降。

政策法规变化带来的经营风险，如环保政策趋严，企业若不能及时满足环保要求，可能面临停产整顿等风险。

表 2-11　南康家具供应链风险

风险类型	具体表现与数据
原材料波动	北美黑胡桃木进口价上涨 15%（受美国林业限伐政策影响） 五金配件（铰链、导轨）进口依赖度超 50%，德国海蒂诗提价 8%
物流瓶颈	县域市场配送成本较一线城市高 25%，破损率超 3%（行业均值 1.5%）

2.竞争格局恶化

直接竞争：头部企业价格战升级，沙发品类促销频率达每月 3 次（顾家"816 全民顾家日"单日 GMV 破 10 亿元）。

跨界替代：装配式装修企业（如金螳螂家）推出"家具＋硬装"套餐，抢占 30% 精装房市场。

表 2-12　家具产业政策合规压力

政策领域	具体要求与影响
环保法规	2025 年新国标要求家具甲醛释放量 ≤ 0.02mg/m³（现行标准 0.05mg/m³），改造成本增加 500 万元 / 企业
数据安全	《中华人民共和国个人信息保护法》要求客户数据本地化存储，CRM 系统升级成本超 200 万元 / 企业

二、家具 SWOT 分析

（一）优势（Strengths）

分析企业自身在产品、技术、品牌、渠道等方面的优势。如企业拥有独特的设计团队，产品设计具有创新性，能够推出引领市场潮流的家具产品；先进的生产技术保证产品的高质量和高精度；强大的品牌影响力能够吸引消费者，提高客户忠诚度；完善的销售渠道，包括线上线下相结合的销售网络，能够覆盖更广泛的客户群体。

1. 制造与供应链

佛山家具产业集群实现"72 小时极速交付"，板材利用率提升至 92%（行业均值 85%）。林氏木业的"区域中心仓＋前置仓"模式，使物流成本降低 18%，县域市场次日达覆盖率达 60%。

2. 品牌与渠道

头部企业抖音直播 ROI 达 1∶8（行业均值 1∶3），尚品宅配"设计师直播带货"转化率超 12%。

（二）劣势（Weaknesses）

找出企业在资源、能力、管理等方面存在的不足。如企业的品牌知名度在某些地区较低，导致市场拓展困难；研发投入不足，产品更新换代速度慢，无法满足市场快速变化的需求；管理水平有待提高，内部沟通效率低下，影响企业运营效率。

1. 研发与创新短板

仅 15% 的企业设立独立 AI 实验室，智能家具专利数量不足华为的 1/10。中小品牌县域售后网点覆盖率不足 30%，安装延迟率超 25%。

2. 库存与资金压力

传统企业库存周转率仅 6 次 / 年（林氏木业达 12 次 / 年），滞销 SKU 占比超 20%。

（三）机会（Opportunities）

识别外部环境中对企业发展有利的因素，如市场需求增长，尤其是对绿色环保、智能家具的需求增长；政策支持，如政府对家具产业创新发展的扶持政策；新兴技术的应用，为企业提升产品竞争力和创新商业模式提供了机会。

1. 技术赋能

区块链溯源技术提升木材采购透明度，供应商欺诈风险下降40%。VR虚拟展厅使线下体验成本降低60%，转化率提升至35%。

2. 政策红利

住建部"适老化改造补贴"政策释放200亿元市场，适老家具采购招标量增长80%。

（四）威胁（Threats）

分析外部环境中可能对企业造成不利影响的因素，如竞争对手的价格战，可能导致企业产品销量下滑；经济形势下滑，消费者购买力下降，市场需求萎缩；行业标准的变化，如环保标准、质量标准的提高，对企业生产和产品提出更高要求。通过SWOT分析，企业可以制定SO（优势-机会）、WO（劣势-机会）、ST（优势-威胁）、WT（劣势-威胁）策略。例如，SO策略可以利用企业的品牌优势和市场需求增长的机会，推出高端定制家具系列；WO策略可以借助政策支持，加大研发投入，提升产品创新能力，弥补企业研发不足的劣势；ST策略可以利用企业的技术优势，应对竞争对手的价格战，推出高性价比的产品；WT策略可以优化企业管理，降低成本，应对经济形势下滑带来的市场需求萎缩。

国际竞争与贸易壁垒：宜家中国本土化供应链建成后，成本下降15%，一、二线城市市占率突破20%。

欧盟"碳边境税"导致出口家具成本增加12%，未获FSC认证的企业损失订单超30%。

三、深度对策建议（分场景与优先级）

（一）战略优先级矩阵

表2-13 南康家具产业对策落地

优先级	策略方向	落地动作与KPI（2025年）
P0	供应链韧性建设	建立东南亚第二供应链（越南、印尼采购占比提升至30%） 库存周转率提升至10次/年
P1	智能化与环保升级	研发投入占比提升至6% 推出"零甲醛"认证系列（营收占比达25%）
P2	县域市场渗透	县域专卖店覆盖率达95% 推出"48小时送装"服务（覆盖率80%）

（二）技术驱动的四大核心举措

智能生产：引入工业机器人（如库卡机械臂），板材切割精度提升至±0.1mm，废料率降至 3% 以下。

数据运营：构建用户画像标签体系（300+ 维度），爆款预测准确率超 90%，SKU 淘汰率提升至 25%。

绿色转型：投资竹纤维复合材料生产线（成本降 10%），2025 年环保产品营收占比突破 40%。

服务升级：上线"AR 远程验货"系统，售后投诉率下降至 5% 以下，净推荐值提升至 80 分。

（三）风险应对工具箱

原材料波动：与期货公司合作锁定木材价格，建立"价格波动对冲基金"（资金池规模 1 亿元）。

政策合规：成立专职合规团队，每季度更新政策地图，违规风险下降至 0.1%。

舆情危机：接入"清博舆情"系统，负面舆情 2 小时内响应，品牌修复周期缩短至 7 天。

任务实训

【目标】

通过模拟家具营销环境，培养学生环境分析、资源整合与方案落地的综合能力。

【内容】

以赣州家具企业为例，对其进行市场机会与环境威胁分析。

【步骤】

（1）制订考察计划，明确考察目的和重点。在制订计划时，要确定考察的时间、地点、考察对象以及采用的考察方法，如问卷调查、访谈、实地观察等。

（2）实施实地考察，记录观察结果，拍摄照片或视频作为辅助资料。在考察过程中，详细记录各个品牌的店铺位置、店内陈列、产品特点等信息。与销售人员、消费者进行交流，了解他们对不同品牌、产品的看法和需求。

（3）分析收集到的数据，运用 SWOT 分析方法，为该企业制定一套完整的市场营销策略，并形成 PPT 进行展示和讲解。在 PPT 中，详细分析企业的优势、劣势、机会和威胁，针对不同的组合制定相应的营销策略，如 SO 策略下的产品创新与市场拓展策略、WO 策略下的合作发展与能力提升策略、ST 策略下的差异化竞争策略、WT 策略下的成本控制与风险管理策略，并结合实际案例和数据进行说明，以增强策略的可行性和说服力。

（4）撰写实训报告，从市场需求增长、政策支持、技术创新等方面挖掘市场机会，列出至少 5 个市场机会，如当地房地产市场的繁荣带来的家具需求增长、政府对绿色家具的补贴政策、智能家居技术在当地的推广应用等。从原材料价格上涨、竞争对手压力、政策法规变化等方面分析环境威胁，列出至少 5 个环境威胁，如木材价格上涨导致生产成本增加、周边新开业的家具卖场带来的竞争压力、环保政策对企业生产工艺的严格要求等。

第三章　家具消费者分析

【案例导入】

消费降级：惠寻助力南康家具工厂凭爆品"出圈"

双向奔赴下的"蝶变"效应，初创工厂牵手惠寻年销售额破 5000 万元。近年来，素有"木匠之乡"之称的南康家具产业带站上了高速发展的"风口"。成熟的供应链配套和成本优势，让南康成为众多电商平台和品牌商家眼中的"香饽饽"。

尚宏家具正是在这样的明星光环下成长起来的一员。伴随已经开启的电商双十一，工厂近来正开足马力生产备货，期待订单额再创新高。而把时间拨回一年前，当时的尚宏还是一家苦寻市场良机的初创企业，虽然有着完整的床垫原材料供应能力，但身处产业上游的定位也制约了其进一步发展，无法在产品创新和渠道上打开新局面。彼时，惠寻团队正在南康进行深度调研，以期寻找到家具品类的合作伙伴。相较于产品和模式成熟的老牌"大厂"，初创"草根工厂"成为惠寻的主要考察对象。

"在产能和品质之外，惠寻也很看重工厂的供应链能力和生产灵活性，可以在产品定义上钻研创新，同时愿意摒弃'被动生产'的旧思路，通过新的产业模式打造真正受消费者认可的好产品。惠寻与尚宏的合作正是在这样的背景下展开的。"惠寻业务负责人说道。

在床垫产品的基础上，今年以来，尚宏和惠寻再度尝试品类开拓，合作推出的一款独袋弹簧沙发，上线一个星期就高居京东金榜 Top3，"新品即爆品"的故事成功复刻。可以预见的是，在与惠寻的双向奔赴下，尚宏的下次蝶变或许只是时间问题。

"小杠杆"撬动"大产业"，惠寻推动"多方共赢生态模式"加速落地。与尚宏的成功合作，意味着惠寻的产业模式在南康家具产业带逐渐跑通，也为惠寻下一阶段的业务开展打下了良好的基础。正如惠寻业务负责人所言："我们希望惠寻的这根'小杠杆'能够撬动南康家具的千亿'大产业'，让越来越多南康家具工厂看到一条成熟的、可复制的成长新路径，为消费市场提供更多品质低价好产品。"

南康家具协会牵头组织十余家工厂来到京东上海职场，与京东自有品牌和惠寻业务负责人等进行了面对面的深入交流，最终促成了惠寻与多家工厂的新一轮签约。惠寻在南康的产业布局也进入了多工厂合作的 2.0 阶段。其中，睡眠知音作为南康的老牌家具"大厂"，曾经服务过众多知名家具品牌，生产实力成熟稳定。但面对快速变化的市场环境，其在产品创新、电商供应链管理等方面也遇到了一定挑战。对此，惠寻通过大数据市场分析，助力睡眠知音找准市场突破点，携手推出了行业里第一款 AB 面设计、可拆洗的双面藤席椰棕床垫，创新的产品定义结合 199 ～ 399 元的极致定价，让工厂一度产生"爆单"现象，销量大超预期。特别是在 2024 年京东双十一期间，1.5 米 × 2 米尺寸的床垫甚至做到了只需 199 元就能到手，给消费者提供了更为划算的选择。

以南康为例，为了激发更多工厂的合作意愿、降低合作难度，惠寻今年还正式开启了"多方共赢生态模式"，即在品牌和工厂之间引入中间服务商，配套处理质检、物流、仓储、客服、售后等运营环节，通过"惠寻 + 服务商 + 工厂"的三方高效配合，综合实现产业降本增效与模式创新。

第一节　家具消费者市场分析

学习目标

【知识目标】

（1）理解家具消费者市场的特点、规模及发展趋势。

（2）掌握影响家具消费者购买行为的各类因素。

（3）理解家具消费者的购买行为与决策过程。

【能力目标】

（1）熟练运用问卷调查方法收集家具消费者市场相关信息。

（2）学会如何构建准确的家具消费者画像。

一、家具消费者市场

（一）市场规模与增长趋势

借助权威的行业报告，如中国家具协会发布的年度市场报告，以及专业市场调研机构如艾瑞咨询、欧睿国际等的调研数据，详细展示当前家具消费者市场的总体规模。以过去五年为例，深入分析全国家具市场的销售额变化曲线及其增长率，直观呈现市场的发展态势。分析市场增长背后的驱动因素，城镇化进程加快使得大量人口涌入城市，新增住房需求带动家具消费；居民收入水平提高，消费者对生活品质的追求促使其在家具消费上的支出增加；房地产市场的蓬勃发展，无论是新房的交付还是二手房的交易，都为家具市场提供了广阔的空间。同时，探讨可能影响未来市场规模变化的因素，人口结构变化方面，老龄化社会的到来可能使适老家具需求增长，而年轻一代消费者成为主力，其独特的消费观念和审美偏好将推动家具市场向个性化、智能化方向发展。

表 3-1　家具消费者市场分析表

分析维度	数据 / 趋势	备注
消费者年龄分布	25～34 岁：35%；35～44 岁：30%；45 岁以上：20%；18～24 岁：15%	年轻人偏好现代简约风格，中年人注重实用性和品质
购买偏好	现代简约风格：40%；北欧风格25%；中式古典风格：20%；其他：15%	现代简约风格最受欢迎，北欧风格在年轻群体中增长迅速
购买渠道	线上电商平台：50%；实体店：40%；定制家具：10%	线上购买成为主流，但实体店体验仍是高端消费者的首选
价格敏感度	低端市场（<5000 元）：30%；中端市场（5000～20000 元）：50%；高端市场：20%	中端市场占比最大，消费者要求也高

运用图表、数据对比等方式，对不同地区、不同类型家具市场的规模和增长趋势进行详细分析，让读者对市场有更直观、全面的认识。

（二）市场细分

依据不同的标准对家具消费者市场进行细分，按年龄细分时，深入分析老年、中年、青年消费者市场的特点。老年消费者由于身体机能下降，更注重家具的舒适性和稳定性，如座椅的高度、靠背的支撑性等；在款式上，可能更倾向于传统、经典的设计。中年消费者兼具经济实力和家庭责任感，既追求品质又注重实用性，对家具的材质、工艺和品牌有一定要求。青年消费者充满活力和创造力，更追求时尚和个性化，喜欢简约现代、北欧风等具有独特设计感的家具，且对新潮流、新技术接受度高，如智能家具可能更受他们青睐。

从消费场景（如客厅家具、卧室家具、办公家具等）、风格偏好（中式、欧式、美式等）等维度进行细分，全面展现家具消费者市场的多样性。

二、影响家具消费者购买行为的因素

（一）个人因素

年龄对消费者的审美观念、生活方式和经济实力有着深远影响。以 20～35 岁的年轻消费者为例，他们成长于信息爆炸的时代，受到多元文化的熏陶，审美观念更加开放和多元化，生活方式追求便捷、时尚和个性化，在家具选择上更倾向于简约现代风格，注重家具的多功能性和可移动性，以适应其多变的生活场景。而 50 岁以上的中老年人，他们有着稳定的生活习惯和传统的审美观念，经济实力相对稳定，更注重家具的舒适性和品质，喜欢传统稳重的款式，对实木材质的家具情有独钟。

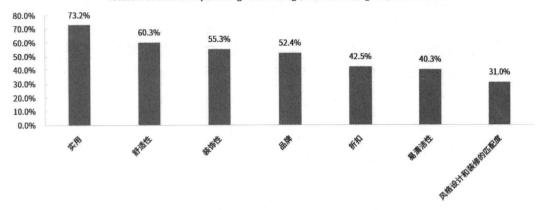

图 3-1　消费者购买软装家具影响因素

收入水平直接决定了消费者的购买能力和对家具品质、价格的接受程度。高收入消费者拥有较强的消费能力，更愿意为高端品牌、定制化的家具买单，追求独特的设计、顶级的材质和精湛的工艺，以彰显其身份和品位。中低收入消费者则更注重性价比，在满足基本功能需求的前提下，会选择价格适中、质量可靠的家具产品，更倾向于在促销活动期间购买。

（二）心理因素

马斯洛的需求层次理论在家具购买中体现得淋漓尽致。从满足基本的生理需求（如睡眠、坐卧）出发，消费者会选择质量可靠，舒适度高的床、沙发等家具。随着生活水平的提高，消费者开始追求安全需求，如选择环保材料制作的家具，确保家人的健康。社交需求促使消费者选择具有独特设计、能彰显品位的家具来装饰家居环境，以在社交场合中展示自己的生活品质和审美情趣。尊重需求和自我实现需求则体现在对高端品牌、限量版家具的追求上，这些家具不仅是实用物品，更是身份和地位的象征。

（三）社会因素

家庭是影响消费者购买家具的重要因素。家庭结构不同，购买需求也不同。单身家庭更注重家具的小巧、灵活和多功能性，以适应有限的居住空间；核心家庭（父母与子女）则需要考虑家庭成员的不同需求，如为孩子准备儿童床、书桌等；大家庭（三代同堂）对家具的数量和空间利用要求更高，需要选择适合多人使用、收纳功能强的家具。家庭生命周期也起着关键作用。新婚期家庭会购买整套的新家具，注重款式的时尚和搭配的协调性；育儿期家庭会关注家具的安全性和实用性，如选择无棱角、环保材料的儿童家具；空巢期家庭可能更注重家具的舒适性和便利性，如电动按摩椅等。

三、家具消费者购买行为与决策

（一）购买行为类型

根据消费者的介入程度和品牌差异程度，购买行为可分为复杂的购买行为、减少失调感的购买行为、习惯性的购买行为和寻求多样化的购买行为。购买高端定制家具时，由于价格高昂、产品个性化程度高且品牌众多，消费者会进行大量的信息收集和比较，包括了解不同品牌的设计风格、材质工艺、价格区间等，还会参观展厅、咨询设计师，这种购买行为属于复杂的购买行为。而购买简单的日常家居小摆件，如塑料衣架、普通花瓶等，消费者通常不会花费太多时间和精力，往往根据习惯选择熟悉的品牌或价格较低的产品，属于习惯性购买行为。

表 3-2　消费群体细分

年龄分层	偏好
20～35 岁	"一站式整装服务"，注重空间利用效率（如多功能折叠家具），线上消费占比达 58%
35～50 岁	关注儿童家具安全性（甲醛释放量 ≤ 0.05mg/m³），适老化改造需求凸显（如防滑扶手床具）
50 岁以上	倾向红木、藤编等传统工艺家具，线下购买占比超 80%

（二）购买决策过程

问题认知是消费者购买决策的起点，消费者可能因为生活环境变化（如搬家、房屋装修）、家具损坏、审美观念改变等原因意识到自己对家具的需求。例如：消费者购买了新房，需要根据房屋的户型和装修风格选择合适的家具；或者家中的旧沙发磨损严重，影响使用和美观，从而产生购买新沙发的需求。

信息搜索阶段，消费者会通过多种渠道收集家具信息。线上平台方面，家居电商网站提供了丰富的产品展示和用户评价，社交媒体上的家居博主分享的装修经验和家具推荐也能为消费者提供参考，家居论坛则是消费者交流心得、获取专业知识的平台。线下渠道方面，家居卖场汇聚了众多品牌和款式，消费者可以实地体验产品的质量和舒适度；专卖店能提供更专业的产品介绍和服务；朋友推荐则基于信任，让消费者更容易接受推荐的产品。

购买决策阶段，消费者综合考虑各种因素后做出购买选择，同时还会受到促销活动、购买便利性等因素影响。如在"双十一""618"等电商购物节期间，商家的大幅折扣和满减活动会促使消费者下单；购买便利性包括线下门店的交通便利性、线上购物的配送服务便利性等，便捷的购买体验能增强消费者的购买意愿。

表 3-3　家具行业决策周期与路径

阶段	行为特征	数据表现
需求触发	新房装修（52%），产品老化（33%）、风格过时（15%）	决策周期中位数 23 天
信息收集	比价平台使用率 61%，VR 展厅体验转化率提升 28%	平均浏览 8.3 个品牌
方案评估	材质参数对比耗时占比 40%，设计效果图修改 ≥ 3 次	定制家具沟通成本高于标品 2.5 倍

四、家具消费者画像

（一）构建方法

数据收集方面，通过线上问卷、线下访谈、电商平台数据抓取、社交媒体数据分析等多种方式，全面收集消费者的基本信息（如年龄、性别、职业、收入等）、消费行为数据（购买频率、购买金额、购买渠道、品牌偏好等）、兴趣爱好和生活方式信息（如是否喜欢户外运动、阅读、旅游等）。例如：利用电商平台的大数据分析工具，获取消费者的购买记录和浏览行为，了解其购买偏好和消费习惯；通过社交媒体平台的用户画像功能，分析消费者在社交平台上的兴趣标签和互动行为，挖掘其潜在需求。

运用数据分析技术，如聚类分析、因子分析等，对收集到的数据进行处理和分析。聚类分析可以将具有相似特征的消费者归为一类，形成不同的消费群体；因子分析则可以提取影响消费者购买行为的关键因素，如价格敏感度、品牌忠诚度等。通过市场调研方法，如焦点小组讨论、深度访谈等，进一步验证和完善数据分析结果，深入了解消费者的内心想法和需求。

最终，根据分析结果构建出不同类型的家具消费者画像，如"时尚潮流型消费者""品质生活型消费者""经济实惠型消费者"等，每个画像都包含详细的特征描述和需求偏好。

（二）应用场景

在产品研发过程中，根据消费者画像确定目标客户群体的需求和偏好，开发符合市场需求的家具产品。对于"时尚潮流型消费者"，企业可以加大在设计创新方面的投入，推出具有设计前瞻性、融合最新流行元素的家具产品；针对"品质生活型消费者"，注重产品的材质选择和工艺细节，提升产品的品质和舒适度。

在营销策略制定上，针对不同的消费者画像，制定个性化的广告宣传、促销活动和渠道策略。例如：针对年轻的时尚消费者画像，采用社交媒体营销，与知名家居博主合作进行产品推广，举办时尚家居体验活动，邀请消费者参与互动；对于"经济实惠型消费者"，则可以在电商平台上推出限时折扣、满减优惠等活动，通过性价比高的产品吸引他们购买。

五、家具消费者多维画像实务

（一）价值型消费者（占比 45%）

典型特征：家庭月收入 1.5 万～3 万元，决策依赖第三方测评（如甲醛检测机构报告），复购周期 3～5 年。

行为模式：同步对比 4 个以上电商平台价格，70% 选择"30 天价保"服务。

（二）体验型消费者（占比 30%）

典型特征：以 90 后、95 后为主，愿意为沉浸式购物体验支付 5% ～ 8% 溢价，冲动消费占比达 38%。

行为模式：社交媒体种草后 48 小时内下单，但退货率高达 25%（行业平均 12%）。

（三）传统型消费者（占比 25%）

典型特征：三、四线城市中老年群体，依赖熟人推荐（占比 67%），决策周期 ≤ 7 天。

任务实训

【目标】

通过家具细分市场实践，培养学生细分市场分析、资源整合与方案落地的综合能力。

【内容】

选择某一特定家具细分市场（如儿童家具市场），运用市场调研方法（问卷调查、访谈等）收集数据。

【步骤】

（1）制订考察计划，明确考察目的和重点。在制订计划时，要确定考察的时间、地点、考察对象以及采用的考察方法，如问卷调查、访谈、实地观察等。

（2）实施实地考察，记录观察结果，拍摄照片或视频作为辅助资料。在考察过程中，详细记录各个品牌的店铺位置、店内陈列、产品特点等信息。与销售人员、消费者进行交流，了解他们对不同品牌、产品的看法和需求。

（3）分析收集到的数据，通过线上线下相结合的方式发放问卷，确保样本的多样性和代表性。对访谈对象进行精心筛选，包括家长、儿童家具经销商、设计师等，从不同角度了解市场情况。分析该细分市场的规模、增长趋势、消费者需求特点和竞争态势。

（4）撰写实训报告，形成 PPT 进行展示和讲解，PPT 中运用图表、案例等方式进行生动展示，突出营销策略的针对性和可行性，以便向企业管理层和相关部门清晰传达市场分析结果和营销建议。

第二节 家具组织市场分析

学习目标

【知识目标】

（1）了解家具组织市场的构成和特点。

（2）掌握产业市场、家具中间商和政府采购行为的购买特点和决策过程。

（3）学会运用科学的方法分析家具组织市场的需求和竞争态势。

【能力目标】

（1）熟练运用多种调研方法，收集家具组织市场的相关信息。

（2）具备良好的沟通技巧，共同完成市场分析任务和制定解决方案。

（3）根据市场分析结果，制订切实可行的市场策略和营销计划。

一、产业市场购买行为

（一）购买特点

产业市场购买家具通常是为了满足生产经营活动的需要，如酒店采购家具是为了营造舒适的住宿环境，吸引顾客；写字楼采购家具是为了提供良好的办公条件，提高员工的工作效率；学校采购家具是为了满足教学和学生学习生活的需求。其购买数量较大，往往是批量采购，如一家五星级酒店可能一次性采购数百套客房家具。采购频率相对较低，一般在新开业、装修改造或家具更新换代时进行采购，但对家具的质量、稳定性和售后服务要求较高。因为一旦家具出现质量问题，不仅会影响使用体验，还可能给企业带来经济损失和声誉损害。例如，酒店的家具损坏频繁，会导致客人满意度下降，影响酒店的口碑和客源。

（二）影响因素

组织的目标和战略决定了其对家具的需求。追求高端定位的酒店，会采购高品质、设计独特的家具，以提升酒店的档次和竞争力；注重成本控制的企业，在采购办公家具时会优先考虑性价比高的产品。经济环境和行业竞争状况也会影响产业市场的购买行为。在经济不景气时，企业可能会减少办公家具的采购预算，或者选择更经济实惠的产品；行业竞争激烈时，企业可能会通过采购新颖、舒适的家具来吸引和留住人才。

（三）采购主体细分与需求场景

大型企业（500人以上）：

采购核心：集中采购办公家具（如模块化工位系统），2024年头部企业平均采购预算为120万～300万元/年，智能化办公桌（集成无线充电、升降功能）渗透率提升至35%。

合作模式：偏好与头部品牌（如Steelcase、Herman Miller）签订3～5年战略合作协议，要求供应商提供"驻场设计服务"。

中小型企业（50～500人）：

采购痛点：预算有限（平均20万～50万元/年），偏好区域性家具厂商，对"租赁+回购"模式接受度达68%。

品类偏好：简易组装家具占比超60%，采购周期缩短至1～2个月。

表 3-4　家具行业垂直需求

行业	采购特征	典型案例
互联网公司	以开放式办公空间为主，要求家具支持灵活重组（如可移动隔断），人体工学椅采购量年均增长 25%	某头部互联网企业采购 5000 张升降桌，单价 ≥ 8000 元
制造业工厂	注重耐用性（质保期 ≥ 8 年），防静电工作台、金属储物柜为核心品类，国产化率超 90%	某汽车工厂采购防腐蚀钢制工具柜，订单金额 1200 万元

二、家具中间商购买行为

（一）购买目的和特点

家具中间商（如经销商、代理商）购买家具是为了转售以获取利润，所以他们的购买决策主要围绕产品的市场需求、价格优势、品牌知名度和供应商的支持政策展开。他们关注产品是否畅销，能否快速周转资金，因此会优先选择市场上热门的家具款式和品牌。同时，他们注重产品的价格竞争力，希望以较低的进价获取产品，从而在销售中获得更大的利润空间。

（二）影响因素

中间商最关注产品的利润率和市场畅销程度。市场需求大、利润空间高的家具产品，如当前流行的简约现代风格的家具，更能吸引中间商的采购兴趣。供应商的信誉和服务水平至关重要，及时交货能确保中间商按时向客户交付产品，避免违约风险；优质的售后服务，如产品维修、退换货政策等，能减轻中间商的售后压力，提高客户满意度。

市场竞争状况也会促使中间商选择具有差异化优势的家具产品。在竞争激烈的市场中，独特的设计、环保的材质、智能化的功能等差异化特点，能够帮助中间商在众多竞争对手中脱颖而出，吸引更多客户购买。

表 3-5　中间商类型与盈利模式

类型	核心能力	毛利率范围	代表企业
全国总代理	品牌资源垄断，承担库存风险	25% ～ 35%	红星美凯龙、居然之家
区域经销商	本地化服务（配送、安装），关系网络深厚	18% ～ 25%	区域性家居卖场
跨境电商分销商	海外仓布局，擅长合规认证（如 CE、CARB）	30% ～ 40%	亚马逊大型卖家

三、供应商管理深度策略

（一）选品逻辑与风险控制

爆款策略：通过电商平台热销数据（如天猫品类 Top10）选品，SKU 汰换率高达40%/ 年。

库存优化：采用 JIT 模式（Just In Time），将库存周转天数压缩至 45 天（行业平均60 天）。

（二）合作条款博弈焦点

表 3-6　品牌方应对中间商策略

条款	中间商诉求	品牌方底线
退换货政策	60 天无理由退换	仅接受 30 天，且收取 10% 折旧费
市场保护范围	方圆 50 公里独家代理	仅限市级行政区
广告补贴	要求品牌承担 50% 推广费用	按销售额 3%～5% 比例支持

四、政府采购行为

（一）采购特点和程序

政府采购家具通常用于政府机关、事业单位等办公场所，采购金额较大，对家具的质量、环保性和安全性有严格要求。采购程序严格规范，一般遵循公开招标、邀请招标、竞争性谈判、询价等采购方式。公开招标要求发布招标公告，吸引符合条件的供应商参与投标，通过综合评审确定中标供应商；邀请招标则是向特定的供应商发出邀请，适用于采购项目具有一定特殊性或供应商数量有限的情况；竞争性谈判是与多家供应商进行谈判，通过多次报价和协商确定最终供应商；询价则是对几个供应商的报价进行比较，选择价格合理的供应商。

采购过程注重公平、公正、公开原则，所有采购信息都要依法公开，接受社会监督。对供应商的资质审查严格，要求供应商具备相应的生产能力、财务状况、信誉记录等，以确保采购的顺利进行和产品质量的可靠性。

（二）影响因素

政府采购行为受到政策法规的严格约束，如政府采购法、招投标法等，必须符合相关政策要求。政策导向可能会影响采购的方向，如为了推动绿色环保事业发展，政府会优先采购环保型家具；为了支持本地企业发展，政府可能会在同等条件下给予本地供应商一定的政策倾斜。

预算限制决定了采购的规模和档次，采购决策会综合考虑性价比、环保性、安全性等因素。政府会在预算范围内，选择质量好、价格合理、符合环保和安全标准的家具产品。

同时，政府的采购需求也会受到社会经济发展目标、公共服务需求等因素影响，如随着办公智能化的推进，对智能办公家具的需求可能会增加。

五、政府采购行为特点分析

（一）政策框架与采购规模

法规体系：强制适用《中华人民共和国政府采购法》，2024 年新增"绿色采购负面清单"（含甲醛释放量＞ 0.05mg/m³ 的板材）。政府家具采购规模达 820 亿元 / 年，其中教育机构（35%）、医疗机构（28%）、行政办公（22%）为三大主力。

（二）采购流程与风险管控

全流程合规管理：预算编制—需求公示（中国政府采购网）—招标文件编制（技术分占比≥ 60%）—评标委员会审核（专家库随机抽取）—合同备案—履约验收（第三方检测介入率 100%）。

（三）风险防控机制

供应商黑名单制度：2024 年新增 23 家违规企业（主要因环保检测造假）。

电子验收系统：通过区块链存证，确保验收数据不可篡改。

（四）细分领域采购特征

教育系统采购：

核心需求：课桌椅符合《学校课桌椅功能尺寸标准》（GB/T 3976–2014），可调节高度款占比提升至 65%。

案例：某省教育厅集中采购 10 万套防近视课桌椅，单价 1200 ～ 1500 元。

医疗系统采购：

技术门槛：抗菌涂层（抑菌率≥ 99%）、耐腐蚀性（通过 ISO 9001 医疗级认证）为硬性指标。

交付要求：手术室家具须在 48 小时内完成安装并出具无菌环境检测报告。

绿色采购与创新实践：

评价标准升级：环保评分权重提升至 40%，要求家具材料 100% 可追溯（如木材来源 FSC 认证）。

碳积分激励：供应商每减少 1 吨碳排放，可获政府采购项目评标加分 0.5 分。

数字化采购平台：

政采云平台交易额占比达 52%，支持"AI 智能评标"（自动比对技术参数偏离度）。

任务实训

【目标】

通过模拟家具产业市场营销，培养学生营销策划、资源整合与方案落地的综合能力。

【内容】

选择南康文华家瑞家具企业，深入分析其针对产业市场的营销策略。研究该企业如何根据不同产业客户的需求特点进行产品定位，例如针对酒店市场，是否推出了专门的酒店客房家具系列，其在设计、材质、功能上有哪些特点。

【步骤】

（1）制订考察计划，明确考察目的和重点。在制订计划时，要确定考察的时间、地点、考察对象以及采用的考察方法，如问卷调查、访谈、实地观察等。

（2）实施实地考察，记录观察结果，拍摄照片或视频作为辅助资料。在考察过程中，详细记录各个品牌的店铺位置、店内陈列、产品特点等信息。与销售人员、消费者进行交流，了解他们对不同品牌、产品的看法和需求。

（3）分析收集到的数据，分析其价格策略，是采用成本加成定价、竞争导向定价还是需求导向定价，以及价格策略在不同客户群体和市场竞争环境下的调整情况。探讨其渠道策略，是通过与经销商合作、直接与大客户对接，还是建立线上销售平台来开拓产业市场，各渠道的运营效果如何。

（4）撰写实训报告，总结政府采购行为的特点和对家具企业的启示，如企业应如何满足政府采购的要求，提高中标率，形成 PPT 进行展示和讲解，通过实际案例让读者更直观地了解政府采购行为。

第四章　家具市场调研与预测

【案例导入】

七喜：从区域品牌到全国知名品牌的市场洞察密码

世纪家缘家居集团作为南康家具产业集群的龙头企业，自 2008 年成立以来，始终以"洞察市场需求，引领行业趋势"为战略核心。在南康家具产业从"草根经济"向"千亿产业集群"跨越的进程中，世纪家缘通过精准的市场调研与科学的预测，所拥有的七喜品牌实现了从区域性品牌到全国知名品牌领军企业的华丽转身。

初创期：创始人团队通过走访全国 30 多个省市的家具卖场，建立了包含 5000 份消费者问卷、200 场经销商访谈的基础数据库。发现三、四线城市消费者对实木家具的需求呈年均 15% 的增长态势，但市场供给以中低端产品为主。基于调研数据，确立"实木 + 性价比"的产品定位，推出首套自主设计的"简欧实木系列"，当年实现销售额 3000 万元，较行业平均增速高出 8 个百分点。

转型期：世纪家缘与第三方机构合作开展"中国家具流通渠道白皮书"项目，发现传统经销模式下企业平均库存周转天数达 90 天，而电商渠道可缩短至 45 天。引入 ERP 系统整合订单数据，建立"需求预测模型"，准确率从 65% 提升至 82%。2015 年成功预判"新中式"风格爆发，提前 6 个月布局生产线，当年该系列产品占比达 35%。

出海阶段：世纪家缘组建专业团队开展"一带一路"共建国家家居消费研究，完成《东南亚家居消费趋势蓝皮书》。团队又发现马来西亚市场对定制家具需求年增 25%，但本土企业交付周期长达 45 天。基于消费数据预测，在越南建立海外供应地，将东南亚市场交付周期缩短至 15 天，2023 年东南亚市场营收占比达 28%。

世纪家缘提供集爆破营销策划、商场运营规划、店长培养、员工培训于一体的服务，提供全流程服务，连续 5 年保持 20% 以上增速，团队被业内称为"中国中部家具营销人才输送基地"，新品研发周期从 18 个月缩短至 9 个月。团队所在企业获评"江西省家具行业优秀企业""守合同重信用 AA 企业"等称号，品牌"大堂风景""英郎"获"江西名牌产品"认证，这些巨大的成功离不开世纪家缘对家具行业的市场调研与预测。

第一节　家具市场调研

学习目标

【知识目标】

（1）掌握家具市场调研的核心方法及其适用场景。

（2）熟悉市场调研全流程设计，包括家具行业特有的数据收集难点。

（3）理解定量与定性数据分析工具的应用逻辑，掌握家具消费行为分析的独特性。

【能力目标】

（1）能够独立设计家具市场调研方案，针对行业特性优化方法组合。

（2）具备使用数据分析工具处理家具行业特有数据的能力。

一、家具市场调研的方法

在家具行业中，市场调研方法丰富多样，主要可划分为四大类别。由于家具行业具有产品种类繁多、消费周期长、消费者决策谨慎等特性，在实际应用中，需将这些调研方法灵活组合，以精准把握市场动态与消费者需求。

（一）定性调研方法

定性调研方法通过非结构化或半结构化的方式，深入探究消费者态度、动机以及行为背后的深层逻辑。它侧重于挖掘消费者内心的想法和感受，能够获取到定量研究难以触及的信息，为理解市场现象提供丰富的背景和深度。

家具行业适用场景：在家具新品概念测试阶段，定性调研可帮助企业洞察消费者对新设计理念、功能概念的初步反应，从而判断新品是否契合市场需求。例如，当企业计划推出一款具有创新收纳功能的沙发时，通过定性调研能了解消费者对该功能的接受程度和潜在需求。对于高端定制家具，挖掘客户独特的需求和偏好至关重要，包括对材质、工艺、风格的特殊要求，为个性化定制提供有力依据。在探寻用户体验痛点方面，定性调研能发现家具在实际使用过程中消费者遇到的空间利用不合理、操作不便等问题，如某款衣柜的内部结构设计导致衣物拿取困难。

1.焦点小组访谈法

实施要点：分组时遵循选择同质化群体的原则，例如，选取一线城市 30 ~ 40 岁的中产家庭。这一群体在消费观念、生活方式以及对家具的需求上具有一定相似性，能提高讨论的效率与深度，使讨论结果更具针对性和参考价值。在家具行业焦点小组访谈中，通常每组规模控制在 8～12 人，时长为 1.5～2.5 小时，以确保充分交流且避免参与者疲劳。

方法：运用实物样品，如沙发面料小样，让参与者亲身触摸、感受，激发他们基于触觉的反馈讨论，从而更直观地了解消费者对材质质感的喜好与要求。设置场景化问题，比如"倘若您在周末下午使用这款书桌，您会关注哪些功能？"通过构建贴近生活的使用场景，引导参与者深入思考，表达出在实际情境下对家具功能的真实需求。在家具行业焦点小组访谈中，还可引入图片、视频等资料，展示不同风格的家具搭配案例，激发参与者的讨论热情。

2. 深度访谈法

家具行业应用：针对高端客户，深入探究其购买红木家具的决策链，如家族传承需求、投资属性考量等。许多高端客户购买红木家具不仅是为了日常使用，更看重其承载的文化内涵和家族传承意义，以及作为一种具有保值增值潜力的投资品。面向 B 端客户，与室内设计师进行访谈，了解他们对家具厂商合作的核心诉求，如设计支持响应速度。室内设计师在项目中对家具的款式、尺寸、材质等有专业的要求，且希望家具厂商能快速响应设计变更需求，提供及时有效的设计支持。在深度访谈中，通常采用一对一的形式，访谈时长为 1～2 小时，以深入挖掘受访者的观点和经验。

工具：利用录音转写工具（如讯飞听见），将访谈内容准确转换为文字，提高记录效率。结合自然语言处理（Natural Language Processing，NLP）技术，自动提取关键词。NLP 技术能够对大量文本进行分析，识别出关键信息，如消费者反复提及的痛点、需求点、设计师强调的合作要点等，帮助调研人员快速梳理访谈内容，提炼核心观点。例如，通过 NLP 技术分析消费者对某款家具的评价，可发现"舒适度""质量""价格"等高频关键词，为企业改进产品提供方向。

3. 案例研究法

家具行业应用：剖析成功品牌，如宜家的"扁平包装 + 自助组装"模式，探究其如何降低物流成本。宜家通过将家具设计为可拆解、扁平包装的形式，大大减少了运输体积，降低了物流费用，同时自助组装的方式也让消费者参与到产品的"最后一公里"，增加了产品的趣味性和消费者的成就感。研究失败案例，如某传统卖场倒闭事件，分析其渠道策略方面的失误。可能是过度依赖线下实体渠道，未及时布局线上渠道，在电商冲击下失去市场份额；或者在选址、招商、运营管理等方面存在问题，导致成本过高、客流量不足等。通过案例研究，家具企业可以借鉴成功经验，避免重蹈覆辙，优化自身的商业模式和运营策略。

方法：通过企业年报、行业白皮书以及高管访谈等途径，构建多维度案例库。企业年报能反映企业的财务状况、经营策略等信息；行业白皮书汇集了行业专家对市场趋势、技术发展等方面的分析；高管访谈则能获取企业内部决策层面的观点和经验。综合这些信息，全面深入地研究案例，为家具企业提供宝贵的借鉴。例如，在研究某家具企业的成功案例时，通过分析其年报中的销售数据和市场份额变化，结合高管访谈中对产品创新和营销策略的阐述，可总结出其成功的关键因素，为其他企业提供参考。

（二）定量调研方法

定量调研方法通过结构化的数据收集与分析，验证假设并量化市场规律。该方法基于大量的数据样本，运用统计分析手段，得出具有普遍性和代表性的结论，为企业决策提供数据支持，帮助企业在市场中做出更科学、准确的判断。

家具行业适用场景：在价格敏感度测试中，确定消费者对不同类型家具价格变动的反应程度，帮助企业制定合理的价格策略。统计渠道偏好，了解消费者更倾向于通过线上电商平台、线下专卖店、家居卖场等哪种渠道购买家具，以便企业优化渠道布局。进行市场规模预测，结合人口增长、房地产市场发展、消费升级等因素，预估家具市场的总体规模和细分市场规模，为企业制订生产、销售计划提供参考。例如，通过定量调研发现，某地区随着新楼盘交付量的增加，对客厅家具的市场需求预计在未来一年内将增长 15%，企业可据此调整生产计划，增加相关产品的产量。

1.问卷调查法

问题设计：避免抽象表述，如将"您对沙发的舒适度是否满意？"改为"沙发坐垫下沉深度是否在 3 至 5cm 范围内？"通过具体的量化指标，使问题更具可操作性和明确性，能获取更准确的消费者反馈。加入家具使用场景题，如"您在选购儿童书桌时，更关注以下哪些功能？（多选）【A. 可升降 B. 防磕碰圆角 C. 趣味收纳设计】"结合实际使用场景，引导消费者思考并选择真正符合其需求的功能选项。在设计问卷问题时，还应注意问题的顺序和逻辑性，先易后难，避免引导性问题，以确保数据的真实性和可靠性。

工具升级：问卷星支持嵌入家具 3D 模型，极大地提升了产品展示的直观性。消费者可以通过旋转、缩放等操作，从多个角度观察家具的外观和细节，更真实地感受产品，提高问卷回答的准确性和有效性。此外，一些先进的问卷调查平台还支持视频嵌入、语音答题等功能，进一步丰富了问卷的形式和内容，提高了用户参与度。

2.实验法

（1）A/B 测试

家具行业应用：在电商详情页测试中，A 版突出"欧洲 E1 级环保标准"，B 版强调"15年质保服务"，对比两者的转化率差异。通过这种方式，企业可以了解消费者更关注环保标准还是质保服务，从而优化电商详情页的设计和宣传重点。在广告投放测试中，于抖音信息流广告里，对比"场景化视频"与"产品参数轮播图"的点击率。分析不同广告形式对消费者的吸引力，为广告创意和投放策略提供依据。在 A/B 测试中，通常将流量平均分配到 A、B 两个版本，持续时间根据测试目的和流量大小而定，一般为 1～2 周，以收集足够的数据进行分析。

工具：Google Optimize 可实现流量自动分流，将用户随机分配到 A、B 不同版本的测试页面，确保测试结果的客观性和准确性。GrowingIO 用于统计转化数据，能精准记录用户在页面上的各种行为数据，如点击、浏览时长、购买转化等，为分析测试效果提供全面的数据支持。除了这些工具，还有一些专门针对电商和广告测试的平台，如 Optimizely、Adobe Target 等，也能提供类似的功能和更强大的数据分析能力。

（2）卖场陈列实验

方法：在红星美凯龙同一区位，轮换采用两种陈列方案，即传统单品陈列与场景化家居空间陈列，统计顾客的停留时长与下单率。对比不同陈列方式对顾客行为的影响，探索更能吸引顾客、促进销售的陈列模式。在卖场陈列实验中，应保持其他条件一致，如灯光、音乐、销售人员服务等，以确保实验结果的准确性。

3. 观察法

技术融合：运用热力图（Heatmap），通过摄像头追踪顾客在展厅的移动轨迹，以此优化动线设计，例如将爆款沙发放置在高流量区域。热力图以不同颜色的色块直观展示顾客在展厅内的活动热度分布，帮助企业了解顾客的行为习惯，合理规划展厅布局，提高顾客对产品的关注度和购买可能性。采用射频识别（Radio Frequency Identification，RFID）技术，在家具样品中植入芯片，统计顾客触摸频率与时长。通过分析顾客与家具的互动数据，了解消费者对不同款式、材质家具的兴趣程度，为产品研发和陈列调整提供数据支持。在观察法中，还可结合眼动追踪技术，了解消费者在观看家具展示时的视线焦点和注意力分布，进一步优化产品展示和宣传策略。

（三）大数据调研方法

大数据调研方法借助海量异构数据，如电商交易数据、社交媒体数据、物联网数据等，实时捕捉市场动态。大数据调研突破了传统调研在数据量和时效性上的局限，能够快速、全面地反映市场变化，为企业提供及时、准确的市场信息。

有效解决传统调研的滞后性问题，能够快速响应消费趋势的变化。在家具行业，消费者需求变化迅速，新的设计风格、功能需求不断涌现，大数据调研可以及时捕捉到这些变化，帮助企业迅速调整产品策略，推出符合市场需求的新产品。例如，通过分析社交媒体数据发现，某一时期消费者对"智能睡眠家具"的关注度急剧上升，企业可迅速投入研发资源，推出相关产品，抢占市场先机。

1. 电商数据挖掘

工具与应用：阿里妈妈达摩盘可分析家具品类搜索词增长率，例如"岩板餐桌"年增长 420%，以此指导新品开发。企业通过分析搜索词增长率，能敏锐捕捉到市场的新兴需求，提前布局相关产品研发。京东商智（京东面向商家的一站式运营数据开放平台）能够监测竞品价格带分布，从而制定差异化定价策略，如避开 2000 至 2500 元的竞争红海区间。了解竞品价格分布情况，企业可以找准市场空白点或价格优势区间，制定合理的定价策略，提高产品竞争力。此外，一些电商平台还提供行业报告、市场趋势分析等服务，帮助企业更全面地了解市场动态。

2. 社交聆听

实施步骤：爬取小红书、抖音等平台上与家具相关的内容，如"极简风家具""避坑指南"。这些平台汇聚了大量消费者的真实评价、分享和讨论，是了解消费者需求和市场趋势的重要信息源。运用词频 – 逆文档频率（Term Frequency–Inverse Document Frequency，TF-IDF）算法，提取高频需求词，如"易清洁""免安装"。该算法通过计算词汇在文本中的出现频率以及在整个文本集合中的稀有程度，筛选出最能代表消费者关注焦点的词汇。通过潜在狄利克雷分布（Latent Dirichlet Allocation，LDA）模型对话题进行聚类，如环保材料、智能家居等。LDA 模型能够将大量文本内容按照主题进行分类，帮助企业全面了解消费者在家具领域关注的不同话题和热点趋势。在社交聆听过程中，还可利用情感分析技术判断消费者对不同家具品牌和产品的情感倾向，为企业品牌建设和产品改进提供参考。

3. 物联网数据

智能家具反馈：通过联网智能床垫收集用户睡眠数据，如翻身次数、深睡时长等，优化分区支撑设计。根据用户睡眠数据，分析不同身体部位对床垫支撑的需求差异，改进床垫内部结构设计，提高睡眠舒适度。智能衣柜记录衣物存取频率，据此推导消费者收纳习惯，指导柜体分区设计。了解消费者常用衣物、季节性衣物的存取规律，合理规划衣柜内部空间，提高衣柜的实用性和用户体验。此外，智能家具还可收集用户的使用习惯、环境数据等，为企业提供更全面的用户画像，帮助企业进行产品创新和提供个性化服务。

（四）混合调研方法

定义：混合调研方法整合定性与定量方法，兼顾探索深度与统计广度。这种方法充分发挥定性调研和定量调研的优势，为企业提供更全面、准确的市场信息，使企业能够从多个角度深入了解市场，做出更科学的决策。

1. 德尔菲法

精心挑选来自不同领域的专家，涵盖家具设计师、材料科学家以及渠道商。凭借他们在设计、材料研发和市场渠道运营方面的深厚专业知识，对未来几年家具行业的发展趋势展开预测。历经几轮意见反馈与修正，专家们逐步达成共识。比如，普遍认为"竹纤维材料"和"模块化设计"将引领未来家具行业潮流。竹纤维材料以其环保、耐用等突出特性，高度契合当下消费者对绿色家居的追求；模块化设计则能满足消费者根据自身需求进行个性化组装，以及灵活利用空间的实际需要。

价值体现：该方法最大程度降低了个人主观偏见对预测结果的干扰，尤其适用于技术导向型决策场景。如在确定新材料研发优先级时，不同专家从各自专业视角出发，综合多轮意见后得出的结论，科学性和前瞻性更为显著。

2. 神秘顾客

神秘顾客是一种通过模拟真实顾客消费体验，以此评估服务质量的调研方式，在家具行业实施流程如下。

招募调研员假扮成顾客，实地走访家具门店，完整体验门店服务流程。评估内容聚焦导购专业性，例如考察其能否清晰阐释实木与板材的区别，助力消费者依据自身需求做出恰当选择；同时关注售后响应速度，即从消费者咨询售后问题到问题得到有效解决的时间间隔等关键指标。

表 4-1　家具产业调研推荐方法

调研目标	推荐方法	家具行业适配要点
探索智能家具潜在需求	焦点小组 + 民族志研究	需配备智能家居场景模拟设备，从而真实还原消费者在智能家居环境中的使用感受与需求。焦点小组可汇聚不同类型消费者，围绕智能家具使用场景、功能期待等话题展开深入讨论；民族志研究则深入消费者日常生活，观察其与家居环境的互动细节，挖掘潜在需求
验证沙发新品价格接受度	问卷调查 + A/B 测试	结合线下卖场标价测试与线上页面对比。线下卖场设置不同价格标签，观察消费者对价格变动的反应；线上则通过调整页面展示价格，对比不同价格下的点击率、加购率等数据，精准测算消费者对沙发新品价格的接受程度
预测办公家具材料趋势	德尔菲法 + 竞品专利分析	需纳入办公空间设计师的专业意见。办公空间设计师对办公家具使用场景和功能需求理解深刻，他们参与德尔菲法预测，再结合对竞品专利的分析，能更精准把握办公家具材料未来走向
分析经销商服务质量	神秘顾客 + CRM 数据	结合售后投诉记录交叉验证。神秘顾客获取经销商服务的一手体验数据，CRM 数据从宏观层面反映消费者与经销商的互动状况，两者结合并借助售后投诉记录交叉验证，全面、精准分析经销商服务质量

二、家具市场调研的过程

家具行业呈现"重体验、长周期、高介入"的消费特性，所以调研流程需与之适配，主要分为四个阶段。

（一）明确调研目标

家具行业典型问题定义：比如，"了解沙发市场需求"这种表述过于笼统，应精准修正为"分析一线城市 90 后家庭对功能性沙发（如可折叠、带储物功能）的需求强度及价格敏感区间"。如此一来，明确了目标消费群体、产品类型及调研核心，让调研更具针对性。

消费者维度：深入探究消费者对功能性沙发的使用场景，是用于客厅日常休闲，还是客房临时接待；功能偏好方面，关注可折叠、带储物、电动调节等功能的受欢迎程度，以及消费者对这类沙发的价格预期，为产品定价提供有力参考。

竞争维度：剖析竞品爆款功能点，找出市场上现有功能性沙发的热门设计，同时挖掘差异化机会，助力企业推出具备独特卖点的产品，提升市场竞争力。

（二）制订调研计划

1.家具行业资源分配特殊性

预算倾斜：鉴于家具属于大件商品，消费者在购买决策过程中极为看重体验，因此需要更高比例的体验场景搭建费用。例如，开发 3D 云展厅，消费者可通过线上平台沉浸式浏览家具在不同空间布局中的实际效果，增强产品吸引力和消费者购买意愿。

时间规划：考虑到家具消费与装修周期紧密关联，装修旺季（如春节后）消费者购买需求旺盛，数据波动较大，淡季需求相对平稳。为获取更全面、准确的数据，需延长数据收集周期，涵盖不同季节和消费周期的数据。

2.抽样设计

地域分层：一、二线城市消费者生活水平较高，对家具设计感要求更高；三、四线城市消费者更注重性价比。所以，抽样时需依据城市级别分别设定样本量，确保不同地域消费者需求都能得到充分体现。

人群过滤：仅选取近 1 年内有购买或装修计划的受访者，这些人群是家具的潜在消费者，其反馈更具参考价值，能有效提升调研结果的准确性。

（三）数据收集

1.质量控制措施

线下拦截访问：在家居卖场设置调研台，通过赠送小礼品（如家具清洁套装）的方式吸引消费者参与调研，提高参与率，确保获取足够数量的有效样本。

线上数据清洗：借助技术手段剔除 IP 地址重复、答题时间过短的无效问卷，保障线上调研数据的质量和可靠性。

2.家具行业难点突破

体验数据获取：利用 VR 设备模拟家居空间，消费者可在虚拟环境中自由摆放、体验不同沙发，系统自动记录用户对不同沙发的停留时长与互动次数。这些数据能直观反映消费者对不同沙发款式和功能的兴趣程度，为产品研发和设计提供关键依据。

（四）数据分析与报告

1.定量分析要点

联合分析（Conjoint Analysis）：通过构建数学模型，测算消费者对家具属性的权衡偏好。例如，研究发现消费者愿意为"纯实木材质"多支付 30% 价格，这一数据有助于企业在产品材质选择和定价策略上做出更合理决策。

市场细分（Segmentation）：运用 K-means 聚类算法，依据消费者对家具的价格敏感度、品质要求、设计偏好等因素，将消费者分为"品质优先型""价格敏感型""设计导向型"等不同群体，为企业精准营销和产品定位提供指导。

2.定性分析要点

用户旅程图（Customer Journey Map）：以可视化方式呈现消费者从需求产生到售后评价的全流程痛点。比如，发现配送延迟导致消费者给出差评，企业可针对这一问题优化物流配送环节，提升消费者满意度。

报告撰写规范：需涵盖家具行业特有的"空间适配建议"。例如，针对小户型家居，给出家具尺寸推荐范围，帮助消费者在有限空间内合理选择和摆放家具，提升产品实用性和市场适应性。

三、家具市场调研的数据分析

家具行业数据具有文本评论多、图片／视频数据丰富的特点，因此需要采用混合分析工具，综合运用定量和定性分析方法，全方位、深层次挖掘数据价值。

（一）定量数据分析

1.描述性统计

频数分析：计算"购买渠道偏好"中各选项占比，例如发现家具行业"线下体验＋线上下单"（Online to Offline，O2O）模式占比达67%。这表明消费者在购买家具时，倾向于先在线下体验产品实物，再通过线上平台完成购买，企业可据此优化线上线下渠道布局和协同策略。

交叉分析：对比不同城市级别对"上门安装服务"的需求差异，结果显示，三、四线城市需求强度高于一线城市15%。这是因为三、四线城市消费者可能更依赖专业安装服务，企业可根据这一差异调整售后服务资源分配，提高服务效率和消费者满意度。

2.推断性统计

回归分析（Regression Analysis）：

构建方程：购买意愿=0.6×设计感＋0.3×价格＋0.1×品牌。该方程表明设计感对消费者购买意愿影响最大，企业在产品研发和市场营销中应优先关注设计创新，同时合理定价和加强品牌建设，以提升产品竞争力和市场份额。

因子分析（Factor Analysis）：通过降维提取影响家具购买的核心因子，如"环保因子""服务因子"等。企业可根据这些核心因子优化产品属性和服务质量，满足消费者核心需求，提升品牌形象。

（二）定性数据分析

1.内容分析

家具评论编码：将天猫等电商平台上的差评归类为"质量缺陷"（35%）、"物流破损"（28%）、"安装服务"（22%）等类型。企业可依据这些问题类型，有针对性地改进产品质量控制、物流运输和安装服务流程，减少负面评价，提升品牌口碑。

2. 情感分析

使用 Python 库 TextBlob 分析小红书等社交平台上的笔记情感倾向，识别"高热度负评"。例如，发现某品牌床垫异味问题引发大量负面评价，企业可及时采取措施解决产品质量问题，并通过公关手段修复品牌形象。

3. 视觉数据分析

通过卷积神经网络（Convolutional Neural Networks，CNN）分析用户上传的家居搭配图片，提取风格偏好。例如，发现北欧风在家居搭配中占比 42%，企业可根据这一流行趋势，加大对北欧风格家具的研发和生产力度，满足市场需求。

（三）数据整合与洞察提炼

1. 家具行业专属分析模型

HVC 模型：家居场景（Home Scenario）、价值主张（Value Proposition）、成本结构（Cost Structure）三维度输出策略。例如，某品牌通过 HVC 模型锁定"都市单身公寓"场景，针对这一场景下消费者对空间利用和个性化的需求，推出"迷你多功能茶几"，集收纳、移动方便等功能于一体，首年销量破 10 万件。

2. 战略建议输出

短期策略：针对物流差评集中区域，增设本地化仓库。通过缩短配送距离，减少物流运输时间和破损风险，提高物流配送效率和服务质量，降低消费者投诉率。

长期策略：建立家具行业环保材料数据库，整合各类环保材料信息，包括性能、价格、供应商等。企业可依托该数据库，研发环保产品，抢占"零甲醛"等环保心智，提升品牌在环保领域的竞争力，顺应消费者对绿色家居的长期需求趋势。

任务实训

【目标】

通过模拟南康家具市场调研项目，掌握调研设计、执行与分析的完整流程。

【内容】

（1）以小组为单位，选择南康一类家具（如沙发、儿童家具）作为调研对象。

（2）设计调研方案，包括目标、方法、样本量及问卷/访谈提纲。

（3）实地执行调研（可模拟或真实开展）。

（4）整理数据并完成分析报告。

【步骤】

步骤 1：选题与分工。明确调研主题，分配组员角色（如问卷设计、数据分析、报告撰写）。

步骤 2：工具设计。制作问卷（至少 15 个问题，涵盖消费者行为、偏好、痛点）。

步骤3：数据收集。通过线上问卷平台（如问卷星）或线下访谈收集至少100份有效数据。

步骤4：数据分析。生成图表（如柱状图、饼图）并总结核心发现。

步骤5：报告撰写。按照"背景—方法—结果—建议"结构完成报告（2000字以内）。

第二节　家具市场预测

学习目标

【知识目标】

（1）掌握简单的时间序列预测方法和定性预测方法。

（2）熟悉家具行业的预测难点。

【能力目标】

（1）能使用Excel完成家具销量的基础预测。

（2）能撰写清晰的预测报告，提出可落地的建议。

一、家具市场定性预测

定性预测在家具市场研究中占据重要地位，它主要凭借专业人士长期积累的丰富经验以及严谨的逻辑思维来预判市场发展方向。在家具行业，数据的获取往往受到诸多限制，比如新兴家具品类、小众设计风格或是区域性的市场调研数据可能存在缺失，此时定性预测便能充分发挥其优势，从宏观且全面的视角把握市场趋势，有效弥补数据不足带来的研究短板。

（一）德尔菲法（专家预测法）

1.适用场景

在家具行业，德尔菲法常用于预测未来3～5年家具材料的发展趋势。以岩板为例，随着消费者对家居品质和耐用性要求的提升，岩板凭借其耐高温、耐磨、易清洁等特性，在家居领域的应用前景广阔。专家们需要综合考虑原材料供应、生产技术革新、消费者偏好变化等多方面因素，预测岩板在不同家具类型（如厨房台面、餐桌、浴室柜等）中的应用比例增长趋势，以及可能面临的市场挑战，如价格竞争、安装工艺复杂程度等。对于竹纤维材料，专家们则需从环保理念盛行的大背景出发，分析其在家具制造中对传统木质材料的替代潜力，包括竹纤维家具在不同地区、不同消费群体中的接受度，以及其在设计创新方面的可能性。

2.步骤（以预测智能沙发需求为例）

（1）专家遴选：挑选多位具备多元专业背景的专家。设计师应涵盖不同设计风格和服务领域，有的擅长现代简约风格，能从时尚潮流和空间利用角度出发，洞察智能沙发在设计美学上的发展方向；有的专注于高端定制，熟悉高端客户对智能沙发功能与品质的极致追求。经销商来自不同区域，一线城市的经销商对市场前沿趋势敏感，了解高端消费群体的需求变化；二、三线城市的经销商则更熟悉当地主流消费市场的特点和价格敏感度。行业协会代表，他们不仅掌握宏观行业政策走向，还对行业整体发展态势有深入研究，能够从产业布局、技术研发投入等方面提供全局性观点。多方视角结合，确保对智能沙发需求预测的全面性和准确性。

（2）首轮问卷：以匿名方式向专家提问，如"您认为3年后智能沙发在一线城市家庭中的普及率将达到多少？"同时，还可深入询问影响普及率的关键因素，如智能功能的实用性、价格区间、品牌推广力度等。匿名机制能让专家们自由表达观点，避免受权威或他人意见的干扰，保证意见的独立性与客观性。

（3）汇总反馈：假设专家给出的预测值分别为20%、25%、30%，通过计算得出中位数为25%。中位数能有效反映专家群体意见的集中趋势，避免个别极端值对整体预测结果的过度影响。同时，对专家们给出的理由和依据进行分类汇总，分析不同观点的支撑因素，为后续多轮修正提供参考。

（4）多轮修正：将首轮预测结果匿名反馈给专家，专家根据整体意见对自己的观点进行修正。例如，部分专家在看到其他专家对智能沙发价格因素的深入分析后，可能会调整自己对普及率的预测。经过多轮反复，直至达成相对一致的意见，比如最终预测值为28%。这种迭代过程使预测结果不断优化，凝聚了专家群体的集体智慧，充分考虑了市场中各种复杂因素的相互作用。

在家具行业，企业的长期战略规划至关重要。德尔菲法能有效规避个人主观因素导致的偏差，为企业决策提供可靠依据。企业可以据此合理安排研发投入，如确定智能沙发研发的重点功能方向；规划生产布局，根据预测的市场需求调整产能；制定市场推广策略，针对不同区域和消费群体精准定位营销方案。

（二）销售人员综合判断法

1.适用场景

在家具行业，区域市场差异明显，不同地区的消费者偏好、经济发展水平、房地产市场状况等因素都会影响家具销量。销售人员综合判断法主要用于预测下一季度某区域的家具销量。例如，在北方城市，冬季由于气候寒冷，装修活动相对减少，但一些消费者可能会选择在冬季进行家具更换，销售人员需要根据当地市场的这一特点，结合自己日常与客户的接触经验，预估下一季度的家具销量。而在南方沿海城市，随着旅游业的发展和外来人口的流入，租房市场活跃，对简约、实用型家具的需求较大，当地销售人员对这类家具销量的预测就尤为关键。

2. 操作流程

销量预估收集：收集各经销商的销量预估数据，例如北京店预测销量为 300 件，上海店预测为 280 件。这些数据基于经销商对当地市场的实际观察与销售经验。经销商们不仅了解当地消费者的购买习惯，还熟悉竞争对手的产品特点和市场策略，他们的预估数据具有较高的参考价值。

加权平均计算：根据各经销商过往预测的准确率赋予相应权重，如北京店权重设为 1.2，上海店权重设为 1.0。准确率高的经销商权重更大，这是因为他们对市场变化的把握更准确，能使预测结果更具可信度。同时，权重的设定还需考虑经销商所在区域的市场规模、发展潜力等因素，综合权衡后确定合理的权重分配。

计算公式：总预测值 =(300 × 1.2 + 280 × 1.0) / (1.2 + 1.0) ≈ 291（件）。通过加权平均，综合考虑了不同经销商的预测能力与市场影响力，使预测结果更贴合市场实际情况。

家具行业产品更新换代快，市场变化迅速。一线销售人员直接接触市场和客户，对当地市场变化最为敏感。他们能及时捕捉到消费者对新款式、新材料家具的兴趣点，以及竞争对手的市场动作。该方法充分发挥了一线销售人员的市场洞察力，在短期销量预测方面具有较高的准确性与时效性，有助于企业及时调整库存，避免库存积压或缺货现象；合理安排配送，提高物流效率；制定针对性的促销策略，提升市场竞争力。

二、家具市场定量预测

定量预测在家具市场研究中依托丰富的历史数据构建数学模型，以精确的量化方式预测市场走势，尤其适用于数据储备充足的场景。在家具行业，随着信息化技术的发展，企业在销售、生产、库存等环节积累了大量数据，为定量预测提供了坚实基础。

（一）时间序列预测法

家具行业特点：

季节性：春节过后的 3 ～ 5 月是传统装修旺季，这一时期消费者装修需求集中释放，带动家具销量显著增长。一方面，春节假期人们有更多时间规划家居装修，商家也会在这一时期推出各种促销活动；另一方面，春季气候适宜，有利于装修施工。这种季节性波动在家具市场表现明显，企业需提前做好生产与销售规划。例如：家具生产企业会在春节前增加原材料采购，储备一定库存，以应对旺季的订单需求；销售企业则会提前策划促销方案，准备充足的展示样品。

趋势性：随着环保意识的提升，消费者对环保型家具的需求不断增加，环保型家具市场规模逐年扩大，大致以每年 10% 的速度增长。这反映了市场需求的长期变化趋势，企业应顺应这一趋势，加大对环保产品的研发与生产。环保型家具不仅在原材料选择上注重环保标准，如使用无甲醛板材、水性漆等，在生产工艺上也更加注重节能减排。企业通过不断推出环保新产品，满足消费者对健康、绿色家居的追求，同时提升自身品牌形象和市场竞争力。

1. 移动平均法（简单实用）

适用场景：常用于预测下个月沙发等家具单品的销量。在家具市场，消费者购买行为受多种因素影响，市场需求波动较大，但短期内仍存在一定的规律。移动平均法能快速捕捉销量的短期变化趋势，为企业短期生产与采购决策提供支持。例如，某品牌沙发在市场上具有一定的稳定性，通过分析近期销量数据，运用移动平均法可以预测下个月的销量，帮助企业合理安排生产计划，避免生产过剩或不足。某品牌家具 2023 年销量数据如表 4-2 所示。

表 4-2 某品牌家具 2023 年销量数据

单位：件

月份	1 月	2 月	3 月	4 月	5 月
销量	120	130	150	160	170

预测 6 月销量：采用 3 期移动平均法，选取最近 3 个月（3 月、4 月、5 月）的销量数据计算均值。预测值 =(150 + 160 + 170) / 3=160（件）。通过平均运算，有效平滑了数据中的随机波动，凸显销量的基本趋势。这一预测结果为企业制订下个月的生产计划和采购原材料提供了重要参考。

原理：移动平均法通过对近期数据的平均处理，消除偶然因素的干扰，在销量趋势相对稳定的短期内，能较为准确地预测下一周期的销量。它基于市场在短期内具有一定惯性的假设，认为过去一段时间的平均销量情况能在一定程度上反映未来短期内的销量趋势。

2. 季节指数法

适用场景：适用于考虑季节因素波动的年度销量预测。家具市场销量随季节变化显著，季节指数法充分考虑了这一特点，使年度预测更贴合市场实际情况。例如：对于户外家具，夏季是销售旺季，而冬季销量则大幅下降；对于取暖相关的家具，如电暖桌等，冬季销量会明显上升。企业通过季节指数法预测年度销量，能更合理地安排全年生产计划，优化库存管理，降低运营成本。

步骤（以预测 2024 年 1 月销量为例）：

历史同月均值计算：统计 2021—2023 年 1 月的销量数据，分别为 120、135、145，计算均值为 (120 + 135 + 145) / 3 ≈ 133.3（件）。这一均值反映了过去三年 1 月的平均销售水平，体现了该月份在历史数据中的一般表现。

全年月均销量计算：已知 2023 年总销量为 1800 件，月均销量 =1800 / 12=150（件）。该数据作为全年销售水平的基准，用于对比各月份销量的相对高低。

季节指数计算：季节指数 =133.3 / 150 ≈ 0.89。季节指数体现了 1 月销量相对于全年月均销量的比例关系，用于衡量该月销量的高低波动程度。0.89 表明 1 月销量相对全年月均水平较低，反映了 1 月在家具销售季节中的淡季特征。

预测 2024 年 1 月销量：假设 2024 年预计月均销量为 160 件，1 月预测值 =160×0.89≈142（件）。结合预计月均销量与季节指数，得出 2024 年 1 月的销量预测值。这一预测考虑了历史季节规律和未来市场整体增长趋势，使预测结果更具科学性。

原理：季节指数法通过构建季节指数，量化了各月份销量与全年平均水平的差异，从而在考虑季节因素的基础上实现更精准的年度销量预测。它将时间序列数据分解为长期趋势、季节变动、循环变动和不规则变动四个部分，通过分析季节变动部分来预测不同月份的销量情况。

（二）一元线性回归法

适用场景：主要用于分析房价上涨等单一变量对家具销量的影响。在家具行业，房地产市场与家具市场紧密相关，房价的变化会直接影响消费者的购房决策，进而影响家具需求。通过建立两者之间的数学关系，企业可以评估宏观经济因素对家具市场的影响程度，为市场策略调整提供依据。例如：当房价上涨时，消费者购房成本增加，可能会减少对高端、昂贵家具的购买，转而选择性价比更高的产品；而房价下跌时，可能会刺激部分消费者购房，带动家具市场需求上升。

表 4-3　某城市近 5 年数据

年份	新房均价（万元/㎡）	家具销量（万件）
2020	3.0	12
2021	3.2	13
2022	3.5	14
2023	3.8	15

步骤：

散点图绘制：以 X 轴表示新房均价，Y 轴表示家具销量，绘制散点图。通过观察散点分布，初步判断两者是否存在线性相关关系，直观呈现数据的变化趋势。从散点图中可以大致看出，随着房价的上升，家具销量呈现出一定的上升趋势，表明两者之间可能存在正相关关系。

回归方程计算（公式简化版）：运用 Excel 的"数据分析"工具，计算得出回归方程 $Y=2.5X+4.5$（$R^2=0.98$）。其中，R^2 值越接近 1，说明方程对数据的拟合程度越高，变量之间的线性关系越显著。在这个例子中，$R^2=0.98$ 表明房价与家具销量之间的线性关系非常强，该回归方程能较好地反映两者之间的数量关系。

预测应用：若 2024 年房价涨至 4.0 万元/㎡，将 $X=4.0$ 代入回归方程，可得 $Y=2.5×4.0+4.5=14.5$（万件）。由此预测出在该房价水平下的家具销量。企业可以根据这一预测结果，调整产品库存、生产计划以及市场推广策略，以适应市场需求的变化。

原理：一元线性回归法通过对历史数据的分析，构建起房价与家具销量之间的线性数学模型，依据模型预测因变量（家具销量）随自变量（房价）变化的趋势。它基于两个变量之间存在线性关系的假设，通过最小二乘法等方法确定回归方程的参数，从而实现对未来销量的预测。

任务实训

【目标】

熟练掌握移动平均法在家具销量预测中的应用，能够准确运用该方法进行实际销量预测。

学会结合家具行业的季节性、促销活动、政策影响等实际因素，对预测结果进行合理修正，使预测结果更贴合市场实际情况。

【内容】

任务 1：某餐桌品牌 2023 年 7—12 月销量数据如表 4-4 所示。请用 3 期移动平均法预测 2024 年 1 月销量。（1 月通常是春节促销旺季，市场需求旺盛）

表 4-4　某餐桌品牌 2023 年 7—12 月销量数据

单位：件

月份	7 月	8 月	9 月	10 月	11 月	12 月
销量	200	210	220	240	260	280

任务 2：某市 2023 年二手房交易量为 1000 套，增长 15%，根据回归方程 $Y=0.8X+50$（$Y=$ 家具销量，$X=$ 二手房交易量），预测 2025 年销量。（若该市推出购房补贴政策，预计将进一步刺激家具消费。在家具行业，购房补贴政策会鼓励更多消费者购房，从而带动家具市场需求上升。）

第五章　家具 STP 营销战略

【案例导入】

南康文华家瑞 STP 战略深度解析

南康文华家瑞家具公司以文化独特性与技术领先性为核心，通过精准分层市场选择、全球化资源整合及产业链数字化升级，构建了差异化竞争优势，为传统家具企业转型提供了"文化＋科技"双轮驱动范本。

一、市场细分（Segmentation）

（一）文化需求与消费层级细分

文化赋能型市场：将客家文化元素（如榫卯工艺、传统雕刻）融入现代家具设计，推出"咏春系列""陌上系列"等产品，瞄准注重文化内涵的中高端消费群体。

（二）环保与智能需求市场

采用水性漆工艺（VOC 排放浓度低于国家标准）、智能家居技术（如语音控制床垫），覆盖年轻消费者及绿色建筑采购需求。

（三）区域市场分层

国内重点区域：华东／华南经济带，通过高端卖场（如红星美凯龙）布局全屋定制服务，主打文化设计与环保工艺结合的高端产品。

中西部下沉市场：通过电商平台（拼多多、京东）提供模块化家具，满足县域市场对高性价比产品的需求。

（四）场景化细分

泛家居融合：联合家电企业开发智能温控家具（如与格力合作），提供一站式家居解决方案。
垂直场景深耕：针对酒店、办公场景推出防火阻燃家具，满足 B 端客户功能性需求。

二、目标市场选择（Targeting）

（一）核心目标市场聚焦

中高端文化消费群体：锁定 30～45 岁高知人群，通过文化 IP 联名（如非遗传承合作）

强化品牌价值，目标客单价提升 20%。

国际化绿色市场：依托 FSC 环保认证与跨境电商综试区政策，主攻欧美中产家庭及东南亚新兴富裕阶层。

（二）潜力市场培育策略

智能家居赛道：投资建设智能生产基地，引入 3D 打印技术开发可变形家具，抢占年轻科技爱好者市场。

政府绿色采购：参与公共建筑低碳化改造项目，通过环保资质认证获取政策红利订单。

（三）风险平衡机制

国内与国际市场收入占比调整为 6∶4，降低对单一区域经济波动的依赖。

产品组合互补：高端产品（利润率 35%）与中端走量产品（销量占比 55%）形成盈利平衡。

三、市场定位（Positioning）

（一）差异化价值构建

文化＋技术双壁垒：依托 17 项设计著作权与客家文化研究院合作，形成不可复制的文化标识；通过 Q-POSS 涂层专利技术，实现环保性能行业领先（甲醛释放量 ≤ 0.02mg/m³）。

智能制造标签：建成亚洲首条实木家具智能喷涂生产线，定制订单交付周期缩短至 72 小时。

（二）产业链协同定位

区域品牌联动：作为"南康家具"联盟成员，共享产业集群资源（如赣州国际陆港物流），降低供应链成本 15%。

数字化赋能：接入家具产业智联网平台，实现 200+ 中小厂商产能协同，快速响应小批量定制需求。

2025 年预计文化系列产品销售额占比提升至 40%，区域品牌价值贡献率超 60%。

第一节　家具市场细分

学习目标

【知识目标】

（1）掌握家具消费者市场细分的标准。

（2）掌握家具组织市场细分的标准。

（3）掌握家具市场细分的原则、方法及步骤。

【能力目标】

（1）运用家具消费者市场细分的标准、原则及方法对家具消费者市场进行有效的市场细分。

（2）运用家具组织市场细分的标准、原则及方法对家具组织市场进行有效的市场细分。

一、家具消费者市场细分的标准

家具消费者市场主要由个人或家庭组成，他们购买家具主要是为了满足日常生活和居住需求。家具消费者市场细分是家具企业根据消费者需求、购买行为和习惯的差异，将整体市场划分为若干个具有相似需求的消费者群体的过程。家具消费者市场的细分标准多种多样，主要包括地理因素、人口因素、心理因素和行为因素。

（一）地理因素

地理因素是家具企业进行市场细分的基础之一，主要包括地理区域和人口密度等变量。

不同地理区域的消费者在家具需求上存在显著差异，这主要受到气候、文化、经济水平等因素的影响。例如，北欧地区偏好简约自然的家具风格，中东地区则更倾向于豪华、装饰性强的家具，而中式家具则更受中国及东南亚地区消费者的喜爱。北方地区冬季寒冷，消费者对保暖性较好的家具需求较大；而南方地区气候潮湿，消费者对防潮、防霉的家具更为关注。曲美家居作为中国知名的家具品牌，针对不同地区的气候特点，推出了满足不同地区需求的家具产品。在北方地区，曲美家居推出了带有加热功能的沙发和床垫，受到了消费者的欢迎。

（二）人口因素

人口因素涵盖年龄、性别、收入、职业、教育水平、家庭生命周期等多个方面，是市场细分的重要标准之一。

不同年龄段的消费者对家具的需求差异较大，如儿童家具注重安全性和趣味性，青少年家具追求时尚和个性化，而老年家具则更强调舒适度和便利性。如青少年家具品牌"PBteen"专注于为青少年提供时尚、个性化的家具设计，其产品设计色彩鲜艳、富有创意，满足青少年对独特性和自我表达的需求。而针对老年消费者，家具品牌"Ethan Allen"则注重家具的舒适性和实用性，其沙发和床铺设计注重人体工学，提供更舒适的坐卧体验。另外，全友家居针对不同年龄段的消费者也推出了多个系列产品。例如："青春系列"针对年轻消费者，产品设计时尚、个性，价格相对亲民；而"经典系列"则针对中年消费者，产品更注重舒适性和实用性，风格较为稳重。

收入水平也是影响家具消费的重要因素。高收入群体追求豪华、个性化、定制设计的家具，注重彰显品位和地位，高端家具和进口家具品牌在这一市场中占据主导地位。中等收入群体愿意花费更多购买质量更高、舒适性更好的家具，注重风格和美观性，中端家具市场是这一群体的主要消费领域。低收入群体主要寻找经济实惠、多功能且耐用的家具，优先考虑实用性，经济型家具和二手家具市场在此细分市场中表现活跃。

（三）心理因素

心理因素包括消费者的生活方式、个性、价值观、自我形象等，它们对家具选择具有重要影响。

随着物质生活的丰富，消费者不再仅仅追求家具的物理功能，而是更加注重家具所传达的生活理念和情感价值。例如，追求简约生活方式的消费者偏好设计简洁、功能性强的家具，而注重传统文化的消费者则可能更倾向于中式或古典风格的家具。如无印良品（MUJI）的家具设计强调功能性与美感的结合，去除多余的装饰，注重材料的自然质感，满足了消费者对简约生活理念的追求。宜家家居的产品设计注重功能性和美观性的结合，满足了现代消费者追求简约生活的心理需求。同时，宜家家居还提供了丰富的产品组合和搭配方案，让消费者可以根据自己的个性和喜好进行选择。

（四）行为因素

行为因素涉及消费者的购买动机、购买状态、购买频率、对价格的敏感程度、对品牌的信任程度等多个层面。

消费者的购买动机不同，会导致其对家具的需求存在差异。例如，有的消费者购买家具是为了装修新房，有的则是为了更换旧家具。购买频率和对价格的敏感程度也会影响消费者的选择，如频繁搬家的租房一族更倾向于购买便携、可拆卸的家具，而注重品质和品牌的消费者则愿意为高端家具支付更高的价格。如家具品牌"自如"针对频繁搬家的租房一族推出了便携、可拆卸的家具系列。这些家具设计易于安装和拆卸，方便租客在不同住所之间搬运，满足了租房一族对家具便携性的需求。

表 5-1　消费者市场细分变量

细分变量	举例
地理因素	国家、地区、城市、人口密度（城市、郊区、农村）、气候
人口因素	年龄、婚姻、性别、职业、收入、受教育程度、家庭生命周期、国籍、宗教信仰、民族、社会阶层
心理因素	个性、价值观念、购买动机、追求的利益、生活格调
行为因素	消费者进入家具市场的程度、使用频率、偏好程度

二、家具组织市场细分的标准

家具组织市场主要由企业、机构和政府等组织构成，他们购买家具主要是为了办公、生产或其他商业用途。家具组织市场的细分标准除了上述的地理因素、人口因素、心理因素以及行为因素外，还包括客户类型和需求规模、行业特点、组织规模与采购模式、采购决策过程以及技术创新需求。

（一）客户类型和需求规模

在组织市场中，客户类型是家具市场细分的重要标准之一。不同行业的客户对家具的需求存在显著差异，例如，办公家具和教育家具的需求就截然不同。此外，客户需求规模的大小也影响市场细分，大型企业可能需求量大、定制化程度高，而中小企业则可能更注重价格和标准化产品。客户的采购要求，如质量、价格、交货期等，也是细分市场的重要依据。

（二）行业特点

针对企业、机构和政府等组织的家具市场细分，还需考虑各行业的独特特点。例如：酒店业需要大量的客房家具和公共区域家具，注重家具的舒适性和美观度；教育行业则需要适合教学环境的课桌椅、讲台和储物柜，强调家具的耐用性和安全性；医疗行业对家具的要求则更加特殊，需要符合卫生标准和人体工程学的设计，如医院病房的病床和护士站家具。家具企业可以根据不同行业的特点，开发专业化的产品系列，满足特定行业的需求。

（三）组织规模与采购模式

组织的规模直接影响其家具采购的规模和标准。大型组织通常有更大的采购量和更高的定制化需求，可能会通过招标方式进行集中采购，强调价格和质量的平衡。中小型企业则可能更倾向于灵活采购，注重性价比和快速交货。

（四）采购决策过程

了解组织客户的采购决策过程也是市场细分的重要方面。不同组织的采购流程和决策因素可能差异很大，包括采购团队的构成、决策者的偏好、预算限制等。这些因素直接影响企业的营销策略和销售渠道选择。

（五）技术创新需求

随着科技的发展，越来越多的组织对家具的技术创新功能提出要求。例如，智能化办公、环保材料的应用等，满足这些需求成为细分市场的重要标准。

通过深入分析上述细分标准，企业可以精准定位目标客户群体，制定个性化的营销策略，从而提升市场竞争力和客户满意度。

三、家具市场细分的原则、方法及步骤

（一）家具市场细分的原则

从企业市场营销的角度看，无论消费者市场还是组织市场，并非所有的细分市场都有意义，家具企业在进行市场细分时应遵循以下关键原则。

1.可衡量性原则

可衡量性原则是指细分市场的规模、购买力和基本特征应该是可以测量和评估的。例

如，家具企业可以根据消费者的年龄、性别、收入水平、家庭结构等因素对市场进行细分。这些数据不仅明确，而且能够通过市场调研获得。如果细分市场的规模太小或难以测量，企业将难以制定有效的营销策略，这样的细分也就失去了实际意义。

2. 可实现性原则

可实现性原则意味着企业必须能够通过其营销活动和渠道有效地触及和影响细分市场的消费者。这就要求家具企业具备进入细分市场所需的资源和能力，包括有效的传播途径和销售渠道。如果企业无法将产品信息传递给目标消费者，或者无法将产品送达目标市场，那么细分市场的价值将大打折扣。

3. 可营利性原则

可营利性原则是指细分市场的规模必须足够大，能够为企业带来预期的利润。家具企业需要评估细分市场中消费者的数量、购买频率和消费能力，确保进入该市场后能够实现盈利目标。如果细分市场的规模过小，或者消费者的购买力不足，企业投入资源后的回报可能无法覆盖成本，这样的市场便不值得进入。

4. 可区分性原则

可区分性原则强调细分市场在需求、偏好和行为上应具有明显的差异，且这些差异能够对不同的市场营销组合策略产生不同的反应。家具企业可以通过产品风格、功能、价格等因素来区分不同的细分市场。例如，针对新婚夫妇的婚恋家具市场与针对老年人的功能家具市场在设计和营销策略上应有显著差异，以满足不同消费群体的特定需求。

（二）家具市场细分的方法

家具市场细分的方法主要包括先验性市场细分和后验性市场细分。这两种方法各有优劣，企业应根据自身情况选择合适的方法，以实现有效的市场定位和精准营销。

1. 先验性市场细分

先验性市场细分的方法是运用现有的市场细分方案，按照一些指标进行分类，如社会经济因素，或者按地理人口因素等，从中寻找并确定哪些因素可以运用于市场细分。这种方法的核心在于预先了解市场细分方案，并且预先确定了所选方案中细分市场的数量。

先验性市场细分的优点是操作简单，可以利用二手资料进行细分，成本较低；缺点是细分结果可能不够精确，难以满足消费者的个性化需求。

2. 后验性市场细分

后验性市场细分是指通过市场调研和数据分析，发现消费者需求的差异，并根据这些差异将市场划分为不同的细分市场。这种方法更加注重消费者的实际需求和行为，而不是预先设定的细分标准。

后验性市场细分的优点是能够深入了解消费者的需求，细分结果更加精确，可以满足消费者的个性化需求；缺点是操作复杂，需要投入大量的人力和物力进行市场调研和数据分析，成本较高。

企业在选择市场细分方法时，应根据自身情况综合考虑。如果企业资源有限，可以先采用先验性市场细分方法进行初步的市场细分，然后根据市场反馈逐步调整细分策略。如果企业资源充足，可以采用后验性市场细分方法，深入了解消费者需求，制定更加精准的市场细分策略。

（三）家具市场细分的步骤

1. 明确市场范围

企业在决定进入家具市场之前，首先需要明确其产品可能的市场范围。市场范围的确定应基于市场需求，而不是产品特性。例如，企业需要考虑目标市场的消费者对家具的需求是什么，他们愿意为哪些功能和设计支付更高的价格。此外，企业还需考虑自身的任务和目标，如企业的长期战略、短期目标以及资源能力等。明确市场范围有助于企业集中资源和精力在最有潜力的市场领域。

2. 列举潜在顾客的基本要求

企业可以通过"头脑风暴法"，从地理因素、心理因素和行为因素等多个方面，对潜在顾客的需求进行大致分析。这一步骤虽然掌握的材料可能不够全面，但可以为后续的深入了解准备必要的资料。例如，企业可以初步了解不同地区的消费者对家具风格、材质和价格的偏好，或者不同年龄段和收入水平的消费者在购买家具时的主要考虑因素。

3. 了解不同顾客群体的需求差异

在初步了解潜在顾客的基本要求后，企业需要进行更深入的调查。通过抽样调查和深度访谈，了解不同潜在顾客的具体需求。这一步的目的是发现哪些需求对不同的顾客群体最为重要，从而初步识别出不同的细分市场。例如，高收入群体可能更注重家具的设计感和材质，而中等收入群体则可能更关注性价比和实用性。

4. 检验细分市场

在初步划分出细分市场后，企业需要进一步检验各细分市场的有效性。这一步骤要求企业抽掉各细分市场中潜在顾客的共同需求，因为这些共同需求虽然重要，但不能作为市场细分的依据。真正的细分标准应该是那些具有差异性的需求。例如，环保材料、定制化服务等可以作为细分市场的差异化需求。通过检验细分市场，企业可以更准确地定位各个细分市场的特性。

5. 命名并描述子市场

根据不同顾客群体的需求特性，企业可以划分相应的子市场，并赋予每个子市场一个具有描述性的名称。例如，"环保时尚家具市场""高端定制家具市场"等。这些名称应能让人联想到该市场的消费特征。

6. 进一步分析各潜在顾客群体的特点

企业需要对各个细分市场的顾客进行更深入的考察，明确各顾客群体的特点。例如，对于高端定制家具市场，企业需要了解目标消费者的生活方式、审美偏好、购买习惯以及他们对品牌的忠诚度等。而对于实用经济型家具市场，企业则需要关注消费者的价格敏感度、产品耐用性和性价比等因素。深入分析潜在顾客群体的特点有助于企业制定更具针对性的市场策略。

7. 评估细分市场并设计营销策略

评估细分市场的有效性，考虑细分市场的规模、增长率、竞争状况、企业资源匹配等因素。基于评估结果，企业可以选择最具吸引力的细分市场，并设计相应的营销策略。营销策略的制定不仅要考虑产品、价格、渠道和促销等营销组合因素，还要考虑企业的执行能力和执行程度。例如，针对高端定制家具市场，企业可能需要采用高端品牌定位策略，通过高端展会、与设计师合作等方式进行市场推广。而对于实用经济型家具市场，企业则可能需要通过大规模广告宣传和促销活动来吸引消费者。

通过以上步骤，家具企业可以科学地进行市场细分，从而在激烈的市场竞争中找到自己的优势定位，提供更符合消费者需求的产品和服务，实现可持续发展。市场细分是一个动态的过程，企业需要不断监测市场变化，调整细分策略，以适应不断变化的市场环境。

任务实训

【目标】

通过本次实训，学生将能够掌握家具市场细分的基本方法，并具备运用细分标准制定营销策略的能力，为未来从事市场营销工作奠定基础。

【内容】

家具消费者市场细分。

选择细分标准：从地理、人口、心理、行为四个维度中选择至少两个标准，对家具消费者市场进行细分。例如，选择"人口细分"（年龄、收入）和"行为细分"（购买动机、品牌忠诚度）。

数据收集与分析：通过问卷调查、二手数据（如行业报告）或访谈，收集目标消费者的相关信息。分析数据，确定不同细分市场的特征。

市场细分描述：根据分析结果，描述每个细分市场的特点。例如，年轻白领（25～35岁，中等收入）偏好现代简约风格，注重性价比；高端消费者（40岁以上，高收入）偏好定制家具，注重品牌和品质。

【步骤】

（1）准备阶段：组建小组（3～5人），明确分工。确定细分标准和数据收集方法。

（2）实施阶段：收集数据并进行分析。完成消费者市场和组织市场的细分报告。

（3）策略制定阶段：根据细分结果，制定有针对性的营销策略。

（4）总结与展示阶段：制作 PPT 或海报，展示市场细分结果及相应的营销策略。进行小组汇报，接受教师和同学的点评。

第二节 家具目标市场选择

学习目标

【知识目标】

（1）掌握家具目标市场选择的五种覆盖模式。

（2）掌握家具目标市场选择策略。

（3）掌握影响家具目标市场策略选择的因素。

【能力目标】

（1）能够结合家具企业实际情况选择正确的目标市场覆盖模式。

（2）分析目标市场策略选择的因素，进行家具目标市场策略选择与运营。

一、家具目标市场选择的五种覆盖模式

在家具行业，选择正确的目标市场覆盖模式对于企业的成功至关重要。以下是五种常见的目标市场覆盖模式，每种模式都有其独特的优势和适用场景。

表5-2 家具产业市场化对比

模式	特点	案例	风险等级
市场集中化	单一细分市场	高端红木家具	★★★★
产品专业化	单一产品多市场	智能升降办公桌	★★★☆
市场专业化	单一市场多产品	老年家具系列	★★☆☆

（一）市场集中化

在市场集中化模式下，家具企业选择一个特定的细分市场，集中所有资源进行深度开发。例如，专注于高端办公家具市场或乡村风格家具市场。通过精准定位，企业可以更好地了解目标客户的需求，提供定制化的产品和服务，从而在该细分市场中建立强有力的竞争地位。

以专注于高端办公家具市场的某品牌为例，该品牌深入调研高端办公环境的需求，注重家具的设计感与功能性，推出了多款符合人体工程学的高端办公椅和办公桌。在材料选择上，采用优质环保材料，打造出舒适、耐用的办公家具系列产品。该品牌通过与高端写字楼、知名企业合作，逐渐在市场中树立了高端品牌形象，赢得了众多客户的青睐。

（二）产品专业化

产品专业化模式是指家具企业专注于生产某一种或某一类家具产品，并向不同的顾客群体销售。比如，一家企业可能专门生产高品质的实木餐桌，面向新婚夫妇、高端餐厅等不同客户群体。这种模式下，企业可以通过专业化生产提升产品质量和品牌声誉，但如果该产品市场出现波动或有替代品，企业将面临较大挑战。

有一家专注于生产高品质实木餐桌的家具企业，凭借精湛的工艺和优质的材料，其产品在新婚夫妇中非常受欢迎。同时，该企业还与多家高端餐厅合作，为其提供定制化的实木餐桌，满足餐厅对餐桌品质和风格的需求。该企业通过不断改进生产工艺，提升产品质量，逐渐在市场上树立了良好的口碑。

（三）市场专业化

市场专业化模式要求家具企业专门为某一类特定的顾客群体提供多样化的家具产品。例如，为老年人设计符合他们生活习惯和身体特点的家具，包括舒适的沙发、便捷的储物柜等。通过深入了解该顾客群体的需求，企业可以提供更全面的解决方案，增强顾客忠诚度。不过，如果该顾客群体的需求发生变化，企业需要及时调整产品线。

某家具企业专注于老年人市场，针对老年人的生活习惯和身体特点推出了多款家具产品。其沙发设计注重舒适性和安全性，采用柔软的材料和适中的高度，方便老年人起坐。同时，其储物柜设计简洁便捷，内部空间划分合理，方便老年人存取物品。该企业通过与养老院、社区等合作，逐步扩大了市场份额，赢得了老年人群体的认可。

（四）选择性专业化

选择性专业化模式下，家具企业选择几个不同的细分市场，每个市场都有其吸引力，并且彼此之间相对独立。例如，同时开发高端儿童家具市场、现代简约风格家具市场和环保家具市场。这种模式能够分散经营风险，即使某个市场表现不佳，企业仍可以在其他市场中盈利。然而，这也要求企业具备较强的市场分析和应变能力。

一家家具企业选择了高端儿童家具市场、现代简约风格家具市场和环保家具市场作为其目标市场。在高端儿童家具市场，该企业注重家具的安全性和教育性，推出了多款符合儿童成长需求的家具产品。在现代简约风格家具市场，该企业注重家具的设计感和实用性，满足了年轻消费群体对家具风格的追求。在环保家具市场，该企业采用环保材料，生产出绿色健康的家具产品，符合当下消费者对环保的重视。

（五）完全市场覆盖

完全市场覆盖模式适用于实力雄厚的大型家具企业，它们通过多样化的产品线满足不同顾客群体的需求。例如，提供从经济型到豪华型、从现代风格到古典风格的各种家具产品。这种模式可以帮助企业最大化市场份额，但需要庞大的资源投入和高效的管理能力。此外，企业还需应对不同市场的复杂性和竞争压力。

某大型家具企业采用了完全市场覆盖模式，其产品线涵盖了各种风格和价位的家具产品。无论是经济型家具还是豪华型家具，无论是现代风格还是古典风格，该企业都能提供丰富的选择。该企业通过大规模的生产和高效的供应链管理，降低了生产成本，提高了市场竞争力。

二、家具目标市场选择策略

在家具市场竞争日益激烈的今天，选择合适的目标市场策略是企业成功的关键。无差异化策略、差异化策略和集中化策略是家具企业在目标市场选择中常用的三种主要策略。

（一）无差异化策略

无差异化策略是指企业将整个市场视为一个整体，忽略细分市场间的差异，只推出一种产品或使用一套营销方法来吸引尽可能多的消费者。这种策略的核心思想是通过大规模生产和标准化营销来降低成本，实现规模经济效益。

在家具行业中，采用无差异化策略的企业通常生产设计简洁、功能实用的家具，以满足大多数消费者的基本需求。例如，瑞典家具巨头宜家就是一个典型的无差异化策略实践者。宜家提供标准尺寸的沙发、床和餐桌，通过大规模生产降低单位成本，并通过全球统一的门店布局和广告宣传来吸引消费者。宜家注重产品的功能性和价格优势，其简约的设计风格也符合了广大消费者的需求。

无差异化策略的优势在于简化了生产和营销流程，降低了运营成本，适合资源有限的中小企业。然而，这种策略的缺点也很明显，即难以满足不同消费者的个性化需求，容易受到竞争对手的冲击。在家具行业，随着消费者对个性化和高品质家具的需求不断增加，无差异化策略的应用范围逐渐缩小。

（二）差异化策略

差异化策略是指企业针对不同细分市场的需求，设计和生产不同的产品，并采用不同的营销手段来满足这些需求。这种策略的核心思想是通过提供独特的产品和服务来吸引消费者，从而在市场中建立竞争优势。

在家具行业中，差异化策略的应用非常广泛。例如，美国高端家具品牌埃塞克斯通过提供个性化定制服务、采用独特的设计风格和高品质的材料来满足消费者对品质和个性化的需求。消费者可以根据自己的喜好选择家具的尺寸、材质和颜色，甚至可以参与设计过程。此外，一些家具企业还通过智能家居技术，使家具具有更多的功能，提升用户体验。例如，智能床品牌 Sleep Number 可以根据用户的睡眠习惯自动调节硬度和温度，智能沙发品牌 Flexsteel 可以连接家庭娱乐系统，提供更舒适的观影体验。

差异化策略的优势在于能够更好地满足消费者的个性化需求，提高品牌忠诚度和市场占有率。然而，这种策略也增加了企业的研发、生产和营销成本，需要企业在资源分配上更加谨慎。此外，差异化策略还要求企业具备较强的创新能力和市场洞察力，能够准确把握消费者的需求和市场趋势。

（三）集中化策略

集中化策略是指企业选择一个或少数几个细分市场作为目标市场，集中资源进行深度开发和营销。这种策略的核心思想是通过在特定细分市场中建立竞争优势，实现局部市场的领先地位。

在家具行业中，集中化策略的应用也非常普遍。例如，儿童家具品牌迪士尼专注于儿童家具市场，根据儿童的年龄、兴趣和学习习惯，设计和生产符合其需求的家具。其产品不仅注重安全性和实用性，还融入了迪士尼的经典卡通形象，深受儿童和家长喜爱。还有一些企业专注于老年人家具市场，如美国的舒适生活家具公司，设计和生产具有安全、舒适和便捷功能的家具。此外，一些企业还专注于特定风格的家具市场，如现代简约风格的Muuto，通过独特的设计风格和高品质的产品来吸引目标消费者。

集中化策略的优势在于企业可以更深入地了解目标市场的需求，提供更精准的产品和服务，从而在特定细分市场中建立竞争优势。然而，这种策略的风险也较大，如果选错目标市场或市场需求发生变化，可能会导致企业陷入困境。因此，采用集中化策略的企业需要密切关注市场动态，及时调整营销策略。

三、影响目标市场策略选择的因素

在选择目标市场策略时，家具企业需要考虑以下因素。

（一）企业资源与能力

企业资源是选择目标市场策略的基础。资源雄厚的大型家具企业，如宜家、顾家家居等，具备强大的资金实力、广泛的分销网络和完善的产品研发体系，可以采取差异性或无差异性营销策略。通过多样化的产品线，满足不同消费者群体的需求。例如，宜家以其丰富的产品种类和简约实用的设计理念，吸引了广泛的消费者群体。

资源有限的中小型企业，如一些地方特色家具品牌，则更适合采用集中性营销策略，专注于一个或少数几个细分市场，以集中资源获取竞争优势。比如，一些专注于高端红木家具的企业，通过精准定位高端消费群体，提供高品质、设计独特的产品，在特定细分市场中树立了良好的品牌形象。

（二）产品特点

家具产品的特点也是影响目标市场策略选择的重要因素。标准化程度高、差异化小的产品，如简约风格的板式家具，适合采用无差异性营销策略，以降低成本和价格，吸引广泛的消费群体。这类产品通常注重功能性和实用性，满足大众化的需求。

而设计独特、风格多样、个性化程度高的产品，如高端实木家具或定制家具，则更适合采用差异性或集中性营销策略，以满足特定消费群体的需求。例如，一些高端定制家具品牌，根据客户的个性化需求，提供从设计、生产到安装的一站式服务，满足了消费者对独特性和个性化的追求。

（三）市场特点

市场特点包括消费者需求、购买行为和市场同质性。如果市场上大多数消费者对家具的需求和偏好相似，购买决策受价格影响较大，那么无差异性营销策略可能更有效。例如，在一些价格敏感的消费群体中，标准化、低价格的家具产品更受欢迎。

反之，如果消费者需求差异明显，对家具的风格、材质、功能等方面有不同偏好，企业应考虑采用差异性或集中性营销策略，以满足特定细分市场的需求。比如，在一些追求高品质生活的消费群体中，对环保材质、设计独特的高端家具产品有较大的需求。

（四）产品生命周期

家具产品所处的生命周期阶段也影响着目标市场策略的选择。在新产品投入市场初期，竞争者较少，企业可以采用无差异性营销策略，以便快速打开市场。例如，一些新型智能家居家具产品，在市场推广初期，通过广泛的宣传和推广，迅速吸引消费者的关注。

随着产品进入成长期和成熟期，竞争加剧，企业应转向差异性策略，通过产品创新和市场细分来开拓新的市场或保持现有市场份额。例如，在传统家具市场竞争激烈的情况下，一些企业通过推出环保材料家具、智能家具等产品，满足了新的市场需求，保持了竞争优势。

（五）竞争对手的营销策略

竞争对手的营销策略也是家具企业选择目标市场策略的重要参考。如果主要竞争对手采用无差异性营销策略，企业可以考虑采用差异性营销策略，通过提供差异化产品和服务来吸引消费者。例如，在一些大型家具企业普遍采用低价策略的情况下，一些中小企业通过专注于高端定制市场，提供个性化、高品质的产品和服务，获得了成功。

如果竞争对手已经采用差异性策略，企业则需要进一步细分市场，实行更精准的差异性或集中性营销策略，以获得竞争优势。比如，在高端家具市场中，竞争对手已经推出了多种风格和材质的产品，企业可以通过更精准的市场定位，如专注于某一特定风格或特定消费群体，进一步细分市场，获得竞争优势。

（六）消费者需求

深入了解目标市场的消费者需求是制定有效市场策略的关键。家具企业需要通过市场调研，准确把握消费者对家具的功能需求、审美偏好、价格敏感度等方面的信息，从而制定出更符合市场需求的产品和营销策略。

例如，通过市场调研发现，近年来消费者对环保家具的需求不断增加，企业可以加大对环保材料的研发和应用，推出更多环保家具产品，以满足市场需求。同时，针对不同消费群体的审美偏好，企业可以设计不同风格的产品，如简约风格、北欧风格、中式风格等，来满足不同消费者的需求。

任务实训

【目标】

通过本次实训，学生将能够掌握家具目标市场选择的基本方法，并具备结合企业实际情况制定目标市场策略的能力，为未来从事市场营销工作奠定基础。

【内容】

分析家具目标市场的覆盖模式。

理解五种覆盖模式。单一市场集中化：专注于一个细分市场。选择性专业化：选择多个有吸引力的细分市场。产品专业化：专注于一种产品，满足多个细分市场的需求。市场专业化：专注于一个市场，提供多种产品。全面覆盖：覆盖所有细分市场。

【步骤】

（1）准备阶段：组建小组（3～5人），明确分工。选择一个南康家具企业案例或模拟企业背景。

（2）分析阶段：分析企业的目标市场覆盖模式。分析影响目标市场策略选择的因素。

（3）策略制定阶段：根据分析结果，制定适合企业的目标市场策略。

（4）总结与展示阶段：制作 PPT 或报告，展示分析过程及策略选择。进行小组汇报，接受教师和同学的点评。

第三节　家具市场定位

学习目标

【知识目标】

（1）掌握家具市场定位的依据。

（2）掌握家具市场定位的方式。

（3）掌握家具市场定位的步骤。

【能力目标】

运用家具市场定位的依据、方式及步骤进行有效的市场运行方案的实施。

一、家具市场定位的依据

家具市场的定位是企业成功的关键一步，它决定了产品在市场中的位置以及目标消费群体。精准的市场定位可以帮助企业在竞争激烈的市场中脱颖而出，赢得消费者的青睐。

以下是家具市场定位的主要依据。

（一）产品特色定位

产品特色是市场定位的基础。家具企业可以通过突出产品的设计风格、材料质量、制造工艺和功能特点来吸引消费者。例如，强调使用环保材料、独特的设计风格或智能化的功能，都能使产品在市场上脱颖而出，如"实木经典"或"智能升降办公桌"。

以南康"实木经典"为例，这种定位的家具注重使用天然实木材料，如橡木、樱桃木或胡桃木等，强调材料的自然纹理和质感。设计师在保留木材原有特色的基础上，融入经典的设计元素，打造出既古朴又具有现代美感的家具产品。这种定位能够吸引那些追求自然、高品质生活的消费者。

（二）使用场合及用途定位

家具的使用场合和用途也是重要的定位依据。企业可以根据不同的使用场景，如家庭、办公楼、酒店、学校等，设计出满足特定需求的产品。例如，针对办公环境的家具可以注重人体工学设计和智能化应用，而家庭家具则可能更注重舒适性和美观性。这种定位有助于企业在特定市场中建立专业形象。

以办公家具为例，人体工学设计的办公椅可以提供更好的支撑和舒适度，减少长时间办公带来的身体疲劳。智能化应用则体现在一些智能办公桌、智能储物柜等产品上，它们可以通过智能控制系统实现自动化管理，提高办公效率。

（三）顾客利益定位

家具企业应当明确产品能为顾客带来哪些具体的利益，如健康、舒适、美观、耐用等。通过强调这些利益点，企业可以吸引那些对特定价值有需求的消费者。例如，"享健康睡眠"的床垫定位，直接针对关注健康的消费者群体。

"享健康睡眠"的床垫采用高品质的材料和先进的制造工艺，能够提供良好的支撑和舒适度，帮助用户改善睡眠质量。它可能具有透气性好、防螨抗菌等特点，适合那些对睡眠环境有较高要求的消费者。企业可以通过宣传这些利益点，让消费者认识到购买该产品能够带来的实际好处。

（四）目标消费者定位

了解目标消费者的特征，包括年龄、性别、收入水平、生活方式和消费习惯等，可以帮助企业更精准地进行市场定位。例如，年轻上班族可能偏好简约现代风格的家具，而家庭用户可能更喜欢温馨舒适的北欧风。通过精准定位目标群体，企业可以制定更有效的营销策略。

年轻上班族通常追求时尚和实用性，他们喜欢简约现代风格的家具，因为这种风格的家具设计简洁大方，功能性强，且适合小户型空间。企业可以针对这个群体推出一些多功能家具，如折叠床、带储物功能的沙发等，来满足他们的实际需求。

而家庭用户则更注重家居环境的温馨和舒适，北欧风格的家具以其简洁的线条、柔和的色彩和舒适的材质，受到家庭用户的青睐。企业可以设计一些具有温馨氛围的家具产品，如舒适的布艺沙发、温暖的木质餐桌等，吸引家庭用户群体。

（五）竞争定位

竞争定位要求企业分析竞争对手的产品和市场表现，找到自身的竞争优势。可以选择避强定位，避开与强大竞争对手的直接对抗，寻找市场空白点；也可以选择迎头定位，通过提升产品质量和设计，与竞争对手正面竞争。重新定位则适用于调整现有产品以适应市场变化。

例如，某家具企业通过市场调研发现，在高端家具市场中，竞争对手主要集中在豪华欧式风格和高端现代风格上。于是，该企业选择了避强定位，推出了具有浓郁中式风格的高端家具产品，满足了那些对中式文化有深厚情感的高消费群体的需求。

综上所述，家具市场的定位需要综合考虑产品特色、使用场合、顾客利益、目标消费者和竞争状况等多个因素。企业只有在准确把握这些依据的基础上，才能制定出科学合理的市场定位策略，从而在激烈的市场竞争中占据有利位置。

二、家具市场定位的方式

（一）避强定位

避强定位是指企业避免与市场上实力最强的竞争对手直接对抗，通过寻找市场空缺，将自己的产品定位于竞争对手尚未涉足或相对薄弱的领域。这种策略有助于企业迅速在市场上站稳脚跟，并在消费者心中树立起独特的品牌形象。避强定位是一种避开竞争锋芒、寻找市场空白点的市场定位，其核心策略是避开强势竞争对手，聚焦细分市场或差异化产品，建立独特优势。避强定位的优点在于市场风险较小，成功率较高。然而，企业也需要注意避免定位过窄，导致市场空间有限。

对于家具企业而言，避强定位可以通过以下几种方式实现：一是产品设计差异化，如专注于设计独特风格或功能的家具，例如环保家具、智能家具等，以满足特定消费群体的需求。二是市场细分，即根据消费者的年龄、收入水平、生活方式等细分市场，选择未被充分开发的市场进行深耕。例如，针对年轻白领设计简约现代风格的家具，针对老年人设计舒适健康的家具。三是价格定位，即避开高端或低端市场的激烈竞争，选择中端市场或细分价格区间。

（二）迎头定位

迎头定位要求企业与在市场上占据主导地位的竞争对手进行正面竞争。这种策略风险较高，但一旦成功，企业就能够迅速获得巨大的市场优势。迎头定位是一种直面强者、以创新抢占市场份额的市场定位，其核心策略是与行业领导者正面竞争，通过产品、服务或营销创新突破市场壁垒。

实施迎头定位的家具企业需要具备以下条件：一是具备强大的品牌实力，即品牌知名度和美誉度高，能够与竞争对手抗衡。二是拥有优质的产品和服务，即能提供比竞争对手更优质的产品和服务,以满足消费者更高的需求。三是采取有效的营销策略,即通过创新的营销手段,如广告宣传、促销活动等,吸引消费者的注意力。

(三)重新定位

重新定位通常用于那些销售不佳或市场反响较差的产品。企业通过对产品进行重新评估和调整,改变其在消费者心目中的形象和地位,以摆脱困境,重新获得增长活力。重新定位是一种调整策略、焕发品牌新生的市场定位,其核心策略是针对市场变化或产品滞销,调整定位以重新激活品牌。

家具企业在进行重新定位时,可以从以下几个方面入手:一是产品升级,即对现有产品进行改进和创新,提升产品的功能和品质,以满足消费者不断变化的需求。二是市场拓展,即寻找新的市场机会,将产品推向新的市场领域。三是品牌形象重塑,即通过改变品牌名称、包装设计、广告宣传等方式,重新塑造品牌形象,提升品牌吸引力。

综上所述,家具企业可以通过避强定位,避开竞争红海;通过迎头定位,创新突破市场;通过重新定位,适应市场变化。家具企业在进行市场定位时,需要根据自身的实际情况和市场竞争环境,选择合适的定位方式。

三、家具市场定位的步骤

(一)研究市场趋势

了解市场趋势是确定市场定位的首要步骤。通过市场调研,企业可以掌握家具行业的整体发展趋势,包括新技术、新材料的应用,环保法规的变化,以及消费者需求的变化。例如,随着环保意识的提升,绿色环保家具越来越受到消费者的青睐。企业需要密切关注这些趋势,以便更好地抓住市场机会。

比如,著名的家具品牌宜家就一直紧跟市场趋势,注重环保和可持续发展。他们大量使用可再生材料和回收材料,生产出既环保又时尚的家具产品,赢得了广大消费者的喜爱和认可。

(二)识别目标客户

明确目标客户群体是市场定位的核心。企业需要通过市场调研了解目标客户的年龄、性别、收入水平、职业、购买习惯和偏好等信息。例如,高端市场的客户可能更注重家具的设计感、品牌和材质,而中低端市场的客户可能更关注价格和实用性。通过深入了解目标客户,企业可以更有针对性地设计产品和服务。

(三)分析竞争对手

对竞争对手进行深入分析是市场定位的重要环节。企业需要评估竞争对手的市场份额、产品特性、价格策略、市场渗透和营销手段等。通过分析竞争对手的优势和劣势,企业可以找到自身的竞争优势,并确定差异化的市场定位策略。例如,如果竞争对手主要集中在中低端市场,企业可以选择定位于高端市场,提供独特的设计和优质的服务来吸引目标客户。

（四）确定产品定位

产品定位是市场定位的基础。企业需要根据目标客户的需求和市场趋势，确定产品的功能、设计、材质、价格等。例如：针对年轻客户群体，企业可以设计时尚、简约、多功能的家具；针对老年客户群体，则可以注重家具的舒适性和实用性。同时，企业还需要根据产品定位，制定相应的品牌策略和营销策略。

（五）传播市场定位

一旦确定了市场定位，企业就需要通过各种渠道将自身的定位传递给目标客户。这包括制定有效的营销策略，如广告宣传、促销活动、公关活动、社交媒体营销等。例如，企业可以通过参加家具展览会、举办新品发布会等方式，提升品牌知名度和影响力。此外，企业还需要注重品牌形象的建设，通过提供优质的产品和服务，树立良好的口碑。

（六）持续监控与调整

市场定位不是一成不变的，企业需要持续监控市场趋势和消费者需求的变化，并根据实际情况进行调整。例如，随着消费者环保和健康意识的提升，企业可以增加绿色环保家具的生产，并调整营销策略，以更好地满足市场需求。同时，企业还需要关注竞争对手的动态，及时调整自身的市场定位策略，以保持竞争优势。

综上所述，家具市场定位是一个系统而复杂的过程，需要企业综合考虑市场趋势、目标客户、竞争对手、产品特性和品牌形象等因素。只有通过精准的市场定位，企业才能在激烈的市场竞争中脱颖而出，实现可持续发展。

任务实训

【目标】

通过本次实训，学生将能够掌握家具市场定位的基本方法，并具备运用定位依据、方式及步骤制定市场定位策略的能力，为未来从事市场营销工作奠定基础。

【内容】

分析家具市场定位的依据。

理解定位依据。产品属性：家具的设计风格、材质、功能等。价格与质量：高端、中端、低端市场定位。用途与功能：家用、办公用、商用等。目标消费者：年龄、收入、生活方式等。竞争对比：与竞争对手的差异化优势。

【步骤】

（1）准备阶段：组建小组（3～5人），明确分工。选择一个南康家具企业案例或模拟企业背景。

（2）分析阶段：分析企业的市场定位依据。选择适合的市场定位方式。

（3）策略制定阶段：根据分析结果，制定市场定位策略。

（4）总结与展示阶段：制作PPT或报告，展示分析过程及定位策略。进行小组汇报，接受教师和同学的点评。

第六章　家具市场竞争战略

南康自由王国：儿童家具市场的王子

垂直市场聚焦与品牌价值升级。

精准锁定儿童健康家居赛道：以"北欧风森林主题"为核心设计语言，累计申请外观专利 152 项，形成差异化设计壁垒。2024 年推出"0 苯 0 甲醛"水性漆全系列产品，通过 SGS 国际认证，成为国内首个实现儿童家具全水性漆覆盖的品牌，产品健康指标超欧盟标准。IP 联名策略：与迪士尼合作推出限量款"魔法森林"主题套房，带动高端产品线销售额增长 35%。品牌文化深度渗透：以"青少年成长空间守护者"为品牌内核，联合意大利设计师开发可变形智能儿童床（如书桌、床体二合一结构），申请 12 项发明专利，强化科技属性。

绿色智造与全链成本控制。

环保技术革命性突破：2023 年投入 2.3 亿元完成"油改水"技术改造，引入 Q-POSS 水性漆封闭技术，VOC 排放浓度降至 3.1mg/m³（仅为国标的 7.75%），获南康区政府技改补贴覆盖 85% 改造成本。智能生产升级：建成机器人喷涂车间，实现 24 小时无人化生产，良品率提升至 98%，单位生产成本下降 22%。全球供应链网络优化：依托赣州国际陆港木材进口通道，构建"北欧松木—南康加工—中欧班列出口"供应链体系，原材料采购成本较行业均值低 18%。与东南亚橡胶木供应商签订 10 年长约，库存周转周期缩短至 15 天，资金占用率降低 40%。

全球化与下沉市场双轮驱动。

高端国际市场突破：参与南康"百馆千店万商"计划，2024 年通过米兰家具展签约 12 家欧洲高端客户，产品进入意大利 Poltronesofà、德国 Hülsta 等渠道，国际订单占比从 15% 跃升至 28%。物流提速：中欧班列直发德国杜伊斯堡，物流时效压缩至 18 天，2025 年海外销售额突破 8 亿元。下沉市场深度渗透采用"数字化体验店 + 社区服务商"模式，在县域市场布局 1800 家终端网点，提供免费儿童房空间设计服务，2024 年下沉市场销售额占比达 42%。O2O 融合：联合京东居家推出"一城一店"计划，线上订单转化率提升至 40%，定制产品交付周期压缩至 7 天。

数字化生态与产业协同。

智能制造体系重构：投资 1.2 亿元建设 MES 智能工厂，实现订单全流程可视化追踪，生产效率提升 35%，2025 年定制产品占比突破 50%。产业集群联动创新融入南康家居小镇"泛家居"生态圈，与格力电器合作研发温湿度感应智能床头柜，搭载华为鸿蒙系统，2025 年智能家居产品线营收占比达 20%。设计资源共享：联合木牛家具等企业共建 3D 云设计平台，设计效率提升 50%，客户方案响应时间缩短至 2 小时。

第一节 家具市场竞争者与竞争战略

学习目标

【知识目标】

（1）掌握家具市场竞争者分析的主要步骤。

（2）掌握家具市场基本竞争战略。

【能力目标】

（1）能对家具企业的竞争者进行全方位的分析。

（2）根据家具企业的实际情况，选择合理的基本竞争战略。

一、家具市场竞争者分析

在当今竞争激烈的家具市场中，深入了解竞争者是企业取得成功的关键。家具市场竞争者分析不仅有助于企业制定有效的竞争策略，还能帮助企业发现市场机会和潜在威胁。以下是进行家具市场竞争者分析的五个主要步骤。

表 6-1 家居产业导向类型

导向类型	核心关注点	适用场景	竞争者识别依据	案例
产品导向	同类产品规格 / 类型	供不应求或企业实力弱	产品相似性	实木沙发企业竞争
技术导向	相同技术 / 工艺	同类产品供过于求	技术同源性	数控定制家具企业竞争
需求导向	顾客需求相同性	企业投资能力强	需求相似性	舒适坐姿解决方案企业竞争
顾客导向	目标客户群体重叠	企业拥有客户资源优势	客户群体重叠	高端办公家具企业竞争
多元导向	多领域业务竞争	企业实力雄厚	细分市场综合分析	跨住宅 / 办公 / 酒店领域竞争

（一）识别竞争者

家具企业的业务范围导向对其竞争者的识别有着直接的影响。例如，采用产品导向的家具企业可能主要关注那些生产类似家具产品的公司，而采用技术导向的家具企业则会关注使用相似技术生产家具的竞争对手。需求导向和顾客导向则会使企业关注那些满足相同顾客需求或服务相同顾客群体的公司。

1. 产品导向与竞争者识别

采用产品导向的企业将业务范围限定在特定类型的家具产品上。例如，一个专注于生产实木沙发的企业会将其他生产实木沙发的企业视为主要竞争者。像某知名家具品牌 A，其在实木沙发领域具有很高的市场份额，但与此同时，也需要密切关注同类型产品中其他竞争者的动态，如 B 品牌也在实木沙发市场不断推出新款式和工艺，通过优质的材料选择和设计创新吸引消费者。这种导向适用于市场产品供不应求或企业实力较弱、无力进行产品更新的情况。在这种导向下，企业主要通过市场渗透和市场开发来扩大业务范围。竞争者识别的关键在于产品种类和规格的相似性。

2. 技术导向与竞争者识别

技术导向的企业将所有使用相同技术生产同类产品的企业视为竞争者。在家具行业，这可能包括使用相同制造工艺或材料的企业，比如采用先进数控技术生产定制家具的企业。假设某家具企业以先进的数控技术为核心竞争力，生产出精准且个性化的定制家具，那么其他同样使用数控技术生产定制家具的企业就成了其主要的竞争者。家具企业在技术上的不断革新和竞争，推动了整个定制家具行业的技术进步和产品升级。技术导向的适用条件是市场上某种具体产品供过于求，但不同花色品种的同类产品仍有良好前景。企业通过产品改革和一体化发展来应对竞争。竞争者识别侧重于技术同源性和产品相似性。

3. 需求导向与竞争者识别

在需求导向下，企业将满足顾客同一需求的所有企业视为竞争者，不论这些企业采用何种技术或提供何种产品。例如，提供舒适坐姿解决方案的企业可能将床垫、办公椅、休闲椅等各类产品的生产企业视为竞争者。以 C 公司为例，其主要专注于为消费者提供舒适的坐姿体验，其产品涵盖办公椅、休闲椅等。而 D 公司则主要生产高品质床垫，虽然产品类型不同，但同样满足了消费者对舒适坐姿的需求，因此两者在市场上也存在竞争关系。需求导向的适用条件是市场商品供过于求，企业具备强大的投资能力和多种技术运用能力。竞争者识别基于顾客需求的相似性。

4. 顾客导向与竞争者识别

顾客导向的企业将所有服务于相同顾客群体的企业视为竞争者，无论这些企业提供的具体产品是什么。例如，一家专注于高端办公家具的企业会将所有服务于高端办公市场的家具企业视为竞争者，包括提供办公桌椅、文件柜等不同产品的家具企业。如某公司的主要客户群体为高端商务写字楼，其提供的办公家具设计简约大气、质量上乘；而另一家公司也针对同样的客户群体，推出了多款高端办公桌椅和文件柜等产品，两者在市场上就形成了直接的竞争关系。顾客导向的适用条件是企业在某类顾客群体中享有声誉和销售网络等优势。竞争者识别基于目标顾客群体的重叠。

5. 多元导向与竞争者识别

多元导向的企业在多个业务领域分别识别竞争者。对于家具企业，这可能意味着同时在住宅家具、办公家具、酒店家具等不同领域竞争。比如，某家具集团的业务范围广泛，在住宅家具领域有 E 企业与其竞争；在办公家具领域面临 F 企业的挑战；而在酒店家具市场，则需要与 G 企业一较高下。多元导向适用于实力雄厚、具有敏锐市场洞察力和强大跨行业经营能力的企业。竞争者识别需要综合考虑各个细分市场的情况。

（二）判定竞争者的战略和目标

1. 判定竞争者的战略

在家具行业中，识别主要和次要竞争者的战略群体是理解市场竞争格局的关键。家具市场的竞争者可以根据其市场定位和战略选择分为不同的战略群体。例如，高端家具市场的竞争者通常注重产品的设计和品牌价值，通过提供独特的设计和高品质的产品来吸引消费者。而中低端家具市场的竞争者则更侧重于成本和价格竞争，通过提供性价比较高的产品来吸引消费者。企业需要根据自身的市场定位和资源状况，选择合适的战略群体，并制定相应的市场策略，以在竞争中获得优势。

2. 判定竞争者的目标

分析竞争者的目标，如市场占有率、利润最大化或品牌建设等，可以帮助企业预测竞争者对市场变化的反应。例如，一个以市场占有率为主要目标的企业可能会通过降价促销等手段来扩大市场份额，而一个以利润最大化为目标的企业则可能会通过提高产品价格和降低成本来增加利润。一个以品牌建设为目标的企业则可能会更注重产品的质量和品牌形象，通过提供高品质的产品和优质的服务来赢得消费者的信任和忠诚。因此，企业在分析竞争者时，需要了解其主要目标，以便更好地预测其市场行为和反应模式，从而制定相应的竞争策略。

（三）评估竞争者的优势和劣势

对竞争者的优势与劣势进行评估是制定有效竞争策略的基础。这包括分析竞争者的市场地位、产品线的宽度和深度、产品质量、创新能力以及客户服务等。例如，一家拥有广泛产品线和强大研发能力的家具企业可能在市场上占据优势地位，而另一家以客户服务著称的企业则可能在客户忠诚度方面具有竞争优势。

评估竞争者的优势和劣势需要从多个方面进行综合分析。例如，竞争者的市场地位可以通过其市场份额和品牌知名度来评估。产品线的宽度和深度反映了企业在产品多样性和专业性方面的能力。产品质量和创新能力的强弱直接影响企业的竞争力和市场地位。客户服务的质量则关系到企业的客户满意度和忠诚度。通过对这些方面的详细分析，企业可以了解竞争者的优势和劣势，并据此制定相应的竞争策略，以在市场竞争中获得优势。

（四）预测竞争者的反应模式

了解竞争者的反应模式对于制定有效的市场策略至关重要。家具市场上的竞争者可能表现为从容型、选择型、凶狠型或随机型。了解这些反应模式可以帮助企业预见竞争者的行动，并据此调整自己的市场策略。

1.从容型竞争者

从容型竞争者可能对小的市场变化反应迟钝，认为这些变化不会对自身市场地位产生重大影响。某些家具企业对竞争对手的行动反应迟缓或不强烈。这类企业可能认为自己的客户群体忠诚度高，不会轻易转移购买，或者由于资金不足，无法迅速作出反应。例如，当一家新兴家具公司推出一款创新型产品时，市场领导者可能最初不会采取任何行动，直到新产品在市场上获得显著成功，才会考虑推出类似产品进行竞争。企业面对这类竞争者时，需要准确判断其反应迟缓的原因，以便制定适宜的进攻或防御策略。就像宜家，早期面对一些新兴家具公司推出的创新型智能家具时，并未立即作出反应，而是继续专注于其传统优势产品。直到智能家具市场逐渐成熟，宜家才开始推出自己的智能家具系列，以保持其市场领先地位。

2.选择型竞争者

选择型竞争者可能会对某些特定的市场变化作出反应，而对其他变化则不予理会。例如，他们可能会对价格战作出强烈反击，以保护自己的市场份额，但对广告投入或产品线的扩展则可能不予理会。这类竞争者通常对自己的优势和劣势有清晰的认识，只会针对那些可能严重威胁其核心业务的行动作出反应。家具企业可以通过观察竞争对手的历史反应模式，来确定哪些策略能够有效打击对手，哪些策略则应避免使用。以美克美家为例，当竞争对手发起价格战时，美克美家会迅速采取降价策略，同时加大促销活动力度，以保持其市场份额。而当竞争对手增加广告投入时，美克美家则不会盲目跟风，而是继续专注于提升产品品质和优化客户体验。

3.凶狠型竞争者

凶狠型竞争者可能会对任何市场侵蚀行为作出迅速而强烈的反应，以保护自身的市场地位。这类企业意在向其他公司表明，不要轻易挑战其市场地位。例如，如果一家知名的家具品牌推出一款低价产品，试图抢占市场份额，那么凶狠型竞争者可能会立即采取降价策略，同时加大营销力度，以维护自己的市场领先地位。面对这类竞争者，企业应谨慎行事，避免直接冲突，以免引发激烈的市场对抗。像顾家家居，当有竞争对手推出类似产品并试图抢占市场时，顾家家居会迅速作出反应，不仅在产品价格上进行调整，还会加大广告宣传力度，并通过各种营销手段来巩固其市场地位，给竞争对手以强烈的反击。

4.随机型竞争者

随机型竞争者的反应模式难以捉摸，他们可能在某些情况下作出反应，而在其他情况下则无动于衷。许多小型家具企业可能属于这一类型，他们根据自身经济状况和市场环境来决定是否作出反应。由于无法预测这类竞争者的行动，企业在制定竞争策略时需要保持灵活，随时准备调整自己的策略以应对可能的变化。

（五）选择和回避攻击的对象

在家具行业，企业要在激烈的市场竞争中立于不败之地，不仅需要强大的产品研发能力和品牌影响力，还需要在竞争者之间做出明智的选择与回避。具体而言，家具企业面临的竞争者可分为强竞争者和弱竞争者、近竞争者和远竞争者、"好"竞争者和"坏"竞争者。针对这些不同类型的竞争者，家具企业应采取不同的战略。

1.强竞争者和弱竞争者

强竞争者通常拥有雄厚的资金、先进的技术和广泛的市场份额，与之对抗需要巨大的资源和勇气。家具企业在选择攻击强竞争者时，必须谨慎评估自身的实力和市场竞争环境。比如，某家具企业通过创新设计，推出了一款环保材料制作的家具，凭借其独特性和环保理念，成功吸引了大量关注，在强竞争者占据主导的市场中抢占了一席之地。而对于实力较弱的企业，回避强竞争者，专注细分市场或提升自身核心竞争力，或许是更为稳妥的选择。通过深耕细分市场，企业可以积累经验，逐步壮大，待时机成熟再与强竞争者一较高下。

2.近竞争者和远竞争者

近竞争者是指那些在产品、价格、目标市场等方面与企业高度相似的对手，而远竞争者则是指那些虽然同属家具行业，但在产品类型、市场定位等方面存在较大差异的对手。近竞争者直接威胁企业的市场份额，因此家具企业需要密切关注其动态，通过提升产品质量、优化服务体验、加强品牌营销等手段与之竞争。例如，一家家具企业通过精准的市场调研，发现近竞争者在某细分市场的产品设计存在不足，于是迅速推出改进版产品，赢得了消费者的青睐。相比之下，远竞争者的威胁相对间接，但企业也不能忽视其潜在的市场冲击。例如，随着智能家居的兴起，传统家具企业可能面临来自科技公司的挑战。因此，家具企业应保持敏锐的市场洞察力，及时调整战略，以应对远竞争者的崛起。

3."好"竞争者和"坏"竞争者

"好"竞争者是指那些遵守行业规则、注重创新和品质、与企业形成良性竞争的对手。与"好"竞争者合作，可以促进技术交流、市场拓展和行业整体水平的提升。比如，两家家具企业通过合作研发新的生产工艺，不仅提高了产品质量，还降低了生产成本，实现了双赢。而"坏"竞争者则是指那些通过低价倾销、抄袭模仿、恶意竞争等手段破坏市场秩序的对手。面对"坏"竞争者，家具企业应坚决回击，维护自身的合法权益和行业形象。同时，企业还应加强自身的知识产权保护，提高产品的独特性和辨识度，以降低被抄袭的风险。

综上所述，家具企业在选择与回避攻击对象时，应综合考虑竞争者的实力、距离和性质等因素，制定灵活多变的竞争策略。通过合理选择攻击对象和回避潜在风险，企业可以在激烈的市场竞争中脱颖而出，实现可持续发展。

二、家具市场基本竞争战略

在竞争激烈的家具市场中，企业要想脱颖而出，就必须制定有效的竞争战略。迈克尔·波特提出的三种基本竞争战略——成本领先战略、差异化战略以及集中战略，为家具企业提供了明确的方向。

（一）成本领先战略

成本领先战略的核心是通过降低生产和运营成本，使企业的总成本低于竞争对手，从而在市场中获得竞争优势。家具企业可以通过大规模生产、简化产品设计、采用低成本材料和自动化生产等方式实现成本领先。例如，宜家家居通过模块化的产品设计和全球供应链管理，成功实现了低成本运营，使其产品具有较高的性价比，吸引了大量价格敏感的消费者。

除了宜家家居，国内的曲美家居也是成本领先战略的成功实践者。曲美家居通过大规模的生产模式，实现标准化和批量化生产，有效降低了单位产品的生产成本。同时，曲美家居注重生产流程的优化和效率的提升，通过引入先进的生产设备和自动化技术，减少人工成本，提高生产效率。此外，曲美家居在材料采购方面也具有较强的议价能力，通过与供应商建立长期稳定的合作关系，获得较低的材料价格，进一步降低了成本。这些措施使得曲美家居能够在市场上提供价格合理的产品，满足广大消费者的需求。

实施成本领先战略的优势在于，企业能够以较低的价格吸引顾客，提高市场占有率；同时，低成本使企业在面对供应商和购买者的议价时更具优势。然而，这一战略也存在风险，如过度降价可能影响产品品质，技术创新可能使原有的成本优势失效，以及新进入者可能通过更低的价格策略迅速抢占市场。

（二）差异化战略

差异化战略是指企业通过提供独特的产品或服务，满足消费者的特殊需求，从而在市场中树立独特的品牌形象。在家具市场，差异化可以体现在产品设计、材料选择、功能创新以及客户服务等方面。例如，高端家具品牌通过独特的设计和优质的材料，打造出具有艺术价值和收藏价值的产品，吸引追求品质和个性化的消费者。

以美国的高端家具品牌埃塞克斯为例，埃塞克斯以其精湛的工艺和独特的设计风格著称。埃塞克斯注重产品的原创性和艺术性，聘请知名设计师进行产品研发，设计出独具特色的家具产品。同时，埃塞克斯选用优质的材料，如高端木材和进口皮革，确保产品的质量和质感。此外，埃塞克斯还注重产品的功能性创新，根据消费者的需求推出具有特殊功能的家具产品，如可调节高度的办公桌和带储物功能的床等。埃塞克斯通过这些差异化策略，成功地在高端家具市场中树立了独特的品牌形象，吸引了大量追求品质和个性化的消费者。

差异化战略的优势在于，独特的产品和服务能够形成较高的顾客忠诚度，降低消费者对价格的敏感度，从而为企业带来较高的利润。此外，差异化战略还可以形成进入壁垒，阻止潜在竞争对手的进入。然而，实施差异化战略也面临挑战，如高成本可能导致产品价格过高，难以吸引价格敏感的消费者。同时，差异化特征可能被竞争对手模仿，从而削弱企业的竞争优势。

（三）集中战略

集中战略是指企业将资源和能力集中于特定的细分市场，通过成本领先或差异化来获取竞争优势。在家具市场，集中战略可以表现为专注于某一特定客户群体、特定产品类别或特定地理区域。例如，某些家具企业专注于定制家具市场，通过提供个性化的设计和优质的服务，满足高端客户的需求。

国内的尚品宅配就是集中战略的成功案例。尚品宅配专注于全屋定制家具领域，通过深入了解消费者的需求和喜好，提供个性化的家具设计和定制服务。尚品宅配利用先进的信息技术，建立起完善的设计系统和生产流程，能够根据消费者的需求快速设计出符合要求的家具产品。同时，尚品宅配注重服务的质量，从设计咨询到安装售后，都提供专业的服务，满足消费者的一站式需求。尚品宅配通过专注于全屋定制家具市场，在细分领域中建立了竞争优势，成为国内定制家具行业的领先品牌。

集中战略的优势在于，企业可以深入了解目标市场的需求，提供更加精准的产品和服务，从而在细分市场中建立竞争优势。此外，集中战略还可以避免与大型企业在整个市场中的直接竞争，降低经营风险。然而，集中战略也存在风险，如细分市场的需求变化可能影响企业的生存，以及竞争对手可能进入同一细分市场，加剧竞争。

综上所述，家具企业在选择竞争战略时，应根据自身的资源、能力和市场环境，合理选择成本领先、差异化或集中战略。在动态变化的市场中，企业还应不断创新和调整战略，以保持竞争优势，实现可持续发展。

任务实训

【目标】

通过本次实训，掌握家具市场竞争者分析与竞争战略制定的方法，并能够结合实际为企业制定有效的竞争策略。

【内容】

家具市场竞争者分析。

识别竞争者：确定家具企业的主要竞争者（直接竞争者、间接竞争者、潜在竞争者）。

分析竞争者的市场目标（如市场份额、利润率等）和竞争战略（如成本领先、差异化等）。

评估竞争者的优劣势：分析竞争者的优势（如品牌知名度、供应链效率等）和劣势（如产品单一、价格高等）。

预测竞争者的反应模式：预测竞争者在面对市场变化时的可能反应（如降价、推出新产品等）。

【步骤】

（1）准备阶段：组建小组（3～5人），明确分工。选择一个家具企业案例或模拟企业背景。

（2）分析阶段：识别竞争者并分析其目标、战略、优劣势及反应模式。

（3）战略制定阶段：根据竞争者分析结果，选择适合的竞争战略。

（4）总结与展示阶段：制作PPT或报告，展示分析过程及竞争战略。进行小组汇报，接受教师和同学的点评。

第二节　市场地位与竞争战略

学习目标

【知识目标】

（1）掌握市场领导者的竞争战略。

（2）掌握市场挑战者的竞争战略。

（3）掌握市场跟随者的竞争战略。

（4）掌握市场补缺者的竞争战略。

【能力目标】

根据家具企业不同的市场地位，制定有效的竞争策略和实施路径。

一、市场领导者竞争战略

在竞争激烈的家具市场中，市场领导者若想保持领先地位，必须巧妙运用三种核心竞争战略：扩大市场总需求、保护市场份额以及提高市场份额。

（一）扩大市场总需求

当市场总需求增加时，市场领导者往往能从中获得最大的收益。扩大市场总需求的关键在于寻找新客户、挖掘产品的新用途以及鼓励现有客户增加使用量。

1.寻找新客户

市场领导者应积极识别并吸引尚未使用其产品的潜在客户。这可以通过市场渗透战略实现，即针对那些可能使用但尚未使用该产品的顾客进行精准营销。例如，某家具品牌通过大数据分析，发现年轻白领群体对简约风格家具有较高需求，但该群体对其品牌认知度较低。于是，该品牌推出了一款针对年轻白领的简约风格家具系列，并在社交媒体和线上购物平台进行精准广告投放，成功吸引了这部分潜在客户。

此外，企业还应开拓新的细分市场，触及从未使用过该产品的客户群体。地理扩张战略亦是有效手段，通过将业务拓展至新的区域市场，企业能接触到更广泛的客户群体。以宜家为例，其通过在全球范围内开设新门店，成功将业务扩展到多个国家和地区，吸引了大量新客户。

2. 挖掘产品新用途

创新是推动市场扩展的重要动力。家具企业可以通过研发新的产品功能或设计，激发消费者对产品的不同使用场景的想象。例如，将传统的书桌设计成兼具收纳功能的智能书桌，满足现代人对家居办公空间的多重需求。某知名家具品牌推出了一款可折叠的多功能沙发，白天可作为沙发使用，晚上则可展开成床，极大地满足了小户型家庭对空间利用的需求，从而开拓了新的市场空间。

3. 鼓励增加使用量

通过改变产品包装或重新设计产品，可以有效提高顾客的使用频率和单次使用量。研究表明，更大的包装尺寸能够促进顾客的一次性使用量增加。此外，通过提供便捷的购买渠道和多样化的产品组合，也能刺激消费者的购买欲望和提高消费频率。例如，某家具品牌推出了套餐购买优惠活动，消费者在购买一套沙发的同时，可以以优惠价格选购配套的茶几和电视柜，这种组合销售策略显著提高了客单价和销售额。

（二）保护市场份额

在扩大市场总需求的同时，市场领导者必须采取有效的防御战略来保护现有的市场份额。

1. 阵地防御：巩固核心市场

阵地防御是保护市场份额的基础。企业需要在现有市场周围建立牢固的防线，通过优质的产品和服务提升客户满意度和忠诚度。例如，宜家家居通过不断改进产品设计、提高产品质量和优化售后服务，确保消费者对品牌的认可和信赖。宜家注重产品的实用性和美观性，同时提供便捷的购物体验和完善的售后服务，让消费者在购买过程中感受到极大的便利和满意。此外，宜家还密切关注市场动态，及时回应消费者的反馈和需求变化，维持市场的领先地位。

2. 侧翼防御：建立辅助市场

侧翼防御强调企业在核心市场之外建立辅助性市场，作为防御和反攻的基地。比如，家具企业可以拓展产品线，涉足相关市场，如家居装饰、智能家居等，分散市场风险。顾家家居就是一个成功的例子。顾家家居在传统家具市场的基础上，积极拓展家居饰品、智能家居等领域。通过推出智能床垫、智能沙发等产品，顾家家居满足了消费者对智能家居的需求，同时在家居饰品市场也占据了一定的份额。这样一来，即使在传统家具市场竞争激烈的情况下，顾家家居也能通过其他市场的收益来支撑企业的整体发展。

3.以攻为守：先发制人的战略

先发制人的防御战略主张在竞争对手尚未发起进攻前主动出击。例如，家具企业可以通过推出创新产品、实行优惠促销活动或扩大市场宣传，提前抢占市场先机。欧派家居在智能家居领域就采取了先发制人的战略。欧派家居早早布局智能家居市场，推出了多款智能橱柜、智能衣柜等产品。通过大规模的市场宣传和优惠促销活动，欧派家居在智能家居市场树立了品牌形象，吸引了大量消费者。同时，欧派家居还通过收购相关企业，整合行业资源，进一步巩固了在智能家居市场的地位。

4.反击防御：主动应对竞争挑战

当家具企业面临竞争对手的挑战时，不能只是被动防守，还应主动反击。例如，针对竞争对手的降价策略，企业可以通过提升产品附加值、优化供应链管理降低成本，从而在价格战中保持优势。全友家居在面对价格战时，采取了提升产品附加值的策略。全友家居在产品设计上注重创新和个性化，同时在产品材料的选择上更加讲究，从而提高了产品的品质。此外，全友家居还加强了品牌宣传，提升了品牌的知名度和美誉度。通过这些措施，全友家居在价格战中保持了优势，吸引了更多的消费者。

5.运动防御：拓展新市场

运动防御强调企业在保护现有市场的同时，积极拓展新市场。例如，家具企业可以通过市场多元化，进入不同的消费群体或地域市场，如开发针对年轻消费者的简约风格家具或开拓海外市场。曲美家居在这方面做得很好，它针对年轻消费者推出了简约风格的家具系列，以其时尚的设计和实惠的价格受到了年轻消费者的喜爱。同时，曲美家居还积极开拓海外市场，通过与国际知名设计师合作，推出符合当地消费者需求的产品，成功进入了多个海外市场。

6.收缩防御：集中优势资源

在市场竞争激烈或企业资源有限的情况下，收缩防御是一种有效的策略。企业应放弃某些疲软的市场，将资源集中到核心市场或优势市场。例如，家具企业可以关闭效益不佳的门店，将资源投入到盈利能力强的市场区域。掌上明珠家居就采取了收缩防御的策略，在经过市场调研后，发现某些地区的市场表现不佳，于是决定关闭这些地区的门店，将资源集中到盈利能力强的市场区域。通过优化资源配置，掌上明珠家居提高了运营效率，增强了市场竞争力。

总之，家具企业保护市场份额需要综合运用多种防御战略。通过巩固核心市场、建立辅助市场、主动出击、灵活应对竞争挑战、拓展新市场和集中优势资源，企业能够在激烈的市场竞争中立于不败之地，实现持续稳定发展。

（三）提高市场份额

即使在市场容量不变的情况下，市场领导者也应积极寻求提高市场份额的方法。这可以通过创新产品、差异化营销和有效的成本管理来实现。

1.创新产品

持续创新是提高市场份额的重要途径。家具企业应不断推出新产品、新技术和新设计理念，以满足消费者不断变化的需求。整合智能家居技术，开发智能家具产品，是未来家具市场的重要发展方向。某家具品牌率先将智能家居技术应用于家具产品中，推出了可远程控制的智能床和智能衣柜，这些创新产品吸引了大量追求科技感的消费者，成功提高了市场份额。

2.差异化营销

通过差异化的营销策略，企业可以在激烈的市场竞争中脱颖而出。利用社交媒体和网络平台进行数字化营销，能够以较低的成本实现高效的市场推广。同时，通过内容营销、明星代言和口碑营销等方式，提升品牌的知名度和影响力。某家具品牌与知名设计师合作，推出联名款家具产品，并通过社交媒体进行广泛宣传，吸引了大量关注和购买，成功提升了品牌知名度和市场份额。

3.有效的成本管理

通过大规模生产、自动化和高效的供应链管理，企业可以降低生产成本，提供更具价格竞争力的产品。利用规模优势获得原材料和生产成本的折扣，进一步提升企业的市场竞争力。某家具品牌通过优化生产流程，引入自动化生产设备，提高了生产效率并降低了生产成本。同时，通过与供应商建立长期合作关系，获得了原材料采购的优惠价格，从而在市场竞争中具备了更大的价格优势，成功提高了市场份额。

综上所述，家具市场领导者通过扩大市场总需求、保护市场份额以及提高市场份额三大战略，能够在激烈的市场竞争中保持领先地位，实现持续稳定的发展。

二、市场挑战者竞争战略

在当今竞争激烈的家具市场中，市场挑战者面临着如何突破市场领导者壁垒、提升自身市场份额的重要课题。作为家具市场中的挑战者，企业需要制定一系列有效的竞争战略，以在激烈的市场竞争中脱颖而出。

明确战略目标和挑战对象是成功的关键一步。家具市场挑战者可以选择攻击市场主导者，通过正面竞争撼动其市场地位；也可以选择攻击与自己实力相当的企业，或聚焦于地方性小企业，逐步扩大市场份额。不同的挑战对象需要不同的战略应对，企业需根据自身实力和资源进行合理选择。

在确定了挑战对象后，选择适当的进攻战略显得尤为重要。以下是五种有效的进攻战略。

（一）正面进攻

集中企业优势资源，直接挑战市场领导者的核心产品和市场。这需要企业在产品品质、价格或服务水平上有明显的优势。通过正面交锋，逐步削弱领导者的市场份额。例如，宜家家居就是通过提供设计简洁、价格亲民的家具产品，成功在全球范围内挑战了传统高端家具市场的领导者。宜家在产品设计中注重实用性和美观性的结合，同时通过大规模生产降低了成本，使得产品价格更具竞争力。此外，宜家还提供一站式购物体验，从家具设计、生产到销售各个环节都严格控制成本，为消费者提供高性价比的产品。

（二）侧翼进攻

寻找市场领导者的薄弱环节，集中力量攻击其弱点。例如，开发市场领导者尚未涉足的细分市场或针对特定消费群体推出定制化产品，从而开辟新的市场空间。像美国品牌 West Elm 就针对追求环保和独特设计的年轻消费者群体，推出了多款用环保材料制作的家具，成功在高端市场中占据了一席之地。West Elm 在产品设计上注重创新和环保，使用可持续获取的材料，同时与新兴设计师合作，推出限量版产品，吸引了众多年轻消费者的关注和喜爱。

（三）包围进攻

适用于资源充足的挑战者，通过全方位、大规模的市场拓展，迅速占领多个细分市场。这种战略需要企业在产品、渠道、营销等多方面进行全面布局，形成对市场领导者的包围之势。中国的全友家居就是一个典型例子，它通过不断丰富产品线、拓展线上线下销售渠道以及大规模的营销推广，迅速在全国范围内拓展市场，对传统家具市场领导者形成了强大的竞争压力。全友家居不仅拥有强大的生产能力和产品研发能力，还与各大电商平台合作，开展线上销售，同时在全国范围内开设了多家实体店，为消费者提供便捷的购物体验。

（四）迂回进攻

通过开发新产品、进入新市场或采用新技术，避开与市场领导者的直接竞争。例如，开发智能家具、环保家具等新兴产品，或拓展国际市场，实现多元化发展。以美国品牌 Steelcase 为例，其通过专注于办公家具领域的创新，推出了多款智能办公家具，成功在办公家具市场取得了领先地位，避开了与传统家用家具品牌的直接竞争。Steelcase 的智能办公家具不仅具有高效的功能性，还注重人体工学设计，为办公环境带来了全新的体验。

（五）游击进攻

适用于规模较小、力量较弱的企业，通过灵活多变的战术，对市场领导者进行间歇性、小规模的进攻。这种战略可以降低企业的竞争风险，同时积累市场经验和资源。例如，某小型手工艺家具品牌在圣诞节期间推出了限量版的圣诞主题家具，结合传统手工艺和现代设计，吸引了众多消费者的关注和购买。同时，该品牌还与当地设计师合作举办展览，展示了其独特的产品设计和制作工艺，提高了其品牌知名度。

表6-2　进攻类型矩阵

进攻类型	策略说明	案例
正面进攻	直接竞争核心产品	宜家挑战高端市场
侧翼进攻	攻击薄弱环节（细分市场）	West Elm 环保家具
包围进攻	全渠道覆盖	全友家居全国扩张
迂回进攻	新技术／新市场（智能家具）	Steelcase 办公家具创新
游击进攻	小规模灵活战术	手工艺品牌限量款

三、市场跟随者竞争战略

在竞争激烈的家具市场中，市场跟随者通过巧妙的竞争战略，能够在不挑战领先者的情况下，稳固自身地位并逐步发展壮大。跟随者竞争战略主要可以分为紧密跟随、距离跟随和选择跟随三种类型。

（一）紧密跟随

紧密跟随战略是指企业在各个细分市场和市场营销组合方面尽可能仿效市场领先者。在这种战略下，跟随者就像是领先者的影子，模仿其产品、价格、分销渠道及促销活动。在家具市场中，紧密跟随者通常会选择与领先者相似的目标市场，推出外观、功能相近的产品。例如，当市场领先者推出一款热销的现代风格沙发时，紧密跟随者会迅速模仿其设计，并以稍低的价格进入市场，吸引价格敏感型消费者。像某知名家具品牌 A，在发现市场领先者的一款经典沙发大受欢迎后，立即组织团队进行设计改良，在保持基本风格和功能不变的前提下，对细节进行微调，并降低了生产成本，最终以略低于领先者的价格推入市场，迅速吸引了大量对价格敏感的消费者，获得了可观的销量。这种战略的优势在于风险较低，能够借助领先者的市场教育成果快速获得市场份额，但也容易受到领先者的压制，缺乏自主创新。

（二）距离跟随

距离跟随战略则是在主要方面追随领先者，但仍与领先者保持若干差异。在家具市场中，采用这种战略的企业通常会在产品设计、目标市场或营销策略上做出一定调整，以避免与领先者直接竞争。例如，一家家具企业可能选择追随领先者的整体风格，但在材料选择或功能设计上进行创新，以满足不同消费者的需求。就像品牌 B，该品牌在追随市场领先者的简约风格的同时，大胆采用环保新材料，并在沙发设计中增加了可调节功能，满足了消费者对健康和舒适性的需求。这种战略允许跟随者在一定程度上发挥自身的创造力，通过差异化来吸引特定的客户群体，同时保持相对稳定的市场地位。

（三）选择跟随

选择跟随战略是一种更为灵活的战略，企业在某些方面紧跟领先者，而在另一些方面则自行其是。选择跟随者通常具有较强的市场敏锐度和创新能力，能够在跟随的同时找到自身的竞争优势。在家具市场中，这类企业可能会选择模仿领先者的成功营销策略，但在产品开发上则注重独特性和创新性。比如品牌 C，当领先者专注于高端市场时，该品牌将目光投向中端市场，推出了一系列兼具设计感和性价比的产品。同时，借鉴领先者的营销策略，通过线上线下相结合的推广方式，迅速扩大知名度。这种战略赋予了企业更大的自主权，使其能够在市场竞争中找到适合自己的发展路径。

四、市场补缺者竞争战略

在竞争日益激烈的家具市场中，大型家具企业凭借其雄厚的资金、广泛的市场覆盖和强大的品牌影响力占据主导地位。然而，这并不意味着小型家具企业没有生存和发展的空间。作为家具市场的补缺者，小企业可以通过专业化经营、创新战略和精准的市场定位，在巨头们的夹缝中找到属于自己的市场蓝海。

首先，选择合适的补缺基点是家具市场补缺者成功的关键。补缺基点应当具备足够的市场潜力和购买力，例如专注于高端定制家具市场。这一市场虽然规模较小，但客户需求明确且购买力强，对个性化、高品质家具的需求不断增长。同时，这一细分市场对大企业缺乏足够的吸引力，因其需要更高的设计和服务水平，难以实现大规模标准化生产。因此，小企业可以凭借灵活性和创新能力在这一领域占据有利位置。例如，某高端定制家具品牌专注于为高端客户提供个性化定制服务，从设计到生产再到安装，每一个环节都力求完美。他们深入了解客户的需求和生活习惯，为客户打造独一无二的家具产品。通过这种专业化的高端定制服务，该品牌在家具市场中占据了一席之地，赢得了众多客户的青睐和好评。

其次，家具市场补缺者应实施专业化市场营销战略。专业化不仅体现在产品或产品线上，还应包括最终用户、垂直层面和地理区域等多个方面。例如，企业可以专注于服务特定的客户群体，如设计师、豪宅业主或对环保材料有特殊需求的消费者。通过深耕这些细分市场，企业能够提供更精准的产品和服务，满足客户的独特需求，建立稳固的客户关系。此外，企业还应注重客户订单的专业化，提供量身定制的解决方案，提高客户满意度和忠诚度。例如，某专注于环保家具的企业，通过实施专业化市场营销战略取得了成功。该企业专注于使用可持续环保材料生产家具，满足了越来越多消费者对环保的需求。该企业不仅在产品上做到了环保，还在生产过程中注重环保理念的贯彻。他们通过精准的市场定位和专业的营销策略，吸引了一大批对环保有高要求的客户，从而在家具市场中脱颖而出。

再次，保持灵活性和创新性是家具市场补缺者应对竞争的重要策略。随着消费者需求和市场趋势的不断变化，企业需要及时调整产品设计和生产流程，推出新颖独特的产品。例如，某智能家居家具品牌便是通过不断创新而获得成功的典型代表。它将智能家居技术与传统家具相结合，推出了多款智能家具产品，如智能沙发、智能床等。这些产品不仅具有传统的家具功能，还可以通过智能手机等设备进行控制，为消费者带来了全新的使用体验。该品牌凭借其创新性的产品设计和灵活的生产模式，在家具市场中迅速崛起，成为行业的佼佼者。

最后，建立良好的客户关系同样是家具市场补缺者不可忽视的一环。通过提供优质的产品和服务，企业可以赢得客户的口碑和信任。例如：建立完善的售后服务体系，及时解决客户在使用过程中遇到的问题；通过社交媒体和线上平台与客户保持互动，了解他们的反馈和需求，不断改进产品和服务。此外，企业还可以通过会员制度和个性化营销活动，增强客户的归属感和忠诚度。

任务实训

【目标】

掌握南康家具市场领导者、挑战者、跟随者及补缺者的竞争战略，并能根据企业市场地位制定有效的竞争策略。

【内容】

分析市场地位。

识别市场地位：确定家具企业在市场中的地位；分析竞争环境：分析市场竞争格局，包括主要竞争者及其市场地位。

【步骤】

（1）准备阶段：组建小组（3～5人），明确分工。选择南康一个家具企业案例或模拟企业背景。

（2）分析阶段：识别企业的市场地位并分析竞争环境。

（3）战略制定阶段：根据市场地位，制定适合的竞争战略。

（4）总结与展示阶段：制作PPT或报告，展示分析过程及竞争战略。进行小组汇报，接受教师和同学的点评。

第七章 家具产品策略

【案例导入】

文华家瑞：从产品代工到国潮的华丽转身

一、企业历史与核心定位

（一）创立背景

文华家瑞成立于 1996 年，其前身为南康一家传统木工作坊，初期以代工生产实木家具为主。2008 年，文华家瑞抓住南康家具产业集群化发展机遇，转型为自主品牌企业，定位中高端实木家具市场。行业地位：南康家具产业首批规模化企业之一，2025 年入选"中国实木家具十大品牌"。

（二）产能规模

总占地面积：12 万平方米（含 5 万平方米智能化厂房）。

年产能：实木家具超 10 万套，产值突破 1 亿元（2024 年数据）。

员工结构：550 余名员工中，技术研发人员占比 15%，设计团队与意大利的设计机构长期合作。

二、核心技术与生产体系

（一）智能生产系统

机器人喷涂线：采用 ABB 六轴机器人，实现涂装精度 ±0.1mm，涂料利用率达 92%（传统工艺仅 30%），每条生产线节省人工成本 40%。

UV 辊涂技术：通过紫外线固化工艺，将涂层干燥时间从 24 小时缩短至 3 分钟，表面硬度提升至 3H（普通油漆为 1H）。

无尘车间：配备中央集尘系统（PM2.5 ≤ 10μg/m³），确保环保健康标准。

（二）材料与工艺创新

木材选型：主材采用北美 FAS 级橡木、缅甸花梨木，木材含水率控制在 8% ~ 10%（国家标准 ≤ 12%）。

榫卯结构：传承传统工艺，研发"隐形榫""插肩榫"等12种新型结构，连接强度提升30%。

雕刻工艺：引入3D扫描建模技术，复刻明清家具纹样（如四簇云纹、卷草纹），精度达0.05mm。

（三）设计赋能策略

产学研合作：与中南林业科技大学共建"实木家具创新实验室"，研发防开裂、防变形技术（专利号：ZL202320584632.1）。

文化IP联名：联合故宫文创推出"国潮书房"系列，复刻《雍正十二美人图》元素，溢价率超30%。

三、环保与可持续发展

（一）绿色生产实践

VOC减排：通过水性漆替代油性漆，VOC排放浓度降至3.1mg/m³（国标40mg/m³），年减少有机溶剂使用量1200吨。

废料循环：木材边角料制成生物质颗粒燃料（热值4500 kcal/kg），供应厂区锅炉，年节省燃煤成本200万元。

（二）认证与标准

通过中国环境标志（十环认证）、FSC森林可持续认证。参与制定《南康实木家具环保技术规范》（DB36/T 1563–2023）。

四、市场拓展与品牌建设

（一）渠道策略

线下布局：在全国开设100余家专卖店，重点布局一、二线城市高端卖场（如红星美凯龙、居然之家）。

线上融合：搭建"VR云展厅"，消费者可在线选配家具并生成报价，2024年线上成交额占比达25%。

（二）下沉市场突破

"家具下乡"计划：联合政府补贴（单件最高补贴2000元），推出"新农村整屋套餐"（均价3万元/套），2025年覆盖县域市场超200个。

（三）品牌活动

国际展会：连续5年参加米兰家具展，2024年发布"东方极简"系列，签约欧洲代理商12家。

公益营销：捐赠环保家具至山区学校，联动央视《秘密大改造》栏目提升品牌美誉度。

五、数字化转型实践

（一）工业互联网平台

接入 MES 系统（制造执行系统），实现订单排产、物料追溯、质量检测全流程数字化，生产周期缩短 30%。应用 AI 算法优化木材开料方案，出材率从 65% 提升至 82%。

（二）用户数据应用

建立客户数据库（累计 10 万 + 用户画像），分析消费偏好并反哺设计，2024 年新品市场匹配度提高 40%。

2026 年前建成"零碳工厂"，光伏发电覆盖 50% 能耗。推动 IPO 计划，拟深交所上市融资 10 亿元，用于智能化仓储建设和海外市场拓展。

第一节　家具产品组合策略

学习目标

【知识目标】

（1）理解家具产品及家具产品整体概念。

（2）理解家具产品组合及相关概念。

（3）掌握家具产品组合优化调整的策略。

【能力目标】

（1）能对家具企业的产品组合做出系统的分析和评价。

（2）能根据产品组合分析评价结果进行产品组合的优化调整。

一、家具产品及家具产品整体概念

（一）家具产品

家具产品，作为人类生活中不可或缺的组成部分，有着广泛而深刻的内涵。从广义上讲，家具是指人类维持正常生活、从事生产实践和开展社会活动必不可少的一类器具设施。狭义上，家具则特指在生活、工作或社会实践中，供人们坐、卧或支撑与贮存物品的一类器具。家具不仅是功能性的物品，还承载了丰富的文化、艺术和社会意义。

家具的基本组成包括材料、结构、外观形式和功能四个要素。功能是家具设计的先导和推动力，它决定了家具的实用性和存在价值。结构作为家具的主干，是实现功能的基础，不同的结构方式直接影响家具的稳定性和耐用性。材料则赋予家具不同的质感和风格，如实木、板材、金属、塑料等，每种材料都有其独特的特性和表现力。外观形式是家具的艺术表现，通过造型、色彩、装饰等元素，家具成为室内空间的重要组成部分，影响整体风格和氛围。

家具的种类繁多，可以根据不同的标准进行分类。按使用场所划分，家具可分为客厅家具、卧室家具、餐厅家具、书房家具等；按材料划分，则有木质家具、金属家具、藤艺家具、塑料家具等；按风格划分，又可以分为古典家具、现代家具、北欧风格家具、地中海风格家具等。每一种分类都反映了家具在不同维度上的多样性和丰富性。

（二）家具产品整体概念

家具产品整体概念是对家具产品多层次、多维度的全面理解，它不仅包括产品的物理形态，还涵盖了消费者在购买和使用过程中所期望和获得的各种利益和体验。家具产品整体概念包括以下五个层次。

1. 核心产品

核心产品是家具产品整体概念中最基本、最核心的层次，指的是产品为消费者提供的基本效用和利益，即产品的使用价值。家具的核心产品在于其功能性，如沙发的舒适性、衣柜的储物功能、书桌的工作空间等。消费者购买家具，首先是为了满足某种基本的生活需求，如休息、收纳、学习等。以宜家的"索德汉"沙发为例，其设计注重人体工学，提供卓越的舒适性，满足消费者对休息功能的需求。核心产品是家具产品存在的基础，是消费者选择购买的首要因素。

2. 形式产品

形式产品是核心产品借以实现的形式，即产品的具体形态和外观。家具的形式产品包括款式、造型、材质、颜色、尺寸等。形式产品是消费者可以直接感知到的部分，它决定了产品的市场吸引力和竞争力。在家具市场中，形式产品多样化的设计风格，如现代简约、欧式古典、中式传统等，满足了不同消费者的审美需求和个性化偏好。像北欧风格的家具产品，其设计简约大方，线条流畅，深受现代简约风格爱好者的喜爱。

3. 期望产品

期望产品是消费者在购买产品时，对产品所持有的期望和需求。在家具产品方面，消费者期望产品不仅具备良好的功能和美观的外观，还希望其质量可靠、环保安全、使用方便、安装简单等。以实木家具为例，消费者期望它不仅具有自然美观的纹理，还希望它结实耐用、环保无污染。期望产品是消费者对产品的基本预期，如果产品能够满足甚至超出消费者的期望，就能提高消费者的满意度和忠诚度。

4. 延伸产品

延伸产品是指消费者在购买和使用产品过程中所能获得的各种附加利益和服务。家具产品的延伸产品包括售前咨询、免费设计、送货上门、安装调试、售后服务等。像顾家家居提供的全屋定制服务，包括售前专业咨询、免费设计、送货上门、安装调试以及完善的售后服务，极大地提升了消费者的购物体验，也增强了产品的市场竞争力和品牌价值。在家具市场中，提供完善的延伸服务已经成为企业吸引消费者、提高市场占有率的重要手段。

5.潜在产品

潜在产品是指产品在未来可能的发展方向和变化，包括产品可能的新功能、新特性、新用途等。在家具产品方面，潜在产品可能体现在智能化、模块化、可定制化等方面。例如：智能沙发可以通过手机 App 控制调节角度、按摩等功能；模块化家具可以根据消费者的需求自由组合，实现多种功能；可定制化家具则可以根据消费者的个性化需求进行设计生产。随着科技的进步和消费者需求的变化，家具产品将不断创新和升级，以满足消费者更加多样化和个性化的需求。潜在产品为企业提供了新的市场机会和发展空间，也推动了家具行业的持续发展和进步。

二、家具产品组合的优化与调整

（一）家具产品组合及相关概念

1.家具产品组合、产品线及产品项目

在家具行业中，产品组合、产品线和产品项目是三个核心概念，它们共同构建了企业的产品架构，为消费者提供了丰富多样的选择。理解这三个概念，有助于我们更好地把握家具市场的脉络和企业的经营策略。

家具产品组合，指的是一个企业在特定时期内所生产或销售的全部家具产品的集合。这个组合涵盖了不同的产品大类和具体的产品项目，体现了企业的市场覆盖范围和经营广度。例如，一家家具公司可能同时生产民用家具、办公家具和酒店家具，每个类别下又包含多种不同的产品系列，共同构成了其完整的产品组合。

产品线，又称为产品大类，是产品组合中的一个重要组成部分。它强调的是一组具有密切关联性的产品，这些产品在功能、材料、设计风格或目标市场等方面存在相似性。以民用家具为例，套房家具、客厅家具、餐厅家具等都可以视为独立的产品线。每个产品线都有其特定的市场定位和消费者群体，企业通过对产品线的精心规划和管理，可以满足不同消费者的需求，提升市场竞争力。

产品项目则是产品线的进一步细分，它指的是在某一产品大类中，根据价格、功能、外观等属性区分的具体产品。例如，在套房家具产品线中，不同款式、尺寸、材质的床、床头柜、衣柜等都可被视为独立的产品项目。产品项目的丰富程度直接影响着企业的市场灵活性和消费者的选择空间。企业通过不断推出新的产品项目，可以保持市场活力，吸引更多消费者的关注。

以知名家具品牌全友家居为例，其产品组合涵盖了卧室家具、客厅家具、餐厅家具等多个产品线。在卧室家具产品线中，又包含了多种不同风格和功能的床、床垫、衣柜等产

品项目。

2. 家具产品组合的宽度、长度、深度和关联度

家具产品组合的宽度、长度、深度和关联度是评估和优化家具企业产品策略的重要指标。

家具产品组合的宽度指的是企业所提供的不同家具类别的数量，即产品线的总数。这些产品线通常由功能、技术、顾客群体或价格范围上相互关联的一组产品项目组成。产品组合的宽度体现了企业的市场覆盖范围和产品多样性。例如，一家家具企业可能同时拥有卧室家具、客厅家具、厨房家具、办公家具等多个产品线，每个产品线针对不同的使用场景和消费者需求进行设计生产。如果该企业拥有的产品线数量众多，那么它的产品组合宽度就较大，这意味着它能够满足更广泛的消费者需求和市场需求。反之，如果企业仅专注于少数几条产品线，如仅生产卧室家具或办公家具，那么其产品组合宽度就较窄。

家具产品组合的长度，是衡量一个家具企业产品线丰富程度的重要指标，它指的是家具企业产品组合中所包含的产品项目的总数。具体而言，每一条产品线内的产品项目数量构成了该产品线的长度。如果企业拥有多条产品线，那么将所有产品线的长度相加，便得到了产品组合的总长度。例如，一个家具企业可能同时生产沙发、床、餐桌椅、书柜等多个产品线。假设沙发产品线中有 10 种不同款式的沙发，床产品线中有 8 种不同款式的床，餐桌椅产品线中有 5 种不同款式的餐桌椅，书柜产品线中有 4 种不同款式的书柜，那么该企业的家具产品组合长度就是 27（10+8+5+4）。

家具产品组合的深度，指的是某一家具企业在其产品大类中，每种产品所提供的不同花色、品种、规格的丰富程度。具体而言，这不仅涵盖了产品的基本款式，还包括了尺寸、材质、颜色、风格等多方面的差异化设计。例如，一个生产沙发的企业，其产品组合深度可以通过提供多种规格（如单人、双人、三人沙发）、不同材质（如布艺、皮质、木质）以及多样的颜色和风格（如现代简约、欧式古典）来体现。

家具产品组合的关联度，是指各类家具产品线之间在最终使用、生产条件、分销渠道等方面的相互关联程度。在生产条件方面，家具产品组合的关联度体现在原材料、生产工艺和设备利用上的共性。分销渠道的关联度对于家具企业至关重要。一般而言，同一类别的家具产品往往可以通过相同的销售渠道进行销售。通过统一的分销渠道，企业可以集中资源进行市场推广和品牌宣传，提升渠道利用效率，提高市场覆盖能力。家具产品的最终用途是决定其组合关联度的核心因素之一。不同类别的家具通常用于不同的家居空间，然而，在现代家居设计中，越来越多的家具产品强调多功能性和空间搭配的灵活性。这些具有多功能性和搭配灵活性的家具产品，进一步增强了不同产品线之间的关联度，满足了消费者对于家居空间高效利用和个性化设计的需求。

（二）优化家具产品组合的分析

产品组合状况直接关系到企业销售额和利润水平。家具企业必须对现行产品组合做出系统的分析和评价，并决定是否加强或剔除某些产品线或产品项目。优化家具产品组合的

分析是一个系统而复杂的过程，涉及产品线销售额和利润分析以及产品项目市场地位分析。

1.产品线销售额和利润分析

产品线销售额和利润分析是优化产品组合的基础。家具企业需要详细考察各产品项目在特定时间段内的销售额和利润贡献。通过这一分析，家具企业能够识别出哪些产品是销售额和利润的主要来源，从而制定相应的资源分配策略。例如，某产品线的销售额和利润可能高度集中在少数几个产品项目上，这意味着这些产品对整体业绩具有举足轻重的影响。如果这些核心产品面临竞争压力或市场饱和，企业应及时调整策略，确保其市场份额和盈利水平。同时，对于销售额和利润贡献较低的产品项目，企业需评估其未来发展潜力，考虑是否继续投入资源或予以剔除，以提高整体产品线的效率和盈利能力。

2.产品项目市场地位分析

产品项目市场地位分析是优化产品组合的另一重要方面。这要求家具企业将自身的产品与竞争对手的同类产品进行详细对比，从市场份额、品牌认知度、客户满意度等多个维度全面衡量各产品的市场地位。通过市场地位分析，家具企业能够了解自身产品在市场中的竞争优势和劣势，从而制定更具针对性的竞争策略。例如，如果发现某产品在质量或功能上明显落后于竞争对手，家具企业可以通过改进产品设计、提升技术水平或调整定价策略来增强其市场竞争力。此外，市场地位分析还有助于家具企业识别市场机会，通过开发新产品或拓展现有产品线，满足未被充分满足的市场需求，从而实现市场份额的扩大和盈利能力的提升。

（三）家具产品组合的调整

在家具行业，企业常常需要根据市场环境和消费者需求的变化，灵活调整其产品组合。产品组合的调整主要包括扩大产品组合和缩减产品组合两种方式。无论是扩大产品组合以拓宽市场覆盖面，还是缩减产品组合以集中资源提高效率，每一种策略都有其独特的优势和适用场景，企业需根据自身情况和市场环境做出灵活应对。

1.扩大产品组合

扩大产品组合是一种积极的市场拓展策略，旨在通过增加产品规格型号、产品项目或产品线，满足不同消费群体的多元化需求。这种策略可以通过以下方式实现。首先，企业可以加强产品组合的深度，即在维持原产品品质和价格的前提下，增加同一产品的规格、型号和款式。比如，在沙发系列中推出不同尺寸和面料的选择，以适应不同家庭的空间和风格偏好。其次，企业可以增加产品组合的长度，即在现有的产品线内增加更多的产品项目。比如，在卧室家具产品线中增加不同风格、不同材质的床、衣柜等。最后，企业还可以开拓产品组合的宽度，即通过增加与原产品相类似的产品或完全不同的产品线来扩展其产品经营范围。比如，一家以生产实木家具为主的企业，可以尝试推出金属家具或软体家具，以吸引更多消费者。

扩大产品组合的优势显而易见。首先，多样化的产品能够满足不同消费者的偏好，提高市场占有率。其次，企业可以充分利用自身的品牌知名度和生产能力，提高资源利用效率和经济效益。此外，通过分散产品线，企业可以降低单一市场需求波动带来的风险，提高市场适应能力和竞争力。然而，并非所有情况下都适合扩大产品组合。扩大产品组合会增加生产、经营成本和管理难度。

2.缩减产品组合

在某些情况下，缩减产品组合可能是更明智的选择。缩减产品组合是指企业削减获利较少或市场反应不佳的产品线或产品项目，集中资源于核心产品，以提高整体效率和盈利能力。例如，当企业面临生产能力不足或市场环境恶化时，缩减产品组合可以帮助企业减少库存压力，提高资金周转率。此外，通过专注于几款核心产品，企业可以提升产品质量和市场竞争力。比如，一些家具企业可能会选择缩减那些生产复杂、成本高且销量不佳的定制产品线，转而专注于标准化、高周转的畅销产品。

缩减产品组合的策略不仅有助于企业优化资源配置，还可以提高生产效率和市场反应速度。通过精简产品线，企业能够更有效地管理供应链，减少不必要的成本和浪费。同时，集中力量推广和销售核心产品，有助于提升品牌在目标市场的知名度和美誉度。但是，缩减产品组合可能会限制企业的发展空间。

（四）家具产品线决策

在竞争激烈的家具市场中，企业要想保持竞争力和市场份额，必须不断优化产品线决策。产品线决策涵盖产品线延伸、产品线现代化、产品线特色化以及产品线削减等多个方面，每一项决策都对企业的未来发展起着至关重要的作用。

表7-1　核心策略类型

策略类型	实施路径	家具行业应用实例
扩大产品组合	广度拓展：新增智能家具产品线（2025年渗透率超30%） 深度延伸：在沙发品类中增加模块化、可变形功能款（SKU提升40%）	某头部企业推出"全屋智能健康系统"，集成睡眠监测、空气净化功能，溢价空间达50%
缩减产品组合	淘汰低毛利传统产品（如板式家具产能缩减20%） 聚焦核心品类（全屋定制业务占比提升至65%）	区域品牌砍掉低端实木家具线，专注全铝定制（毛利率提升至38%）
产品线延伸	向上延伸：推出轻奢系列（意大利进口岩板材质，溢价率≥80%） 向下延伸：开发下沉市场爆款（模块化家具客单价≤3000元）	某中端品牌通过"轻奢+平价"双线布局，一、二线城市市占率提升12%
产品改良	技术升级：竹纤维材料替代传统木材（成本降低8%～12%） 功能迭代：增加智能模块（如无线充电茶几渗透率25%）	某企业推出可调节高度书桌（2025年销量增长28%）

1.产品线延伸决策

产品线延伸决策是指企业通过推出新产品拓宽或深化其产品组合，以满足不同市场需求并降低市场风险。家具企业通常可以采取以下三种延伸策略：一是向下延伸，即高档家具品牌通过增加低档产品项目来吸引价格敏感的消费者，扩大市场份额。例如，意大利高端家具品牌 Poltrona Frau 曾推出价格更亲民的 "Fraser" 系列，以满足中低端市场需求。该系列采用了简约现代的设计风格，同时在材质选择上更加注重性价比，成功吸引了众多追求高品质但预算有限的消费者。这种策略不仅提升了品牌的市场覆盖率，还增加了消费者的品牌接触点。二是向上延伸，即企业将低档产品线向高档市场扩展，以提升品牌形象和进入更高利润的市场。如美国中档家具品牌 Ethan Allen 通过引入高端材质和聘请知名设计师，推出 "Insider" 高端系列，成功吸引了追求品质生活的消费群体。这个系列注重细节和工艺，采用了珍贵木材和高端布料，为消费者带来了极致的家居体验。三是双向延伸，即定位于中档市场的企业同时向高端和低端市场延伸，以覆盖更广泛的市场。宜家家居就是一个典型的例子。它在保持中档产品线的基础上，一方面推出了高端的 "PS" 系列，满足消费者对个性化和高品质的需求；另一方面推出了价格更加低廉的 "SLADDA" 系列，吸引更多预算有限的消费者。这种策略需要更多的资源投入和市场调研，但如果执行得当，可以显著提升企业的市场竞争力。

2.产品线现代化决策

随着消费者生活方式和审美偏好的不断变化，家具企业必须不断更新产品线，使其现代化。产品线现代化决策包括以下两种更新方式。一是逐项更新，即逐步替换旧产品，风险较低但速度较慢。例如，美国家具品牌 Crate & Barrel 每年都会推出几款新设计，逐步淘汰过时的产品，他们会根据市场反馈和流行趋势，对产品进行微调或重大改进，确保产品线始终保持新鲜感和竞争力。二是一次全部更新，即快速彻底地更新产品线，风险较高但效果显著。例如，意大利家具品牌 Minotti 曾在 2010 年进行了一次全面更新，推出了全新的产品系列，彻底改变了品牌的设计风格，从传统走向现代简约。这次更新取得了巨大成功，使 Minotti 在国际市场上获得了更高的认可度和市场份额。

3.产品线特色化决策

在产品线中挑选一个或几个产品项目作为特色产品，以吸引消费者，是提升整体产品线竞争力的有效手段。企业可以采取以下两种方法。一是降价促销低档产品，即通过低价产品吸引消费者光顾，并带动其他产品的销售。例如，国内家具品牌曲美家居定期推出特价促销活动，吸引大量消费者到店，提升整体销售额。他们会将一些过季或库存较多的产品以较低的价格出售，同时搭配其他高利润产品的推荐，引导消费者购买更多产品。二是推出高档产品提升形象，即通过高端产品提升整个产品线的档次和品牌形象。例如，意大利家具品牌 B&B Italia 推出的 "UP" 沙发系列，由著名设计师 Gaetano Pesce 设计，成为品牌的标志性产品。虽然这款沙发的价格较高，销量有限，但它极大地提升了 B&B Italia

的品牌形象，使其在高端家具市场中占据了一席之地。

4.产品线削减决策

为了集中资源和提升利润率，企业需要定期评估产品线的盈利能力，并削减那些获利很小甚至不获利的产品项目。产品线削减可以分为以下两种情况。一是剔除滞销产品，即通过销售和成本分析，识别并剔除那些卖不出去的产品，避免占用过多库存和资金。例如，美国家具品牌 West Elm 定期对产品进行销售数据分析，对于连续几个季度销量不佳的产品进行淘汰，同时引入新的产品项目，以保持产品线的活力和竞争力。二是集中生产高利润产品，即当生产能力有限时，企业应集中生产利润较高的产品项目，以提高整体盈利能力。意大利家具品牌 Cassina 在生产过程中，发现某些经典产品的利润率较高，而一些新款产品的销量和利润都较低，于是他们调整了生产计划，增加了高利润产品的生产量，减少了对低利润产品的投入，从而提高了整体的盈利能力。

任务实训

【目标】

掌握产品组合的宽度、长度、深度及关联度等核心概念。熟练运用波士顿矩阵、SWOT 分析等工具制定产品组合优化策略。能系统分析家具企业产品线结构，评估现有产品组合的市场竞争力。根据企业资源与市场需求，提出切实可行的产品组合调整方案。培养团队协作、数据收集与分析、方案可视化表达能力。

【内容】

以南康世纪家缘家居集团为研究对象，完成以下任务：梳理世纪家缘现有产品线（如实木家具、定制家具、智能家具等），绘制产品组合结构图；计算各产品线的宽度、长度、深度及关联度，分析产品组合特点。

【步骤】

步骤 1：通过企业官网、年报、行业报告、电商平台等渠道，收集世纪家缘产品信息；整理竞争对手（如顾家、欧派）的产品组合数据，作为对比分析依据。

步骤 2：分组讨论并绘制产品组合结构图，计算相关指标；运用波士顿矩阵对产品线进行分类，撰写 SWOT 分析报告。

步骤 3：针对不同产品线类型，提出具体优化策略（如金牛类产品巩固市场、问题类产品差异化突围）；设计新增产品概念（如"智能实木儿童家具系列"），包括功能定位、目标客群、定价策略等。

步骤 4：制作 PPT 进行方案汇报，接受教师与企业导师质询；根据反馈意见修改方案，形成最终优化报告。

第二节 家具品牌策略

任务目标

【知识目标】

（1）掌握家具品牌与家具品牌资产的含义。

（2）掌握家具品牌设计的原则。

（3）掌握家具品牌组合与家具品牌族谱策略。

（4）掌握家具品牌扩展策略。

【能力目标】

（1）能遵循家具品牌设计的原则，设计家具品牌名称、标识。

（2）能结合家具企业实际情况，设计品牌归属策略、品牌统分策略、复合品牌策略与路径。

一、家具品牌与家具品牌资产

（一）家具品牌的含义

家具品牌是指用于识别家具产品或服务的标识、形象，是企业在市场中树立的独特印记。品牌不仅仅是一个名字或符号，更是消费者心中对产品品质、设计风格、服务水平等多重因素的综合认知和情感连接。

从市场竞争的角度来看，家具品牌已经从单纯的产品竞争，上升到涵盖服务、渠道以及品牌文化等全方位的综合竞争。强大的家具品牌能够在消费者心中建立起信任感和忠诚度，从而在激烈的市场竞争中脱颖而出。例如，美克美家不仅提供优质的美式家具，还通过艺术化的购物环境和设计服务，赋予家居生活更多的文化内涵和情感价值。

全屋定制品牌的兴起，进一步丰富了家具品牌的定义。这类品牌专注于为消费者提供全方位的家居解决方案，从空间规划到家具设计，再到装饰材料的选择，都以满足消费者的个性化需求为核心。它们不仅注重产品的质量和设计创新，还通过优质的售后服务，提升消费者的整体体验。如某知名全屋定制品牌，以其精细的工艺、独特的设计和完善的售后保障，赢得了市场的广泛认可。

家具品牌不仅仅是一个标识或名称，它蕴含了丰富的意义，可以从属性、利益、价值、文化、个性和用户六个层次进行深入解析。

1.属性

属性是家具品牌最基本的含义。它代表了产品的特定功能和物理特征，如材质、工艺、设计风格等。例如，一个强调"实木经典"的家具品牌，其属性便是使用天然实木材料和经典的设计风格。像国内的曲美家居，其产品以实木为主，注重工艺的精细和设计的经典，打造出高品质的家具形象。

2.利益

利益层面则关注消费者从产品中获得的好处。这不仅仅是功能性的利益，如耐用性和实用性，还包括情感性的利益。比如，购买一套设计人性化的沙发，消费者不仅获得了舒适的坐感，还可能感受到家庭温馨的情感满足。以宜家为例，其家具设计简洁实用，注重用户体验，让消费者在购买和使用过程中感受到便捷和舒适，满足了功能性利益的同时，也带来了情感上的满足。

3.价值

价值体现了品牌背后的理念和文化。家具品牌常常传达出对生活品质的追求，如"艺术点亮生活"的品牌理念，不仅是在销售家具，更是在传递一种美学价值观。这种价值观念与消费者的个人价值观产生共鸣，从而影响其购买决策。比如，意大利的 Poliform，其设计融合了现代艺术与精湛工艺，传递出高端、精致的生活理念，与追求品质生活的消费者产生共鸣。

4.文化

文化层次则反映了家具品牌与特定文化的联系。美式家具品牌常常蕴含着对历史的怀旧，将欧洲皇室家具平民化，同时表达出美国人随意、舒适的生活方式。这种文化认同使得消费者在购买家具时，也是在选择一种文化归属感。比如美克美家，其产品设计融入了大量的美式元素，复古的造型、舒适的材质，营造出典型的美国中产阶级生活方式，让消费者感受到浓郁的美国文化氛围。

5.个性

个性是品牌独特魅力的体现。家具品牌通过其名称、标识、广告风格等塑造出独特的品牌形象。例如，"松雅"家具品牌通过其高雅与文艺的气质，吸引了追求书香气息的消费者。而北欧的 HAY 家具，则以其简约时尚的设计、鲜明的色彩和独特的造型展现出个性十足的品牌形象，深受年轻人和追求时尚人群的喜爱。

6.用户

用户层面则暗示了品牌的消费者类型。每个家具品牌都有其特定的目标消费群体，这些群体根据生活方式、价值观和社会地位来选择品牌。例如，定位高端的家具品牌往往吸引追求奢华生活品质的消费者，而注重环保和自然风格的品牌则更受健康意识强的消费者青睐。像国内的全友家居，其产品覆盖广泛，从高端到低端都有涉及，满足了不同层次消费者的需求；而像一些专注于环保的家具品牌，如格林之家，则以其环保材料和健康理念吸引了注重健康和环保的消费者。

（二）家具品牌资产的定义、构成与特征

1. 家具品牌资产的定义

家具品牌资产是指企业在市场中建立的品牌形象、品牌知名度以及相关的商业价值。它通过为消费者和企业提供附加利益来体现其价值，并与某一特定的品牌紧密联系着。家具品牌资产是家具企业与顾客长期动态关系的反映，代表着家具品牌能够为产品或服务增加的额外价值。这种价值使得家具品牌产品在市场上具有更高的认可度和溢价能力。例如，宜家作为全球知名的家具品牌，通过其独特的设计理念和亲民的价格策略，成功在消费者心中建立了强大的品牌形象。宜家的品牌资产不仅使其产品在全球范围内拥有广泛的认可度，还让消费者愿意为其产品支付较高的价格，进一步提升了企业的商业价值。

2. 家具品牌资产的构成

表 7-2　品牌资产构成要素

要素	定义与关键指标	家具行业应用实例
品牌知名度	消费者对品牌的记忆与识别能力（市场调研显示，头部品牌广告触达率 ≥ 85%）	全友家居通过"央视广告投放 + 明星代言"（如 2023 年签约设计师梁志天），三、四线城市知名度提升至 92%
品牌联想度	消费者对品牌的关联印象（如环保、高端、智能等标签）	曲美家具以"无醛添加"技术绑定"健康家居"标签，2025 年相关产品复购率提升 28%
品牌忠诚度	重复购买与推荐意愿（会员体系用户生命周期价值 ≥ 普通用户 3 倍）	顾家家居推出"终身免费保养 + 10 年质保"服务，高端客户留存率提升至 65%
品牌溢价能力	消费者愿意为品牌支付额外价格（高端系列溢价率 ≥ 50%）	意大利品牌 Natuzzi 推出限量版手工皮质沙发（单价超 20 万元），一线城市市占率提升 15%

（1）品牌知名度。品牌知名度是指消费者对一个品牌的记忆程度。品牌知名度可以分为无知名度、提示知名度、未提示知名度和顶端知名度四个阶段。在家具行业中，高品牌知名度意味着更多的消费者知道该品牌，从而增加购买的机会。以全友家居为例，通过大规模的广告投放和线上线下多渠道营销，全友家居迅速提升了品牌知名度。无论是在电视广告、网络媒体还是线下门店，消费者都能频繁接触到全友家居的品牌信息，使其在众多家具品牌中脱颖而出。

（2）品牌认知度。品牌认知度是指消费者对某一品牌在品质上的整体印象，包括功能、特点、可信度、耐用度、服务度、效用评价、商品品质和外观等。家具企业通过提供优质的产品和服务，能够提升消费者对品牌的认知度。曲美家居一直以来注重产品设计和品质，不断推出具有创新性和高颜值的产品。同时，曲美家居还提供专业的售前咨询和售后服务，让消费者在购买和使用过程中感受到品牌的用心和可靠，从而提升了消费者对曲

美家居的品牌认知度。

（3）品牌联想度。品牌联想度是指消费者将某些特性、利益或符号与特定品牌联系起来的程度。例如，提到某个家具品牌，消费者可能会联想到高品质、环保、设计感等。品牌联想有助于形成品牌的独特形象和个性。提到红星美凯龙，消费者往往会联想到"一站式家居购物体验"。红星美凯龙通过打造集家具、建材、家装设计等于一体的家居商场，为消费者提供便捷的购物环境和丰富的产品选择。同时，红星美凯龙还注重商场环境的打造和服务的提升，让消费者在购物过程中享受到高品质的服务和体验，从而强化了消费者对红星美凯龙的品牌联想。

（4）品牌忠诚度。品牌忠诚度是指消费者在购买决策中多次表现出来的对某个品牌有偏向性的行为反应。品牌忠诚度是品牌资产的核心，忠诚客户不仅是稳定的收入来源，还能成为品牌的口碑传播者。欧派家居通过不断创新产品和服务，满足消费者多样化的需求。同时，欧派家居还注重与消费者的互动和沟通，及时回应消费者的反馈和诉求。通过这些努力，欧派家居赢得了大量忠实消费者。这些忠实消费者不仅会重复购买欧派家居的产品，还会主动向身边的人推荐欧派家居，为欧派家居带来了稳定的收入和良好的口碑。

（5）品牌其他资产。品牌其他资产包括商标、专利等知识产权，以及客户资源、管理制度、企业文化、企业形象等。这些资产能够为品牌带来额外的经济利益和市场竞争力。顾家家居注重产品研发和创新，拥有多项专利技术。这些专利技术不仅提升了顾家家居产品的竞争力和附加值，还为顾家家居带来了额外的经济利益。同时，顾家家居还建立了完善的客户资源管理系统和管理制度，通过提供优质的客户服务和良好的企业文化形象，进一步提升了品牌的综合竞争力。

3. 家具品牌资产的特征

一是无形性。品牌资产是一种无形资产，它无法像有形资产那样直接衡量，但其价值却可以通过市场表现和消费者行为来体现。二是增值性。品牌资产在利用中增值。通过有效的品牌管理和市场营销活动，品牌资产可以不断积累和提升，为企业带来更多的经济利益。三是波动性。品牌资产的大小是各种营销技巧和营销手段综合作用的结果，它在很大程度上反映了企业营销的总体水平。由于市场环境和消费者需求的变化，品牌资产具有一定的波动性。四是难以准确计量。虽然品牌资产可以通过市场调查和财务分析等方法进行评估，但其价值往往难以准确计量。五是市场影响力。具备良好品牌资产的品牌往往在市场上拥有更强的话语权和竞争力，在新产品推出时更容易获得消费者的接受和支持。六是提升产品溢价能力。品牌资产的积累可以为家具企业赋予产品溢价的能力。消费者愿意为具有品牌背书的产品支付更高的价格。七是降低市场风险。在家具市场中，品牌资产可以帮助企业降低市场风险。有一个强大的品牌资产意味着企业在市场竞争中具有一定的竞争优势，能够更好地应对市场波动，降低企业面临的市场风险。

二、家具品牌设计、组合与扩展

表 7-3　市场定位策略：精准切割消费层级

定位类型	目标市场特征	实施路径与数据支撑
高端奢侈定位	一线/新一线城市高净值人群（客单价 ≥ 8 万元）	材质升级：意大利进口岩板（成本占比 40%） 服务捆绑：私人定制设计费单项目收费 5 万～20 万元
性价比定位	三、四线城市及县域市场（客单价 ≤ 5000 元）	模块化设计：SKU 减少 50%，生产成本降低 15% 渠道下沉：与地方建材城合作（铺货率提升至 80%）
细分功能定位	垂直需求人群（如适老化家具、宠物家具）	技术专利：适老化家具防滑涂层（跌倒风险降低 60%） 场景化套餐：宠物家具组合（客单价提升 35%）

（一）家具品牌设计

品牌要素或元素主要包括品牌名称、品牌标识或标志、品牌形象代表、品牌口号、广告曲、包装等，在家具品牌名称和家具品牌标识设计过程中，一般应坚持以下几个基本原则。

1. 简洁醒目，易读易记

家具品牌的设计，无论是品牌名称还是品牌标志，都需要遵循一定的原则，其中简洁醒目、易读易记是关键要素之一。简洁的设计能够使品牌标志在各种应用场景下都保持良好的可识别性，避免因复杂元素而导致视觉混乱。醒目的颜色和字体选择则能迅速吸引消费者的注意力，使品牌在众多竞争对手中脱颖而出。易读易记的品牌名称和标志则有助于消费者在脑海中形成深刻的品牌印象，从而提高品牌知名度和美誉度。

2. 构思巧妙，暗示属性

在家具品牌设计中，构思巧妙并暗示产品属性是至关重要的原则。一个成功的家具品牌，不仅要有独特的设计理念和创意，还要通过品牌标志、产品名称、产品设计等方式，巧妙地暗示产品的属性和品牌的核心价值，从而在消费者心中留下深刻的印象。这样的品牌设计，不仅能够提升品牌的知名度和美誉度，还能够增强品牌的竞争力，实现品牌的可持续发展。

3. 富蕴内涵，情意浓重

在家具品牌设计中，秉持富蕴内涵、情意浓重的原则，不仅能够提升品牌的形象和价值，还能够在激烈的市场竞争中脱颖而出，实现品牌的可持续发展。富蕴内涵、情意浓重的品牌设计，需要注重文化元素的融入。家具作为家居生活的重要组成部分，不仅仅是实用工具，更是文化的载体。家具企业要善于从各自的文化背景中汲取灵感，将文化元素融入品牌名称和标志的设计中，使品牌具有独特的文化内涵和情感价值。此外，品牌设计还需要注重与目标消费者的情感共鸣。品牌名称和标志传递出的情感信息，能够触动消费者的内心，引发共鸣。

4. 避免雷同，超越时空

品牌设计需要在名称和标志两个方面都独具匠心，避免雷同，并且能够超越时空的限制，经得起时间的检验。

首先，品牌名称和标志的设计应避免雷同。一个独特的品牌名称和标志能够在消费者心中留下深刻的印象，并有效地区别于竞争对手。如"宜家"，其名称独特且易于记忆，标志采用蓝黄配色，简洁而富有辨识度。这种独特性有助于品牌在市场中脱颖而出。相反，某些品牌在设计时盲目模仿市场领导者，导致品牌个性模糊，难以吸引消费者。比如，曾有一家名为"美佳"的家具品牌，其名称与业内知名品牌"宜家"发音相近，标志设计也采用了类似的蓝黄配色，却未能在市场中建立起自己的独特形象，最终因品牌辨识度低而逐渐被消费者遗忘。

其次，品牌设计需要超越时空。这意味着品牌名称和标志不仅要符合当下的审美趋势，还应具备长久的生命力，不会因时间的流逝而过时。例如，"联邦家私"这一品牌名称经典而大气，标志设计简洁稳重，自成立以来便广受认可，历经多年依然保持着市场影响力。然而，有些品牌在设计时过度追求时尚潮流，导致品牌元素很快过时。如某家具品牌在设计标志时选用了当时流行的复杂花纹和鲜艳色彩，几年后随着设计风格的转变，该标志显得格格不入，品牌不得不重新设计标志，耗费了大量资源。

（二）家具品牌组合与家具品牌族谱

在家具行业中，品牌组合与品牌族谱的构建是企业发展的重要战略之一。通过有效的品牌归属策略，企业能够在市场中树立独特的形象，吸引不同类型的消费者。

1. 品牌归属策略

在家具行业的品牌战略中，品牌归属策略至关重要，它不仅关乎企业的市场定位，还直接影响消费者的认知和购买决策。品牌归属策略一般分为三种：使用自己的品牌，使用他人的品牌，部分产品使用自己的品牌，而另一部分产品使用中间商的品牌或其他生产者的品牌。

使用自有品牌是企业最常用的品牌归属策略，它有助于企业建立独立的品牌形象和市场地位。通过持续的品牌建设和推广，企业能够在消费者心中树立独特的品牌认知，提升品牌忠诚度。曲美家具作为中国知名的家具品牌，自1987年成立以来，一直致力于自有品牌建设。曲美家具以其设计新颖、质量上乘的产品赢得了广大消费者的认可。通过不断的技术创新和市场推广，曲美家具不仅在国内市场占据了一席之地，还成功走向了国际市场。

使用他人品牌通常是指企业通过授权或合作方式，使用其他企业的品牌进行生产和销售。这种策略有助于企业快速进入市场，借助已有品牌的知名度和影响力提升自身产品的销售。全友家居作为国内大型家具生产企业，曾与多个国际知名品牌进行合作，通过使用这些品牌的授权，全友家居成功推出了多款高端家具产品。这种策略不仅提升了全友家居的产品档次，还扩大了其市场份额。同时，全友家居在早期发展阶段，曾采用中间商品牌策略，利用大型家居卖场的品牌影响力来销售自己的产品。通过这种方式，全友家居得以快速拓展市场，提升品牌知名度。

使用混合品牌策略，即企业对部分产品使用自己的品牌，而对另一部分产品使用中间商品牌或其他生产者品牌，这种策略有助于企业根据不同的市场细分和产品特性进行灵活的品牌管理。韩菲尔是千维家具有限公司旗下的品牌，其产品线丰富多样。韩菲尔在部分高端产品上使用自有品牌，而在一些中低端产品上则使用中间商品牌或其他生产者品牌。通过这种策略，韩菲尔成功覆盖了不同消费层次的市场，提升了整体市场份额。

2. 品牌统分策略

品牌无论是归属于生产者，还是归属于中间商，抑或是两者共同拥有品牌使用权，都必须考虑对所有产品的命名问题。是大部分或全部产品都使用一个品牌，还是各类产品分别使用不同的品牌，如何对此进行决策事关品牌运营的成败。决策此问题，通常有三种可供选择的品牌统分策略。

（1）统一品牌策略。统一品牌策略是指企业所有产品均使用同一品牌名称，这种策略有助于集中资源塑造强势品牌，节省广告费用，增强企业整体信誉。例如，国际知名家具品牌宜家（IKEA）就是统一品牌策略的成功典范，其所有家具及家居用品都使用"宜家"这一品牌，凭借简洁、实用的设计风格和亲民的价格，在全球范围内拥有极高的知名度和美誉度。国内的全友家居也采用统一品牌策略，通过大规模生产和广泛的销售网络，成为中国家具市场的领导品牌之一。统一品牌策略使得消费者在购买其产品时，基于对品牌的信任，更容易做出决策。

（2）个别品牌与多品牌策略。个别品牌策略是指企业对不同产品使用不同的品牌名称，这有助于区分不同产品线的特色，满足不同消费者的需求，降低单一品牌失败的风险。例如，意大利家具品牌阿特卢斯（Altro）采用个别品牌策略，针对不同的消费群体推出了多个子品牌，如高端定制的"Altro Classico"和现代风格的"Altro Modern"。国内家具品牌联邦家私同样采用多品牌策略，旗下拥有联邦·米尼、联邦·梦斐思等多个品牌，涵盖从美式到北欧等多种风格，满足不同消费者的审美和功能需求。

（3）分类品牌策略。分类品牌策略是指企业根据不同产品类别建立不同的品牌，这有助于企业在特定市场领域内树立专业形象，增强品牌竞争力。例如，美国家具品牌爱室丽（Ashley）采用分类品牌策略，旗下有专注于客厅家具的"Ashley Signature Design"和专注于卧室家具的"Ashley Sleep"等不同品牌，通过精准的市场定位，满足不同消费者的需求。国内家具品牌曲美家居同样采用分类品牌策略，旗下有曲美家居、曲美·万物等多个品牌，分别专注于不同风格和功能的家具产品，通过专业的品牌定位，赢得消费者的信赖。

不同的品牌统分策略在家具行业中各有利弊。统一品牌策略有助于集中资源，提升品牌整体影响力，但一旦某一产品出现问题，可能会影响整个品牌形象。个别品牌与多品牌策略有助于分散风险，满足不同消费者的需求，但需要企业投入更多资源进行品牌建设和管理。分类品牌策略有助于在特定市场领域内树立专业形象，但需要企业在不同品牌之间进行有效的资源分配和协调。家具企业在选择品牌策略时，需要根据自身的产品特点、市场定位和发展战略，做出最合适的选择，以实现品牌的长期发展和市场竞争力的提升。

3.复合品牌策略

复合品牌策略就是指对同一产品赋予两个或两个以上品牌的做法。多牌共推一品，不仅集中了一品一牌策略的优点，而且还有增加宣传效果等增势作用。复合品牌策略，按照复合在一起的品牌的地位或从属程度来划分，一般可以分为主副品牌策略与品牌联合策略两种。

主副品牌策略在家具行业中被广泛采用，以强化品牌形象和拓展市场。宜家作为全球知名家具品牌，其主品牌"宜家"代表着简约、实用和高性价比。在此基础上，宜家推出了一系列副品牌，如"POÄNG""MALM"等，这些副品牌不仅突出了产品的设计风格和功能特点，还增强了主品牌的市场适应力。同样，国内的全友家居也采用了主副品牌策略。其主品牌"全友"以多样化的家具产品满足了不同消费者的需求，而副品牌"绿色全友"则专注于环保家具，成功地在消费者心中树立了绿色健康的品牌形象。

（三）家具品牌更新与家具品牌扩展

表7-4　品牌延伸策略

延伸类型	实施逻辑	风险控制与成功案例
品类延伸	从单品向场景化解决方案拓展（如从沙发延伸到智能客厅生态系统）	技术验证：确保智能模块稳定性（某品牌测试周期 ≥ 6 个月） 案例：某企业智能家居套装营收占比提升至 35%
价格带延伸	通过子品牌覆盖多消费层级（如主品牌高端化＋副品牌抢占下沉市场）	渠道隔离：避免价格冲突（如副品牌仅通过电商渠道销售） 案例：某头部企业双品牌战略使市场份额提升 18%
跨界合作	与家电、房产企业联合开发产品（如精装房定制家具套餐）	利益分配：明确分成比例（家具企业占比通常为 60%～70%） 案例：某品牌与万科合作，工程渠道营收增长 45%

1.家具品牌更新

在竞争激烈的家具市场中，品牌更新成为家具企业保持竞争力和持续发展的关键策略。家具品牌更新是一个系统性的过程，涵盖品牌重新定位、重新设计品牌，以及塑造品牌新形象，其核心目标是为品牌注入新的活力与能量，从而吸引更多消费者，提升市场占有率。

品牌重新定位是家具品牌更新的首要环节。在重新定位过程中，企业需要全面审视市场环境、竞争对手状况以及消费者需求的变化。通过深入的市场调研，企业可以发现新的市场机会，明确自身的竞争优势，并据此调整品牌定位，使品牌在消费者心目中占据更有利的位置。例如，某家具品牌通过调研发现，现代消费者越来越注重家居生活的环保与可持续性，于是该品牌将自身定位为"环保家具领导者"，强调产品采用可再生材料和环保生产工艺，成功吸引了注重环保的消费群体。

重新设计品牌是品牌更新的重要组成部分。这包括更新品牌名称、标志、包装设计等视觉元素，以及优化品牌传播的语言风格和沟通方式。新的视觉设计应当与品牌重新定位后的核心价值相契合，能够直观地传达品牌的个性与特色。例如，一个定位为"现代简约风格"的家具品牌，其标志设计可以采用简洁的线条和几何图形，色彩上选择低调而富有质感的色调，以体现品牌的现代感和简约美。同时，品牌传播的语言风格也应当简洁明了，突出产品的设计理念和实用功能。

塑造品牌新形象是品牌更新的最终目标。一个成功的品牌新形象不仅能够提升品牌的知名度和美誉度，还能够增强消费者对品牌的认同感和忠诚度。为了塑造全新的品牌形象，企业需要通过多种渠道进行品牌传播，如广告宣传、公关活动、社交媒体营销等。此外，企业还可以通过举办品牌体验活动、与知名设计师合作推出联名款产品等方式，让消费者更直观地感受品牌的新形象和新价值。例如，某家具品牌通过举办"家居生活美学展"，展示了其新推出的系列产品，并邀请了知名设计师进行现场讲解和互动，成功吸引了大量消费者的关注和参与。

家具品牌更新是一个持续性的过程，需要企业不断地关注市场变化，及时调整品牌策略。通过品牌重新定位、重新设计品牌以及塑造品牌新形象，家具企业可以为品牌补充能量，提升品牌竞争力，从而在激烈的市场竞争中立于不败之地。

2.家具品牌扩展

家具品牌扩展，亦称品牌扩张或品牌延伸，是指家具企业将某一知名品牌或具有市场影响力的成功品牌应用于与成名产品截然不同的新产品上，从而借助现有品牌推出新产品的过程。这一策略不仅能降低新产品的市场导入成本，还能迅速提升新产品的市场认可度。

品牌扩展的核心在于对现有品牌资产的策略性利用。企业通过将成功的品牌形象与市场信誉延伸至新产品，使消费者基于对原品牌的信任和好感，愿意尝试新的产品类别。例如，宜家成功实现了从家具到全品类家居生活的横向扩展。宜家以"为大众创造更美好的日常生活"的品牌理念为基础，从家具单品（如沙发、桌椅）逐步扩展到家居用品（收纳、餐具）、家居装饰（窗帘、地毯），甚至厨房电器（烤箱、冰箱）等全品类产品。而全友家居则实现了从成品家具到"全屋定制"的纵向深化。全友家居以"绿色家居"为品牌定位，从传统成品家具（沙发、床）向全屋定制（橱柜、衣柜）、智能家居（电动床、智能灯光系统）延伸，打造"全屋家居一体化"解决方案。

表7-5　数字化营销矩阵

渠道	策略与数据
社交媒体	抖音/小红书场景化内容（如"模块化家具的100种搭配"播放量超2亿次）
私域流量	企业微信社群运营（月均活跃用户≥50万，转化率8%～12%）

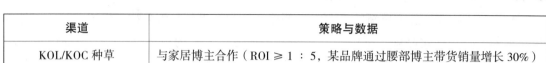

续　表

渠道	策略与数据
KOL/KOC 种草	与家居博主合作（ROI ≥ 1：5，某品牌通过腰部博主带货销量增长 30%）

家具品牌扩展并非简单的品类叠加，而是需要以用户为中心，通过系统性策略实现品牌价值的可持续增长。企业在实施扩展时，需平衡"传承"与"创新"，在保持品牌基因的同时，以灵活姿态拥抱市场变化。因此，家具企业在实施品牌扩展策略时，需要谨慎选择扩展领域，确保新产品与原有品牌在品牌定位、目标消费群体、品牌价值等方面具有较高的契合度。同时，企业还应加强品牌管理，维护品牌形象的一致性，避免因品牌扩展而损害品牌的核心价值。通过科学规划和有效执行，家具品牌扩展可以成为企业实现持续增长和提升市场竞争力的重要手段。

表 7-6　决策四象限模型

维度	高端市场	下沉市场
资源投入重点	研发（≥年营收 8%）+ 服务体系建设	供应链优化（成本降低 15%）+ 渠道下沉
风险控制阈值	单店投资回收期 ≤ 3 年	库存周转率 ≥ 6 次 / 年

任务实训

【目标】

准确阐释家具品牌及品牌资产的核心内涵，掌握品牌价值构成要素；熟练运用品牌设计原则（如独特性、易记性、文化性）完成品牌标识创作。理解品牌组合策略（单一品牌、多品牌、主副品牌）的适用场景与实施路径，掌握品牌扩展策略（产品线延伸、品牌延伸、跨界联名）的设计方法。能为家具企业设计符合行业特性的品牌名称、标志及视觉系统。根据企业资源与市场定位，制定品牌归属策略（制造商品牌 / 经销商品牌）、统分策略（统一品牌 / 个别品牌）及复合品牌策略。

【任务】

分析现有品牌架构（如世纪家缘主品牌与子品牌关系），绘制品牌族谱图；评估品牌资产价值（知名度、联想度、忠诚度），撰写诊断报告。

【步骤】

步骤 1：收集世纪家缘现有品牌资料（官网、广告、产品手册）及行业报告；调研竞品品牌策略（如顾家家居、索菲亚），建立对比分析表格。

步骤 2：分组讨论品牌族谱结构，运用品牌资产十要素模型（凯勒）评估现有品牌；开展头脑风暴，设计 3 ～ 5 个品牌名称及 LOGO 方案，进行内部投票筛选。

步骤3：模拟企业战略会议，确定子品牌定位及扩展路径；撰写品牌扩展可行性报告，包含市场分析、成本预算、风险预案。

步骤4：制作PPT汇报品牌设计方案与策略，接受教师与企业导师质询；根据反馈意见修改方案，形成最终品牌策略白皮书。

第八章　家具价格策略

【案例导入】

极致性价比：建构团团圆价格护城河

平台合作与反向定制模式。团团圆家具 × 拼多多"新品牌计划"。罗海龙创立的团团圆家具通过拼多多平台推行"反向定制"策略，根据消费者需求精准设计产品，将全屋实木套餐价格压缩至 2 万元。通过电商直连消费者，减少中间环节成本，2022 年销售额突破 10 亿元，成为行业头部品牌。

联圆世家中式沙发爆款策略。团团圆借助拼多多平台推出中式实木沙发单品，以"出厂价＋极致性价比"模式打破传统定价规则，单款产品在 20 个月内实现 2 亿元销售额，成为平台家具类目第一。该策略跳过传统品牌 5 年培育周期，直接通过低价流量快速占领市场。

供应链整合与成本优化。建立零部件分工协作体系。团团圆家具早期转型为专业化配件供应商，通过将生产拆分为床头、床尾等细分部件，联合周边工厂分工生产，实现标准化和规模化。例如，其衣柜车间通过模块化设计，单件成本降低 30%，支撑终端售价仅为同类产品的 40%～50%。

数字化智造车间升级。投入 5000 万元建设 7 万平方米标准化厂房，引入环保设备与数字化生产线，使生产效率提升 50% 以上。通过智能化改造，2020 年销售额同比增长 135%，低价策略背后依靠产能规模化摊薄成本。

产品线扩展与差异化定价。全屋套餐"价格锚点"设计。团团圆家具推出"新中式全屋套餐"，包含床、衣柜、餐桌等 8 件核心家具，定价 2 万元（同类市场价约 5 万～8 万元）。通过套餐组合形成价格锚点，吸引消费者同时提升客单价，带动单月销售额突破 8000 万元。

老年款衣柜的年轻化定价错位。针对老年群体设计的衣柜因简约实用风格意外获得年轻消费者青睐，团团圆迅速调整策略，维持原价但强化"高性价比"标签，将该单品年销量推至 15 万套，成为引流爆款。

区域品牌协同与政策红利。"南康家具"集体商标赋能。依托区域品牌背书，团团圆家具与富龙皇冠等 274 家企业共享"南康家具"集体商标资源。通过政府支持的"百馆千店万商"计划，在马来西亚等地开设海外门店，以"国内低价体系+海外溢价策略"扩大利润空间。专利技术转化可降低成本。累计申请200余项专利（含4项发明专利），将原创设计成果直接转化为标准化生产模块。例如，德式系列家具通过结构创新减少20%木材损耗，支撑终端售价低于广东同款30%。

南康团团圆家具企业通过平台定制化、供应链分工与区域品牌联动三大核心策略实现价格突破。以及富龙皇冠的海外溢价模式，均以"低成本+高销量"构建竞争壁垒。

第一节　影响家具定价的因素

学习目标

【知识目标】

（1）掌握影响家具定价的因素。

（2）理解家具价格影响因子权重分析。

【能力目标】

（1）能够综合考虑影响定价的因素，为家具企业产品制定合理的价格。

（2）全面收集家具原材料成本的构成。

一、家具企业的定价目标

家具企业的定价目标直接影响其定价策略。不同的家具企业或同一家具企业在不同阶段可能会有不同的定价目标，常见的定价目标包括以下几个。

（一）维持生存

在市场竞争激烈或企业面临困境时，维持生存成为首要目标。例如，某中小型家具企业在经济不景气时期，为了确保生存，采用了低价策略销售一款经典款沙发，虽然利润微薄，但保证了稳定的现金流和一定的市场份额。

（二）当期利润最大化

当企业在市场上占据有利地位时，可能会追求当期利润最大化，通过高价格获取更高的利润。像某高端家具品牌，凭借其独特的设计和优质的材料，推出一款限量版餐桌，定价高昂，吸引了众多高端消费者，实现了当期利润的最大化。

（三）市场占有率最大化

企业可能通过低价策略来吸引消费者，提高市场占有率，以期在未来获得更高的长期利润。比如，某新兴家具品牌为了迅速打开市场，推出了一款性价比极高的书桌，通过低价销售，迅速提升了市场占有率，为后续产品的推广奠定了基础。

（四）产品质量最优化

企业致力于提供高品质的产品，可能会采取高价策略，以反映其产品的卓越质量和独特价值。某知名家具品牌一直坚持选用优质木材和精湛工艺生产家具，其一款实木床定价较高，但凭借其卓越的品质和舒适的体验，赢得了消费者的认可和信赖。

表8-1　家具成本影响因素

因素	价格影响幅度	典型场景案例
原材料品质	40%～60%	进口岩板橱柜单价较国产高40%
工艺复杂度	20%～50%	异形书柜工艺费占比22%
品牌溢价	15%～30%	奢侈品牌沙发溢价120%
区域市场差异	10%～25%	三、四线城市同款产品价差率100%
智能功能附加	25%～40%	智能衣柜溢价支付意愿提升60%

产品成本是制定价格的基础，包括生产成本、运输成本、包装成本、营销成本等。家具企业在定价时必须确保价格能够覆盖所有成本，并保证合理的利润空间。成本因素主要包括：

1. 固定成本

如厂房、设备等长期投入。例如，某家具企业为了扩大生产规模，投入大量资金新建厂房和购置先进设备，这些固定成本在家具定价中占据了较大比重。

2. 变动成本

如原材料、人工费用等随产量变化的成本。某家具企业在生产一款沙发时，原材料价格的波动和人工费用的上涨都会直接影响到沙发的成本，进而影响其定价。

3. 总成本

固定成本与变动成本之和。例如，某家具企业在生产一款餐桌时，需要考虑厂房租金、设备折旧、原材料采购、人工费用等多方面的成本，这些成本之和构成了餐桌的总成本，是定价的重要依据。

4. 边际成本

每增加一个单位产品所增加的成本。例如，某家具企业在生产一批椅子时，随着产量的增加，每增加一把椅子所增加的边际成本会逐渐降低，但这也会影响到企业的定价策略和利润空间。

二、家具市场需求

市场需求是影响定价的重要因素之一。市场需求受以下因素影响：

（一）消费者偏好和购买力

不同消费者群体对家具的款式、功能、价格有不同的需求和偏好。企业需要了解目标市场的消费者特征，制定符合其购买力和消费习惯的价格。例如，年轻人更喜欢简约时尚的家具，而中老年人则更注重家具的舒适性和实用性。某家具品牌针对年轻人的喜好推出了一款简约风格的书桌，定价适中，受到了年轻消费者的欢迎。

（二）价格敏感度

消费者对价格的敏感程度直接影响定价策略。如果消费者对价格敏感，企业可能需要采取更具竞争力的价格。例如，某地区的消费者对家具价格较为敏感，某家具企业为了吸引消费者，推出了一款特价沙发，以低于市场均价的价格销售，取得了良好的销售效果。

（三）需求弹性

需求弹性指的是市场需求对价格变动的反应程度。如果需求缺乏弹性，企业可以提高价格而不影响销量；如果需求富有弹性，企业可能需要降低价格以刺激需求。例如：某高端家具品牌的产品需求缺乏弹性，即使价格较高，消费者仍然愿意购买，因为其品牌影响力较大，产品质量较高；而某大众家具品牌的产品需求富有弹性，为了刺激需求，企业可能会采取降价促销的策略。

三、竞争者的产品和价格

竞争环境是影响家具定价的关键因素之一。企业需要考虑以下几个方面。

（一）竞争强度

市场竞争越激烈，企业在定价时需要更加谨慎，避免价格过高导致市场份额下降。例如，某地区的家具市场竞争非常激烈，各大品牌为了争夺市场份额，纷纷采取优惠促销的策略，某家具企业为了保持竞争力，也不得不调整其产品定价。

（二）竞争对手的定价策略

企业需要了解竞争对手的产品价格和市场定位，制定具有竞争力的价格策略。例如，某家具企业通过市场调研发现，其竞争对手推出了一款类似产品，定价较低，为了吸引消费者，该企业也调整了其类似产品的定价，使其更具竞争力。

（三）产品差异化

如果企业能够提供与竞争对手明显不同的产品，可以通过差异化定价策略获取更高的利润。例如，某家具企业推出了一款具有独特设计功能的储物柜，其产品功能和设计在市场上独树一帜，企业采取了高价策略，凭借其产品的差异化优势赢得了消费者的青睐。

四、政府的政策法规

（一）税收政策

税收直接影响企业的成本和利润，进而影响定价。例如，某地区的税收政策调整，导致家具企业的税负增加，企业为了保证利润，可能会上调产品价格。

（二）贸易政策

进出口关税、贸易壁垒等会影响原材料和产品的价格。例如，某国家提高家具进口关税，导致进口家具的成本增加，进口家具的价格也随之上涨。

（三）环保法规

环保法规对家具的生产材料和工艺有严格要求，可能会增加生产成本，影响定价。例如，某家具企业为了符合环保法规，采用了环保材料和工艺，导致生产成本增加，企业不得不调整产品定价以保证利润。

五、其他因素

（一）品牌形象和定位

高端品牌可以采取高价策略，以彰显品牌的价值和独特性；而大众品牌则更注重性价比。例如：某高端家具品牌一直以高品质和奢华著称，其产品定价较高；而某大众家具品牌则注重性价比，其产品定价相对较低，更符合大众消费者的购买力。

（二）销售渠道和销售策略

不同的销售渠道和销售策略会对定价产生影响。例如，线上销售通常需要考虑较低的运营成本，而线下销售则需要考虑较高的店面租金和人工成本。例如，某家具品牌在线上销售一款床垫，价格相对较低；而在线下门店销售同款床垫，价格则相对较高，因为线下门店需要承担更高的运营成本。

（三）经济环境

宏观经济环境如通货膨胀、经济衰退等也会影响消费者购买力和市场供需关系，进而影响定价。例如，在经济衰退时期，消费者购买力下降，家具企业为了促进销售，可能会采取降价促销的策略。

综上所述，家具定价是一个综合考虑多种因素的过程。企业需要权衡成本、市场需求、竞争环境、政策法规以及自身战略目标等多方面因素，制定合理的定价策略，以实现盈利并满足消费者的需求。

任务实训

【目标】

掌握影响家具定价的因素，并能够综合考虑这些因素为企业产品制定合理的价格。

【内容】

分析影响家具定价的因素。

1.内部因素

成本：生产成本、运输成本、营销成本等。

企业目标：利润最大化、市场份额提升等。

产品特性：材质、设计、功能等。

2.外部因素

市场需求：消费者对价格的敏感度和购买力。

竞争状况：竞争对手的价格水平和定价策略。

政策法规：税收政策、环保法规等。

【步骤】

（1）准备阶段：组建小组（3～5人），明确分工。选择一个家具企业案例或模拟企业背景。

（2）分析阶段：分析影响定价的内部和外部因素。

（3）策略制定阶段：根据分析结果，选择定价方法并制定定价策略。

（4）总结与展示阶段：制作PPT或报告，展示分析过程及定价策略。进行小组汇报，接受教师和同学的点评。

第二节　家具定价方法

学习目标

【知识目标】

（1）掌握成本导向定价法。

（2）掌握需求导向定价法。

（3）掌握竞争导向定价法。

【能力目标】

能结合三种定价方法的特点及适用情境，根据家具企业自身条件及市场环境，灵活选择定价方法，进行科学定价。

在家具行业中，制定合理的价格策略是确保企业盈利和市场竞争力的关键。家具定价方法主要可以归纳为以下三种：成本导向定价法、需求导向定价法和竞争导向定价法。每种方法各有其特点和适用情境，企业需根据自身条件及市场环境灵活选择。

一、成本导向定价法：以成本为锚，保障基础利润

成本导向定价法的核心逻辑：覆盖生产成本＋合理利润，适合标准化生产、成本透明度高的家具品类。

（一）成本加成定价法

动态成本调整：当原材料（如木材、五金）价格波动时，设置价格浮动条款。

阶梯式加成率：销量达一定规模后降低加成率，以刺激渠道进货。

案例：某板式衣柜单位成本 800 元，行业平均加成率 25%，定价 1000 元；若采用环保板材（成本增加 20%），则溢价率可提升至 35%。

（二）目标收益定价法

进阶逻辑：需平衡投资回报周期与市场容量限制。

风险控制：若预计销量未达标，可通过缩短生产周期（如预售模式）或降低边际成本（如批量采购原料）对冲风险。

行业应用：高端定制家具企业常设定 3 年回本周期，按订单量反向推算单品毛利率（如 40% ~ 60%）。

（三）盈亏平衡定价法

新品试销：以保本价（如 599 元）限量投放市场，测试需求弹性。

清仓定价：计算库存积压家具的变动成本（如原料已摊销，仅计仓储费＋人工），本定价法能够加快资金周转。

数据建模：结合历史销售数据预测边际成本曲线，优化保本销量估算（如引入蒙特卡洛模拟法）。

二、需求导向定价法：以消费者为中心，捕捉价值红利

需求导向定价法的核心逻辑：价格反映消费者感知价值，适合设计驱动型、情感附加值高的家具产品。

（一）需求差异定价法

渠道差异：线下体验店定价比电商高 15% ~ 20%（覆盖租金与导购成本）。

客户分级：企业客户采购办公家具享阶梯折扣（如 100 套以上 9 折，500 套以上 8 折）。

时空策略：旺季（装修季）涨价 5%，反季促销降价 10%。

（二）反向定价法

市场调研：确定价格带（如北欧风茶几集中在 800 ~ 1500 元）。

倒推目标成本：假设期望零售价 1200 元，渠道分成 30%，则出厂价需 ≤ 840 元。

优化生产链路：选择平价木材（白蜡木替代黑胡桃木），简化包装。

典型应用："某家"家居通过反向定价锁定"90% 消费者可接受价格"，再反向压缩

供应链成本。

三、竞争导向定价法：以市场为镜，动态博弈

竞争导向定价法的核心逻辑：价格随竞争环境浮动，适合同质化市场或价格敏感型品类。

（一）随行就市定价法

竞品监控：掌握电商平台同类家具价格，计算中位数与方差。

动态调价：采用定价软件（如 RepricerExpress）实时跟踪对手价格变化，自动浮动 ±2%。

局限性：易陷入价格战，需搭配差异化卖点（如"24 小时送达"）。

（二）差别定价法

高价打法：强调品牌溢价（如"某几"家居的"东方美学"标签），价格高于竞品 20% ~ 50%。

低价渗透：牺牲单品毛利，靠规模化盈利（如"某某木语"家居以"纯实木"为卖点，定价比传统品牌低 30%）。

（三）投标定价法

封闭投标：参考竞争对手历史报价，以成本价 × （1+ 行业平均利润率 ± 风险系数）出价。

开放竞标：在酒店家具招标中，先以低价入围，再通过增值服务提高结算价。

任务实训

【目标】

掌握成本导向、需求导向和竞争导向三种定价方法，并能根据家具企业自身条件及市场环境灵活选择，实现科学定价。

【内容】

理解三种定价方法。

1. 成本导向定价法

基于产品成本（生产成本、运输成本、营销成本等）加一定利润制定价格。

适用情境：成本结构清晰、市场竞争不激烈。

2. 需求导向定价法

基于消费者需求、支付意愿及市场供需关系制定价格。

适用情境：消费者对价格敏感度低、产品差异化明显。

3.竞争导向定价法

基于竞争对手的价格水平和市场地位制定价格。

适用情境：市场竞争激烈、价格透明度高。

【步骤】

（1）准备阶段：组建小组（3～5人），明确分工。选择一个家具企业案例或模拟企业背景。

（2）分析阶段：分析企业的内部条件和外部环境。

（3）定价方法选择阶段：根据分析结果，选择适合的定价方法。

（4）价格制定阶段：制定具体产品的价格方案。

（5）总结与展示阶段：制作PPT或报告，展示分析过程及定价方案。进行小组汇报，接受教师和同学的点评。

第三节　家具定价策略

学习目标

【知识目标】

掌握常见的家具定价策略。

【能力目标】

能灵活运用定价策略，并根据市场变化和消费者需求，灵活调整家具产品价格。

一、折扣定价策略

折扣定价策略是一种通过直接或间接降低价格来吸引顾客、增加销量的方法。在家具行业，折扣定价通常用于以下几种情况。

（一）季节性折扣

在销售淡季，通过折扣吸引消费者购买，例如年底清仓大促销。经典案例是宜家每年年底的大减价活动，吸引大量消费者清空购物车。宜家在年底时推出的折扣活动，通过大幅降低价格，成功吸引了大量消费者，甚至有些消费者专门等到年底来购买家具。

（二）数量折扣

针对大宗购买或批发客户提供价格优惠，鼓励大量购买。例如，某办公家具品牌对一次购买50套以上办公桌的客户提供20%的折扣。该品牌通过这一策略，成功吸引了一家大型企业的订单，不仅增加了销量，还提升了品牌知名度。又如，美克美家在一次团购活动中，对购买10套以上家具的客户给予15%的折扣，吸引了多个企业团购，大大提升了销售额。

（三）现金折扣

对在规定时间内付款的客户给予折扣，以加速资金周转。比如，全友家居在促销期间对全款付清的客户给予 5% 的折扣。全友家居通过这一策略，加快了资金的回笼速度，提高了资金的使用效率。

（四）功能折扣

针对不同的销售渠道（如经销商、零售商）提供不同的折扣，以激励他们更好地推广产品。例如，顾家家居给一级经销商提供的折扣高于给二级经销商提供的折扣。顾家家居通过这一策略，激励一级经销商更积极地销售产品，从而增加了整体销量。

二、地区定价策略

地区定价策略指根据不同地区市场的特点来制定不同的价格。以下是几种主要的形式。

（一）分区定价

将市场划分为不同的价格区域，根据各区的经济水平和消费能力制定不同的价格。比如，红苹果家具在一线城市的定价普遍高于二、三线城市。红苹果家具通过分区定价策略，成功适应了不同地区的消费水平，提高了产品的竞争力。

（二）运费分摊定价

根据产品的运输成本，在不同地区制定不同的价格，以反映运输费用的差异。例如，淘宝上的家具商家会根据距离收取不同的运费。某淘宝家具商家通过运费分摊定价策略，合理地反映了运输成本，提高了价格的透明度。

（三）统一交货定价

无论顾客身处何地，均按照相同的厂价加相同的运费定价，适用于网络销售。比如，京东商城对全国范围内的家具销售实行统一运费标准。京东商城通过统一交货定价策略，简化了价格体系，提升了消费者的购物体验。

三、心理定价策略

心理定价策略利用消费者的心理感受来制定价格，以影响购买决策。以下为几种常见的心理定价策略。

（一）尾数定价

尾数定价是一种利用消费者心理因素来制定价格的策略，通过给产品定一个以零头数结尾的非整数价格，激发消费者的购买欲望，从而促进商品销售。例如，将一件家具定价为 999 元而不是 1000 元，利用消费者对价格的感知差异，增强购买意愿。如某品牌书柜，标价 998 元而非 1000 元，销量显著提升。尾数定价作为一种巧妙的心理定价策略，利用消费者求廉、追求精确和偏好吉利数字的心理，有效地激发了购买欲望，促进了商品销售。

（二）声望定价

针对高端市场，利用品牌知名度和产品的高品质形象，制定较高的价格，以满足消费者的身份认同需求。例如，高端品牌曲美家居，其产品价格普遍较高，但消费者愿意为其品牌价值买单。曲美家居通过声望定价策略，成功树立了高端品牌形象，吸引了大量高收入消费者。

（三）招徕定价

设置几款低价产品吸引顾客进店，再通过销售人员的推荐引导顾客购买更高价的产品。比如，某家具店设置了几款特价沙发，吸引顾客到店后，店员会推荐更高端的配套产品。该家具店通过招徕定价策略，成功吸引了大量顾客进店，提高了整体销售额。

四、差别定价策略

差别定价策略，也称为弹性定价策略，是根据不同的顾客、产品形式或销售地点制定不同的价格。

（一）顾客差别定价

根据顾客的支付意愿和购买力，对不同的顾客群体制定不同的价格。例如，对高收入群体定价较高，为学生或低收入群体提供优惠。例如，双十一期间，某家具品牌为会员客户提供了专属折扣。该品牌通过顾客差别定价策略，成功吸引了不同类型的消费者，提高了市场占有率。

（二）产品形式差别定价

对同一产品的不同型号或样式制定不同的价格，即使它们的成本差异不大。例如，33 寸电视比 29 寸电视价格高出很多，尽管成本差异较小。例如，不同材质的餐桌椅组合，价格差异明显，即使生产成本相近。某家具品牌通过产品形式差别定价策略，成功满足了不同消费者的需求，增加了整体销量。

五、新产品定价策略

新产品定价策略对新产品进入市场至关重要，常见的策略包括以下几种。

（一）撇脂定价

在新产品上市初期，制定较高的价格，以快速收回成本并获取高额利润，适用于独特且需求较大的新产品。例如，苹果公司新推出的智能家居设备，初上市时定价较高，但仍受消费者热捧。苹果公司通过撇脂定价策略，成功在短时间内获得了高额利润，并树立了高端品牌形象。

（二）渗透定价

以较低的价格推出新产品，迅速占领市场份额，适用于竞争激烈且价格敏感的市场。例如，小米生态链企业推出的智能家具产品，以亲民的价格迅速打开市场。小米生态链企业通过渗透定价策略，成功吸引了大量消费者，迅速扩大了市场份额。

（三）满意定价

制定一个中等价格，平衡企业的利润和市场的接受度，以建立长期的市场地位。例如，美克美家坚持中端定价，赢得了广泛的市场认可。美克美家通过满意定价策略，成功在激烈的市场竞争中站稳脚跟，赢得了消费者的信任和喜爱。

六、产品组合定价策略

产品组合定价策略涉及对一系列相关产品进行定价，以增加整体销量和利润。

表 8-2 主附产品定价材质分级

材料类型	溢价率	应用场景
进口岩板	80% ～ 120%	高端橱柜台面（米兰展同款）
F4 星环保板材	30% ～ 50%	儿童房家具（甲醛释放量 ≤ 0.03mg/m³）
再生塑料	–15%	户外家具（环保概念包装）

将主产品和附属产品组合销售，例如沙发和抱枕，通过合理定价提高整体销售额。比如，购买沙发赠送抱枕的套餐销售策略，提高了客单价。某家具品牌通过主附产品定价策略，成功提升了客单价，提高了整体销售额。

（一）捆绑销售定价

将多个产品捆绑在一起销售，提供比单独购买更优惠的价格，如卧室套装（床、衣柜、梳妆台）。例如，某品牌推出的卧室四件套捆绑销售，价格比单买优惠 20%。该品牌通过捆绑销售定价策略，成功增加了整体销量，实现了利润最大化。

表 8-3 价值捆绑策略

捆绑类型	溢价空间	转化率提升	典型案例
场景套餐	15% ～ 20%	40%	卧室四件套（原价 8.6 万元，套餐价 7.2 万元）
服务承诺	8% ～ 12%	35%	"十年质保 + 免费拆装"支撑价格上浮 10%
生态互联	25% ～ 30%	差异化壁垒	智能沙发绑定华为鸿蒙系统（续费率 78%）

（二）差异化定价

家具差异化定价策略是指企业根据不同市场、不同顾客群体或不同产品特性，采用不同的价格策略来满足不同消费者的需求。这种策略有助于提高企业的市场竞争力，增强消费者忠诚度，并为企业带来更高的利润。

基于产品差异的定价：根据家具产品的功能、品质、设计等方面进行差异化定价，以满足不同消费者的需求。例如，高端产品定价较高，而基础产品则定价较低。

基于顾客差异的定价：针对不同家具顾客群体，考虑年龄、收入、购买力等因素，采用不同的价格策略。例如，年轻消费者可能对价格敏感，而高端消费者则更注重品质和设计。

基于渠道差异的定价：根据家具销售渠道的不同，如线上、线下等，设定不同的价格。线上渠道通常成本较低，因此可以设定较低的价格，而线下渠道由于成本较高，定价相对较高。

通过灵活运用这些定价策略，家具企业可以根据市场变化和消费者需求，灵活调整价格，以实现市场份额增长和利润最大化。

任务实训

【目标】

掌握常见的家具定价策略，并能够根据市场变化和消费者需求灵活运用来调整产品价格。

【内容】

理解南康家具企业定价策略。

1. 撇脂定价

在产品上市初期设定较高价格，逐步降低以吸引不同层次的消费者。

适用情境：创新产品、高端市场。

2. 渗透定价

在产品上市初期设定较低价格，快速占领市场。

适用情境：竞争激烈、价格敏感的市场。

3. 心理定价

利用消费者心理设定价格，如用99元代替100元。

适用情境：大众消费品市场。

4. 折扣定价

通过打折、促销等方式吸引消费者。

适用情境：季节性产品或库存清理。

5.捆绑定价

将多个产品组合销售，以优惠价格吸引消费者。

适用情境：互补产品或套餐销售。

【步骤】

（1）准备阶段：组建小组（3～5人），明确分工。选择南康一个家具企业案例或模拟企业背景。

（2）分析阶段：分析市场变化和消费者需求。

（3）策略制定阶段：制定初始定价策略。

（4）策略调整阶段：根据市场变化和消费者需求，调整定价策略。

（5）总结与展示阶段：制作PPT或报告，展示分析过程及定价策略。进行小组汇报，接受教师和同学的点评。

第九章 家具渠道策略

【案例导入】

世纪家缘：渠道革新之路

世纪家缘家居集团作为南康家具产业集群的领军企业，在三十余年的发展历程中，始终以渠道创新作为战略突破口，构建起覆盖全国的立体营销网络。尤其在南康家具产业从"草根经济"向"千亿产业集群"跨越的关键阶段，世纪家缘通过渠道模式重构、数字化赋能、全国布局三重战略，其渠道策略的迭代升级为传统家具企业突破发展瓶颈提供了教科书级别的参考范式。

在初创期（2008年—2012年），世纪家缘敏锐捕捉到三、四线城市实木家具市场的结构性机遇。创始人团队历时三年走访全国32个省市，建立包含5000份消费者问卷和200场经销商访谈的基础数据库，发现传统经销体系下存在严重的渠道断层：一方面，高端家具卖场过度集中于一、二线城市，三、四线市场供给不足；另一方面，本地经销商缺乏标准化运营能力，导致产品溢价能力受限。针对这一痛点，企业创新性采用"厂商直供 + 区域代理"模式，在江西、湖南等周边省份建立120个区域服务中心，通过统一品牌形象、标准化物流配送和定期培训支持，迅速在区域市场打开局面。2012年，企业销售额突破3亿元，其中三、四线市场贡献了68%的业绩。

2013年，南康家具产业进入转型升级期，世纪家缘率先启动渠道数字化革命。通过与京东、天猫等头部电商平台建立深度合作，企业搭建起"线上引流 + 线下体验"的O2O体系。线上端开发可视化家居设计工具，消费者可通过VR技术实现"所见即所得"的场景化购物体验；线下端斥资5亿元在全国重点城市打造200家"全屋定制体验中心"，配备专业设计师团队提供个性化方案。这一模式使企业电商渠道销售额年复合增长率达45%，2016年线上营收占比突破30%。与此同时，企业引入ERP系统整合订单数据，建立"需求预测模型"，将库存周转天数从90天压缩至42天，渠道响应速度提升50%。

在全球化阶段（2017年至今），世纪家缘实施"双轮驱动"渠道战略。一方面，通过跨境电商平台拓展新兴市场，在亚马逊、阿里巴巴国际站等平台开设旗舰店，同步在欧洲、东南亚建立7个海外仓，实现"72小时交付圈"。针对东南亚市场定制家具需求年增25%的趋势，企业在越南投资建设智能化生产基地，将定制产品交付周期从45天缩短至15天，

2023 年东南亚市场营收占比达 28%。另一方面，企业创新性地采用"展会 + 联盟"模式，连续三年组团参加米兰家具展、马来西亚国际家具展等国际盛会，与全球 300 余家经销商建立战略合作关系。2024 年，企业联合红星美凯龙、居然之家等国内头部卖场推出"全球家居集采中心"，通过"前店后厂"模式实现高端产品直供，将渠道成本降低 18%。

在渠道管理创新方面，世纪家缘构建了"三维一体"的管控体系：通过数字化看板实时监控 2000+ 销售终端数据，运用 Holt-Winters 模型预测季度销量（误差率 ±5%），实施"红黄绿"三色预警机制动态调整渠道策略。2024 年春季采购节期间，企业基于大数据分析提前 6 个月备货，备货准确率达 92%，较行业平均水平高出 25 个百分点。这种精细化管理使企业渠道运营效率持续提升，2023 年库存周转率达 3.8 次/年，远超行业平均的 2.1 次/年。

第一节　家具分销渠道的类型

学习目标

【知识目标】

（1）理解家具分销渠道的定义、功能及分类标准。

（2）掌握家具传统渠道的运作模式与优劣势。

（3）熟悉家具新兴渠道的特点及适用场景。

（4）学会根据企业战略选择适配的渠道组合。

【能力目标】

（1）能够分析不同渠道模式对家具企业市场渗透的影响。

（2）具备设计线上线下融合的渠道布局方案的能力。

（3）能够运用工具评估渠道效率并提出优化建议。

一、家具传统渠道

传统渠道以线下实体网络为根基，借助中间商实现产品从生产企业到消费者手中的流通。由于家具产品具有体积大、价值较高、消费决策周期相对较长等特性，传统渠道在家具销售领域曾长期占据主导地位，主要涵盖以下几种类型。

（一）经销商/代理商模式

企业借助区域经销商或代理商开展产品分销工作。经销商作为独立的商业主体，全面负责所代理产品在特定区域内的库存管理、产品销售以及售后服务等环节。经销商从企业批量采购家具产品，承担库存风险，并利用自身的销售网络和资源将产品销售给终端消费者。代理商则是受企业委托，在特定区域内代表企业销售产品，通常按照销售额的一定比例获取佣金，不承担产品库存风险。

优势：对于家具企业而言，该模式能够迅速打开区域市场局面。家具经销商或代理商在当地深耕多年，积累了丰富的资源与人脉，熟悉当地消费者的偏好和购买习惯。他们能够快速将企业的产品推向目标客户群体，使产品广泛触达消费者。企业无须在各地大规模组建直营销售团队和运营设施，这极大地降低了运营成本，尤其是在开拓新市场时，可有效减少前期投入。以中小家具企业为例，在进入一个新的省份市场时，通过与当地有实力的经销商合作，能在短时间内建立起销售网络，实现产品铺货。

劣势：企业对经销商存在较高依赖度。家具行业竞争激烈，若经销商经营状况不佳，可能无法投入足够资源进行产品推广和销售；销售策略失当，比如未能针对当地市场特点调整产品定价或促销活动，会影响产品销量；或者经销商忠诚度出现问题，转而重点推广其他竞争品牌产品，极易对企业产品销售及品牌形象造成负面影响。而且由于经销商的介入，企业与终端消费者之间存在一定隔阂，对品牌的把控力度相对薄弱，难以完全按照自身规划开展品牌推广与市场活动。企业难以直接收集消费者对产品的反馈，这不利于产品的持续改进和品牌的精准定位。

图 9-1　经销商 / 代理商模式渠道示意图

（二）批发市场与家具卖场

家具企业选择入驻大型批发市场（如南康家具城）或者连锁卖场（如红星美凯龙、居然之家）。大型批发市场汇聚了众多家具品牌和各类家具产品，形成了规模化的交易场所，吸引大量中小零售商和消费者前来采购。连锁卖场则是具有统一品牌形象、规范化管理的家具销售场所，整合了多个品牌资源，为消费者提供一站式购物体验。

优势：这些场所人流量密集，众多消费者会主动前来挑选家具，为品牌提供了大量曝光机会。家具作为耐用消费品，消费者在购买时往往会进行多品牌、多产品的比较。在批发市场和家具卖场，消费者能够一站式对比众多品牌与产品，企业也因此拥有更多展示产品特色与优势的契机。比如，一些具有独特设计风格的家具品牌，可以在卖场中通过精心设计的展位，展示产品的设计细节和独特之处，吸引消费者关注。

劣势：大量品牌聚集于同一市场或卖场，导致同质化竞争异常激烈。在家具行业，产品款式、材质等方面容易出现模仿现象，众多品牌在同一空间竞争，使得消费者在选择时面临眼花缭乱的局面，企业不得不持续在产品、价格、服务等方面寻求差异化。此外，卖场高昂的租金成本大幅增加了企业运营成本，压缩了利润空间。对于一些中小家具品牌而言，租金成本可能占据了运营成本的较大比例，给企业带来较大的经营压力。

趋势：随着消费者需求的转变，卖场正逐步向"体验式购物中心"转型升级。在家具消费中，消费者越来越注重购物过程中的体验和服务。增加设计服务，帮助消费者在购买家具前更好地规划空间、搭配方案，能够提高消费者对产品的理解和接受度。通过打造场景化展示，将家具布置成不同风格的家居实景，让消费者直观感受家具在家中的实际效果，能够显著提升消费者的购物体验。例如，一些卖场设置了不同风格的样板间，如现代简约风、欧式古典风等，消费者可以身临其境感受家具在不同场景中的搭配效果，从而更准确地做出购买决策。

（三）直营门店

企业自主建设终端门店，直接管理销售与服务体系。在直营门店模式下，企业对门店的选址、装修、人员招聘与培训、产品陈列、销售策略以及售后服务等各个环节都拥有绝对控制权，确保品牌形象和服务标准的一致性。

优势：企业能够确保品牌形象高度统一，从门店装修、产品陈列到员工服务，均严格遵循品牌标准执行，为消费者留下一致且深刻的品牌印象。在家居消费中，品牌形象对于消费者的购买决策具有重要影响，统一的品牌形象能够增强消费者对品牌的认知和信任。同时，企业可直接获取客户数据，深入了解消费者的购买行为、偏好等信息，为产品研发、营销策略制定提供有力支撑。通过分析消费者在门店的浏览轨迹、对不同产品的关注度以及购买记录等数据，企业可以精准把握市场需求，开发出更符合消费者需求的家具产品。

劣势：初期需要投入巨额资金，用于门店选址、装修、设备购置、人员招聘与培训等方面。家具门店的选址通常需要考虑人流量、商业氛围等因素，优质地段的租金较高；装修方面，为了展现品牌特色和产品优势，往往需要进行精心设计和高品质装修，成本不菲。而且管理难度较大，企业需对各个直营门店进行精细化管理，包括库存管理、人员管理、销售管理等，任何一个环节出现问题都可能影响门店的正常运营与业绩表现。例如，库存管理不当可能导致产品积压或缺货，影响销售和客户满意度。

适用场景：像博洛尼这类高端定制家具品牌，通常通过直营店为消费者提供个性化服务。高端定制家具注重个性化设计、高品质材料与精湛工艺，消费者在购买过程中对设计方案、产品质量和服务体验有较高要求。直营店能够更好地展现品牌的设计实力与产品品质，为消费者提供从设计咨询、方案定制到安装售后的一站式服务。消费者可以在直营店内与设计师面对面沟通，根据自己的家居空间和个人喜好定制专属家具，充分满足高端消费者对个性化与高品质服务的追求。

二、家具新渠道

数字化浪潮与消费升级催生了新渠道，这些新渠道为家具企业拓展市场、满足消费者多样化需求提供了新的途径，其核心模式如下：

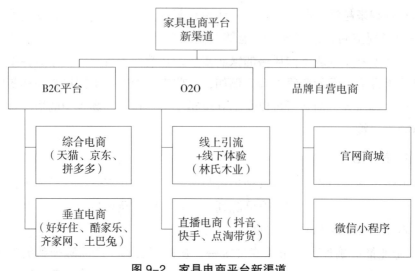

图9-2　家具电商平台新渠道

（一）电商平台渠道

1. 模式分类

B2C（Business to Consumer）平台：在天猫、京东等综合电商平台开设旗舰店。这些平台汇聚了海量用户，具有强大的流量优势。企业在 B2C 平台开设旗舰店，能够借助平台的用户基础和营销推广资源，迅速将产品推向全国乃至全球市场。消费者在平台上可以方便地浏览不同品牌的家具产品，进行价格、款式、评价等方面的比较。

垂直平台：如专注家居领域的好好住、酷家乐、齐家网、土巴兔等，提供设计与销售一体化服务。它们针对家居行业特性，为消费者提供专业的家居设计方案，并结合产品销售，满足消费者一站式解决家居装修与家具采购的需求。在家具消费中，很多消费者在装修过程中需要综合考虑家具与整体家居风格的搭配，垂直平台的设计服务能够帮助消费者更好地规划空间，选择合适的家具产品。

2. 特点

优势：电商平台打破了地域限制，无论消费者身处偏远地区还是一线城市，都能便捷地浏览与购买家具产品。这对于家具企业来说，极大地拓展了市场范围，尤其是对于一些具有特色产品但线下销售网络有限的企业，电商平台提供了广阔的发展空间。而且电商平台的用户多为年轻消费群体，他们更倾向于线上购物，企业通过电商平台能够精准触达年轻消费群体，顺应消费趋势变化。年轻消费者对新鲜事物接受度高，更注重产品的时尚设计和个性化，企业可以根据这一特点，在电商平台推出符合年轻消费者口味的家具产品。

挑战：家具产品体积大、重量重，导致物流成本居高不下。与一般商品相比，家具的运输需要特殊的包装和运输工具，而且在运输过程中容易出现损坏风险，增加物流成本和管理难度。并且消费者在购买前无法直接触摸、体验产品，体验感相对不足。家具作为耐用消费品，消费者往往希望在购买前能够亲身感受产品的质量、材质与舒适度。为此，企业需要结合线下体验，如设立线下体验店或与当地经销商合作，让消费者有机会亲身感受产品，从而减少购买决策的不确定性。

（二）社交媒体与直播电商

1.模式

短视频种草：在抖音、快手等平台，通过内容营销展示产品使用场景。制作精美的短视频，将家具巧妙融入各种生活场景中，让消费者直观地看到家具在实际生活中的效果，有效激发消费者的购买欲望。在家居消费中，消费者往往难以想象家具在自己家中的实际摆放效果，短视频通过展示不同风格的家居场景，如温馨的卧室、时尚的客厅等，让消费者更清晰地了解家具的适用性和搭配效果。

直播带货：与头部主播合作或开展品牌自播，促进产品销售转化。头部主播拥有庞大的粉丝群体与强大的带货能力，能在短时间内为品牌带来大量曝光机会与销售业绩。品牌自播则可更好地把控直播内容与节奏，深入介绍产品特点与优势。在直播过程中，主播可以详细展示家具的材质、工艺、功能等，解答消费者的疑问，通过实时互动增强消费者的购买意愿。

2.关键策略

打造"爆款单品＋优惠组合"，吸引消费者消费。通过推出极具吸引力的爆款单品，吸引消费者关注，再搭配满减、赠品等优惠组合，促使消费者快速下单购买。在家具销售中，消费者可能因为一款设计独特或价格优惠的爆款产品产生购买兴趣，而优惠组合则进一步降低了消费者的购买成本，刺激他们做出购买决策。

运用 AR 技术实现"云试摆"，增强消费者体验感。消费者借助手机或其他设备，利用 AR 技术可将家具虚拟摆放在自家空间内，提前感受家具与家居环境的搭配效果，提升购物体验，减少购买决策的不确定性。例如，宜家推出的"IKEA Place"应用就利用了 AR 技术，让消费者可以在购买前预览家具摆放在家中的实际效果。消费者可以通过手机 App 扫描自家房间，利用 AR 技术将心仪的家具模型放置在房间内，查看家具的尺寸、颜色、风格是否与房间匹配，从而更准确地做出购买决策。

AR 技术还可以用于家具的营销和展示。通过 AR 技术，家具制造商可以创建虚拟的家具展厅或购物中心，让消费者在家中就能浏览和选购家具。这种虚拟的购物体验不仅丰富了消费者的购物选择，还增强了购物的趣味性和互动性。同时，家具制造商还可以通过 AR 技术举办虚拟的促销活动，如打折、送赠品等，以吸引消费者的关注和购买。

（三）O2O 模式

运作流程：通过线上渠道（小程序、App 等）进行产品宣传推广，吸引消费者关注，引导消费者前往线下体验店或快闪店实际体验产品。消费者体验满意后，可通过线上平台下单，最后由本地化配送团队将产品快速送达消费者手中。在家居消费中，消费者既希望通过线上渠道获取丰富的产品信息、便捷的购物体验，又希望在线下能够亲身感受产品质量和舒适度。O2O 模式将线上线下的优势结合起来，满足了消费者的多样化需求。

典型案例：宜家采用"线上商城＋线下提货点"模式，有效降低了物流成本，提升了购物便利性。消费者可在宜家线上商城浏览产品信息、下单，然后选择前往距离自己最近的线下提货点自提商品，既节省了物流配送成本，又为消费者提供了便捷的购物方式。对于一些体积较小、消费者能够自行搬运的家具产品，这种模式受到了消费者的欢迎，同时也提高了企业的运营效率。

（四）DTC（Direct to Consumer）直营模式

绕过中间商环节，通过品牌官网或自有平台直接与消费者建立联系。在这种模式下，企业直接掌控从产品生产到销售给消费者的全过程，减少了中间环节的层层加价，能够更直接地了解消费者需求，为消费者提供个性化的产品和服务。

数据驱动：企业能够精准获取用户行为偏好，通过分析用户在官网或自有平台上的浏览、搜索、购买等行为数据，深入洞察消费者需求与喜好，进而优化产品设计，开发出更贴合市场需求的产品。在家居行业，消费者的需求日益多样化，通过对用户数据的分析，企业可以了解不同消费者群体对家具风格、材质、功能等方面的偏好，有针对性地进行产品研发和创新。

利润可控：减少了渠道分层加价，企业可直接将产品销售给消费者，提高了产品利润率。同时，节省下来的渠道成本可用于提升产品质量与服务水平。企业可以将更多资金投入到产品研发、生产工艺改进以及售后服务优化上，提升品牌竞争力。

任务实训

【目标】

通过模拟家具企业渠道策略设计，培养学生渠道分析、资源整合与方案落地的综合能力。

【内容】

任务 1：为某新锐家具品牌设计全渠道布局方案，覆盖传统与新兴渠道。

任务 2：分析某传统家具企业渠道困境（如经销商冲突、线上渗透不足），提出优化策略。

【步骤】

步骤 1：市场调研与数据分析。

步骤 2：渠道模式选择。

步骤 3：方案设计与资源分配。

步骤 4：风险评估与预案制定。

第二节　家具分销渠道策略

学习目标

【知识目标】

（1）掌握影响家具分销渠道设计的关键因素。

（2）熟悉家具分销渠道设计的流程与核心原则。

（3）理解家具渠道策略创新的方向与实践案例。

【能力目标】

（1）能够结合企业实际，分析并选择适配的分销渠道模式。

（2）具备设计渠道冲突管理机制与激励政策的能力。

一、影响家具分销渠道设计的因素

（一）产品特性

定制化程度：定制家具因其独一无二的设计诉求以及个性化的服务要求，通常需要企业采用直营模式，或者与专业设计师携手合作开拓渠道。以一些高端定制家具品牌为例，它们通过开设直营店，在店内配备资深专业设计师，能够与消费者展开面对面的深度交流，从精准的空间测量、独具匠心的风格设计，到精挑细选的选材定制，为消费者提供全流程的专属服务。而标准化产品，由于其规格统一、通用性强的特性，更适宜借助批发渠道进行大规模铺货，从而迅速抢占市场份额，同时也便于在电商平台上进行销售，消费者只需轻点鼠标即可下单购买，无需频繁的个性化沟通环节。

体积与物流成本：诸如床垫、沙发这类大件家具，不仅体积庞大，而且重量可观，在运输过程中极易受到空间的限制，物流成本居高不下，同时还面临着较高的损坏风险。所以，这类家具对本地化仓储与经销商网络的依赖程度颇高。本地化仓储能够有效缩短配送距离，大幅降低运输成本，并且减少运输途中的损耗。经销商凭借对当地市场的深入了解，能够更为高效地将产品配送到消费者手中，同时提供专业的安装等售后服务。

（二）市场需求

消费者购买习惯：年轻消费群体成长于数字化浪潮之中，信息获取渠道丰富多样，对线上购物的接受程度极高。在选购家具时，他们往往倾向于先通过各类线上平台进行价格比对，全面了解不同品牌、不同产品的价格区间、款式风格、用户评价等信息，而后再前往线下门店亲身感受产品的质感与舒适度，最终才做出购买决策。这种消费行为模式有力地推动了 O2O 模式的蓬勃发展。与之形成鲜明对比的是，中老年消费者则更钟情于传统的购物方式，他们习惯亲自前往实体店，通过触摸、仔细观察、实际试用等方式来切实感受家具的质量与舒适度，因而对实体店的依赖程度相对较高。

地域差异：一、二线城市消费者的收入水平普遍较高，对生活品质有着更高层次的追求，对品牌形象以及购物体验的重视程度也更为突出。基于此，品牌体验店在这些城市能够精准满足消费者对品牌文化、产品设计以及服务体验的多元需求。而在下沉市场，涵盖三、四线城市以及乡镇地区，消费者对价格更为敏感，且市场分布较为分散。经销商与批发渠道凭借其广泛的市场覆盖能力以及相对较低的运营成本，能够将产品以更具性价比的价格推向市场，充分契合下沉市场消费者的需求特点。

（三）企业资源

资金实力：直营模式要求企业投入大量资金用于门店选址、装修打造、人员招聘与专业培训、库存管理等诸多方面。从在繁华商圈租赁高额租金的门店，到精心设计装修风格以展现品牌特色，再到配备专业素养过硬的销售人员，每一个环节都需要雄厚的资金作为支撑。中小企业由于资金相对匮乏，难以承受直营模式所带来的巨大成本压力，因此可优先考虑选择代理模式，借助代理商的资源与资金实现市场的拓展，或者选择电商轻资产模式，通过线上平台开展产品销售，有效降低运营成本。

管理能力：多层级经销商体系涉及多个复杂环节以及众多经销商，这就要求企业具备成熟完善的培训与管控机制。企业需要对经销商进行全方位的培训，包括产品知识、销售技巧、售后服务等方面，以确保经销商能够精准传达品牌理念与产品优势。同时，要建立行之有效的管控机制，严格规范经销商的市场行为，杜绝窜货、乱价等不良现象的发生，维护良好的市场秩序。

（四）竞争环境

竞争对手渠道布局：倘若竞争对手主要聚焦于电商渠道发力，企业则可通过提供差异化服务来强化自身的线下优势。例如，为消费者提供免费安装服务。鉴于家具产品通常需要专业安装，免费安装能够极大地减轻消费者的后顾之忧，显著提升产品的吸引力。此外，企业还可提供免费上门测量、个性化设计搭配方案等贴心服务，凭借线下优质服务提升消费者的满意度与忠诚度。

（五）技术发展

数字化工具：ERP 系统能够实现渠道库存的高效协同，通过实时的数据共享，企业可以精准掌握各级渠道的库存状况，从而合理安排生产与配送计划，有效避免库存积压或缺货等问题的出现。大数据分析则可用于优化渠道铺货策略，通过深入剖析消费者的购买行为、偏好倾向、地域分布等多维度数据，企业能够精准预测市场需求，将产品科学合理地分配到不同渠道，切实提高销售效率。

（六）政策法规

环保要求：绿色物流政策的出台，促使企业积极选择本地化仓储模式，以减少运输过程中的碳排放。本地化仓储能够显著缩短运输距离，降低能源消耗，减少二氧化碳等污染物的排放，不仅符合环保政策的严格要求，同时也有助于企业提升自身的社会形象，提升品牌的市场竞争力。

二、家具分销渠道的设计

（一）渠道设计需遵循的原则

效率优先：务必确保产品能够以最快的速度、最低的成本从生产企业顺畅抵达消费者手中，切实提高销售效率，最大限度减少库存积压以及资金的无效占用。

风险可控：在渠道设计过程中，要全面充分地考量可能面临的各类风险，诸如市场风险、竞争风险、渠道冲突风险等，并针对性地制定相应的风险应对措施，保障渠道运营的稳定性与可持续性。

动态调整：市场环境、消费者需求、竞争态势等因素处于持续变化之中，渠道设计也应具备足够的灵活性，能够依据实际情况进行动态优化调整，以更好地适应市场的变化。

（二）具体步骤

1. 明确渠道目标

市场覆盖率：例如，设定在 3 年内覆盖 80% 地级市的目标，通过科学合理地布局销售渠道，精准选择合适的渠道模式与合作伙伴，逐步拓展市场范围，有效提升品牌知名度与产品的市场占有率。

成本控制：将渠道成本占比严格控制在一定范围内，如 ≤ 15%。这就要求企业在渠道建设与运营过程中，对各项成本进行精细化管理，涵盖物流成本、营销成本、人员成本等，持续优化渠道结构，削减不必要的开支。

服务体验：设定清晰明确的服务标准，如 48 小时内配送，确保消费者能够及时收到所购买的家具产品。同时，还可包括安装服务的及时性、售后服务的响应速度等方面的具体要求，全方位提升消费者的购物体验。

2. 选择渠道模式

长度决策：短渠道，如品牌直营模式，减少了中间环节，企业能够直接掌控产品的销售与服务全过程，非常适合高附加值产品，因为这类产品往往需要企业提供专业、高端的销售与售后服务，以此彰显产品的独特价值。长渠道，即品牌→省代→市代→零售商的模式，能够借助各级中间商的丰富资源与广泛网络，实现市场的深度覆盖，适用于大众市场产品，通过层层分销，将产品推向更为广阔的消费群体。

宽度决策：企业在选择销售渠道时，根据产品特性、市场环境和企业战略等因素，决定通过多少中间商来分销其产品。

密集分销：类似快消品的模式，在尽可能多的零售终端进行铺货，使产品随处可见，极大地方便消费者购买。这种模式适用于价格相对较低、市场需求广泛的家具产品，比如一些小型家居饰品。

选择性分销：中高端品牌通常采用此模式，挑选部分实力雄厚、信誉良好的经销商或零售商展开合作，既能保证产品的销售质量与品牌形象，又便于企业对渠道进行有效的管理与控制。

独家分销：奢侈品家具品牌常常采用独家分销模式，在特定区域内仅选择一家经销商或零售商，授予其独家销售权，这有助于维护品牌的高端形象以及产品的稀缺性，确保产品价格的稳定与销售利润的最大化。

3.制定渠道管理政策

（1）经销商激励

销售返点：采用阶梯式奖励制度，比如当经销商年度销售额达到100万元时，返点5%，达到200万元时，返点8%，以此激励经销商积极开拓市场，全力提升销售额。

广告补贴：企业为经销商提供一定比例的广告费用补贴，助力经销商在当地开展品牌宣传与产品推广活动，提高产品的知名度与扩大市场份额。

培训支持：定期为经销商提供产品知识、销售技巧、售后服务等方面的专业培训，提升经销商团队的整体专业素质与业务能力，更好地服务消费者。

（2）冲突管理

划定区域保护范围：明确界定每个经销商的销售区域，严禁跨区域销售行为，避免经销商之间因争夺市场而产生冲突。

统一线上线下价格体系：防止因线上线下价格差异导致消费者流失以及渠道冲突，确保价格公平公正，维护良好的市场秩序。

4.渠道整合与优化

全渠道协同：实现线上线下渠道的无缝对接，例如将线上订单分配至距离消费者最近的门店进行发货，既能提高配送效率，降低物流成本，又能为消费者提供更为优质的服务体验。线下客户通过扫码可直接跳转至线上会员系统，方便消费者查询订单信息、畅享会员权益等，增强消费者对品牌的黏性。

淘汰低效渠道：对于长期处于亏损状态的直营店，企业可考虑关闭，转而采用加盟或联营模式，借助合作伙伴的资源与优势，降低运营成本，提升渠道运营效率。

5.工具运用

渠道投资回报率（Return on Investment，ROI）模型：计算各渠道的投入产出比，如电商广告费／成交额。

SWOT分析：评估现有渠道优势与外部机会的匹配程度。

三、家具渠道策略创新

（一）DTC 模式深化

私域流量运营：借助企业微信、社群营销等手段，直接为高价值客户提供专属服务。例如，企业根据客户的家居空间实际情况以及个人喜好，为其免费量身定制家具设计方案，以此增强客户对品牌的认同感与忠诚度。

订阅制服务：推出按月付费的家具租赁服务，这种模式极大地降低了消费者的决策门槛，尤其深受年轻租房群体的喜爱。他们无须一次性支付高额的家具购买费用，还能够根据自身需求与喜好随时更换家具，充分满足了年轻消费者对追求时尚潮流、灵活多变的生活方式的需求。

（二）O2O 场景融合

沉浸式体验店：在门店中嵌入 VR 选品、AR 摆场功能，消费者可通过 VR 设备全方位、多角度地了解家具的外观设计、材质质感、细节工艺等信息，利用 AR 技术将家具虚拟摆放在自己的家居空间内，提前直观感受家具的实际摆放效果。扫码即可快速生成线上购物车，方便消费者进行购买操作，真正实现线上线下的无缝融合。

社区快闪店：在高端小区内设立临时展厅，为小区居民提供"体验 + 下单 + 配送"一站式便捷服务。这种模式能够更加贴近消费者，让消费者在社区内即可轻松体验和购买家具，大幅提高了购物的便利性，同时也能显著提升品牌在社区内的知名度与影响力。

（三）社交电商裂变

关键意见消费者（Key Opinion Consumer，KOC）计划：招募家居领域的达人分享产品使用心得，这些 KOC 在自己的社交圈子中具备一定的影响力与话语权。他们通过真实、生动的产品体验分享，能够吸引更多消费者关注产品，企业按照引流效果给予KOC 相应的分佣奖励，以此激励 KOC 积极推广产品，实现产品的快速传播与销售业绩的显著增长。

拼团模式：针对沙发、餐桌等家庭共用产品，推出 3 人成团即可享受折扣的优惠活动。消费者为了获取优惠，会自发邀请亲朋好友一起参与拼团购买，这种模式巧妙利用了消费者的社交关系，实现了用户的自发传播，有效扩大了产品的销售范围。

（四）供应链协同创新

F2C（工厂直连消费者）：通过直播的方式向消费者展示工厂的生产流程，让消费者直观了解产品的生产过程与质量把控环节，增强消费者对产品的信任度。同时，去除中间环节的层层加价，以更具性价比的价格直接将产品销售给消费者，吸引更多消费者购买。

跨界联名渠道：与房地产商展开合作，在精装房项目中标配品牌家具，实现 B 端销售的绑定。这种合作模式能够借助房地产商的庞大客户资源与销售渠道，实现家具产品的批量销售，同时也为房地产商提供了增值服务，提升了楼盘的市场竞争力，实现双方的互利共赢。

NOME家居：通过构建"线下门店+小程序+直播"的全渠道覆盖体系，成功实现"门店体验、线上下单、就近配送"的业务闭环。消费者可在门店亲身体验产品，随后通过小程序或直播平台进行下单，NOME家居依据消费者的位置信息，安排距离最近的门店进行配送，为消费者提供了便捷、高效的购物体验，显著提高了销售效率。

小米有品：依托其生态链优势，采用众筹模式对新品进行市场反响测试，有效降低了渠道试错成本。在新品推出之前，通过众筹平台广泛收集消费者的需求与反馈意见，根据众筹结果对产品设计与生产计划进行合理调整，避免了盲目生产所带来的库存积压与市场风险，同时也极大地增强了与消费者之间的互动和黏性。

任务实训

【目标】

通过模拟渠道策略设计与优化，培养学生市场分析、策略制定与资源协调能力。

【内容】

任务1：为某家具品牌制定全渠道整合方案，解决线上线下割裂问题。

任务2：针对某传统企业渠道老化问题（如经销商动力不足、电商占比低），设计创新策略。

【步骤】

步骤1：诊断分析

（1）收集企业现有渠道数据（销售额占比、成本结构、客户满意度）。

（2）使用波特五力模型分析渠道竞争环境。

步骤2：策略设计

（1）全渠道整合：设计"线上引流—线下体验—私域复购"链路，例如线上发优惠券引流至门店。

（2）经销商赋能：制订数字化工具培训计划（如使用CRM系统管理客户）。

步骤3：资源规划

（1）编制渠道预算（如直播团队搭建费用、经销商激励基金）。

（2）制定KPI考核表（如线上转化率≥5%、经销商月均增长10%）。

步骤4：模拟推演

（1）使用Excel模拟不同渠道组合的财务表现（净利润、现金流）。

（2）针对潜在风险（如经销商抵制改革），设计沟通话术与补偿方案。

第三节　家具分销渠道管理

【知识目标】

（1）理解家具渠道成员的职责分工与协作机制。

（2）掌握渠道激励政策的设计原则与方法。

（3）熟悉渠道冲突的类型、成因及解决策略。

【能力目标】

（1）能够制定针对经销商、零售商的激励方案。

（2）能够设计渠道成员绩效评估体系。

一、渠道成员的职责

家具分销渠道涵盖制造商、经销商、零售商以及物流服务商等多个环节，清晰界定各成员职责是保障渠道顺畅运行的基石。

（一）制造商职责

产品供应：制造商承担着确保产品质量过硬与维持稳定供货的重任。在家具行业，产品质量不仅关乎材料的环保性与耐用性，还涉及工艺的精湛程度。例如，实木家具的榫卯工艺是否牢固，直接影响产品的使用寿命。同时，制造商需依据市场供需与成本结构，科学制定出厂价格与市场指导价格，为产品流通奠定基础。由于家具产品更新换代相对缓慢，款式与风格的流行周期较长，因此稳定的供货节奏必须契合市场需求的变化，避免产品积压或缺货现象的出现。

品牌支持：提供丰富多样的广告素材、精心策划的促销方案以及规范的终端陈列标准，如详细的展厅设计规范，以此助力品牌推广。家具品牌的塑造注重营造独特的品牌形象与文化内涵，通过精美的宣传册、线上线下的广告投放，传递品牌的设计理念与品质追求。在促销方案方面，结合家具销售的淡旺季，如在节假日推出组合套餐优惠、以旧换新活动等。展厅设计要依据品牌定位与产品风格，打造沉浸式的体验空间，让消费者能够直观感受家具在不同场景下的搭配效果。例如，欧式古典家具展厅需营造出奢华、典雅的氛围。

（二）经销商/代理商职责

区域市场开发：全力完成既定的销售目标，积极维护本地客户关系，拓展市场份额。在家具行业，区域市场差异显著，不同地区消费者的审美偏好、消费能力、家居装修风格各不相同。例如：在南方沿海城市，消费者可能更倾向于简约、现代风格的家具；而在北方内陆地区，消费者对传统中式风格家具需求较大。经销商需要深入调研本地市场，制定有针对性的营销策略，与本地家装公司、设计师建立合作关系，拓展销售渠道。

库存管理：依据市场需求合理安排备货，避免库存积压或产品断货的情况。由于家具产品体积大、占用空间多、库存成本较高，所以库存管理尤为重要。经销商要结合历史销售数据与市场趋势预测，优化库存结构。例如，对于畅销的基础款家具保持一定库存，而对于定制家具，采用订单式生产，降低库存积压风险。

售后服务：负责提供产品配送、安装以及退换货等服务，像沙发维修这类常见售后需求也要妥善处理。家具产品的配送安装需要专业的团队，确保产品在运输过程中不受损坏，安装精准到位。对于消费者提出的退换货需求，要及时响应，依据相关政策妥善处理，维护品牌形象与提高消费者满意度。

（三）零售商职责

终端销售：有效执行各类促销活动，努力提升门店的销售转化率。零售商要根据店铺所在商圈的消费特点、竞争对手情况，灵活调整促销策略。比如，在社区店，可以针对周边居民推出家居饰品搭配销售、免费上门测量服务等活动。同时，利用线上平台，如社交媒体、直播平台等，扩大销售范围，吸引更多的潜在客户。

用户体验：精心优化陈列场景，为消费者提供专业的导购服务，如给出实用的空间搭配建议。家具零售门店的陈列布局要注重营造舒适、美观的购物环境，将不同风格、功能的家具进行合理搭配展示，让消费者能够清晰想象产品在家中的实际效果。导购员要具备专业的空间规划知识，根据消费者的户型结构、生活习惯，提供个性化的空间搭配方案，提升消费者的购买体验。

表 9-1 渠道成员职责及关键指标

角色	核心职责	关键指标	示例
制造商	产品研发与生产 品牌推广支持 经销商培训	产品质量合格率 品牌知名度	家具品牌总部提供设计支持与系统培训
经销商	区域市场开发 库存管理 售后服务	区域销售额增长率 库存周转率	经销商季度销售额超额 10% 获返利
零售商	终端销售执行 用户体验优化 促销活动落地	门店转化率 客户满意度	家具品牌门店提供免费量房设计服务

二、渠道成员的激励

激励政策的制定需要兼顾短期销量提升与长期合作关系维护这两个重要目标，常见的激励手段主要包括以下几类。

（一）物质激励

销量返利：若经销商季度销售额超出目标的 10%，则给予额外 3% 的返点奖励。在家具行业，由于产品单价较高，销量返利能够有效激励经销商加大销售力度。例如，某经销商季度目标销售额为 500 万元，若实际销售额达到 550 万元，按照 3% 返点，可获得额外 15 万元的返利，这对经销商的利润提升具有显著作用。

专款专用返利：要求经销商将返利资金专项用于门店升级改造或者广告投放等相关业务。家具门店的形象对销售影响较大，通过专款专用返利，促使经销商对门店进行装修升级，改善购物环境，提升品牌形象。比如，经销商利用返利资金对门店进行重新布局，采用更具吸引力的陈列方式，增加体验区，吸引更多消费者进店。

补贴支持：制造商可以承担部分门店装修费用，或者为新品推广提供专项补贴。在家具新品推广初期，市场认知度较低，制造商提供新品推广补贴，帮助经销商开展促销活动，如举办新品发布会、投放区域广告等，加快新品的市场推广速度。对于门店装修补贴，制造商可以根据门店的规模、位置等因素给予一定比例的补贴，从而降低经销商的运营成本。

（二）非物质激励

等级认证：设立"金牌经销商""五星服务商"等荣誉称号，并颁发相应的认证证书，以此增强渠道成员的荣誉感与归属感。在家具行业，荣誉称号具有较高的价值，能够提升经销商在当地市场的声誉与竞争力。例如，获得"金牌经销商"称号的经销商，在与供应商谈判、与客户合作时更具优势，消费者也更倾向于选择有荣誉认证的经销商。

优先权激励：优先向高绩效的经销商供应限量款产品，满足其市场竞争需求。在家具行业中，限量款产品往往具有独特的设计、稀缺的材质，能够吸引高端消费者，提升经销商的利润空间与市场影响力。例如，某家具品牌推出的限量版实木书桌，仅向年度销售排名靠前的经销商供货，激励经销商提升销售业绩。

数据共享：向经销商开放消费者行为分析报告，帮助他们更好地进行产品选品决策。通过大数据分析，制造商可以了解消费者的购买偏好、地域分布、消费时段等信息，将这些数据分享给经销商，经销商可以依据数据优化产品组合。比如，数据分析显示某地区消费者对智能家具需求增长较快，经销商可以加大智能家具产品的采购与推广力度。

（三）差异化激励设计

新经销商：为新加入的经销商提供前三个月的销售保底政策，降低其进入市场的风险。家具行业竞争激烈，新经销商面临诸多挑战，销售保底政策能够让新经销商在初期有稳定的收入预期，安心开展业务。例如，制造商承诺新经销商前三个月销售额若未达到一定目标，将给予差额补贴，帮助新经销商度过市场开拓的艰难期。

成熟经销商：设置"市场开拓奖"，鼓励成熟经销商向空白区域进行市场拓展。随着市场竞争加剧，成熟经销商在既有市场的增长空间有限，通过设立市场开拓奖，激励他们开辟新的销售区域。比如，对成功在新城市开设门店并实现一定销售额的经销商给予奖励，包括现金奖励、额外的产品优惠政策等。

渠道激励用到的工具有以下两种。

平衡计分卡（Balanced Score Card，BSC）：从财务、客户、内部流程、学习与成长四个维度对经销商绩效进行全面评估。在家具行业，财务维度可关注销售额、利润率、库存周转率等指标；客户维度可考察客户满意度、客户投诉率、新客户开发数量等；内部流程维度可评估订单处理效率、产品配送及时性、售后服务质量等；学习与成长维度可衡量员工培训参与度、员工技能提升情况等。通过综合评估，全面了解经销商的运营状况，为激励政策制定提供依据。

表9-2　经销商 BSC 模板

维度	评估指标	家具行业示例
财务	销售额、利润率、库存周转率	季度库存周转率 ≥ 5 次
客户	满意度、投诉率、复购率	客户满意度 ≥ 90%
内部流程	订单处理时效、售后响应速度	48 小时内完成售后问题处理
学习与成长	员工培训覆盖率、新技能掌握率	年度培训参与率 ≥ 80%

关键绩效指标（Key Performance Indicator）考核表：例如，设定库存周转率需达到每年 5 次及以上、客户满意度需达到 90% 及以上等具体考核指标。库存周转率反映了家具企业库存管理的效率，较高的库存周转率意味着库存占用资金少，资金周转快。客户满意度直接影响企业的口碑与市场份额，通过设定明确的 KPI 指标，引导经销商关注关键业务指标，提升运营水平。

表9-3　渠道激励矩阵

	物质激励	非物质激励
短期激励	销量返利 新品推广补贴	等级认证 数据共享
长期激励	门店装修补贴 专款专用返利	优先供货权 战略合作协议

三、渠道冲突的管理

（一）冲突类型

横向冲突：同层级渠道成员之间的竞争。比如，经销商 A 将产品低价倾销至经销商 B 的辖区范围。在家具行业，这种冲突较为常见，尤其是在市场竞争激烈的地区。例如，某品牌在同一城市有两家经销商，经销商 A 为了抢占市场份额，以低于市场指导价的价格进行销售，导致经销商 B 的客户流失，双方产生冲突。

纵向冲突：上下游渠道成员之间的利益矛盾。例如，零售商要求制造商降低进货价格，而制造商予以拒绝。家具产品的成本受原材料价格、生产工艺、运输成本等多种因素影响，制造商在保证产品质量与利润的前提下，难以随意降低进货价格。而零售商面临租金上涨、人力成本增加等压力，希望通过降低进货价格扩大利润空间，从而引发冲突。

交叉冲突：典型的如线上线下价格不一致，导致消费者在比价后放弃购买行为。随着互联网的发展，家具线上销售日益火爆，但线上线下价格体系的差异容易引发冲突。例如，消费者在实体店体验后，发现线上同款产品价格更低，可能会选择线上购买，这对线下零售商的销售造成冲击。

（二）冲突成因

目标不一致：制造商通常追求品牌溢价，以提升品牌价值，而经销商往往更关注获取短期利润。制造商希望通过品牌建设，提高产品附加值，树立高端品牌形象，可能会限制产品折扣力度。而经销商为了快速出货，追求短期销量与利润，倾向于采用低价促销策略，导致双方目标产生分歧。

资源分配不均：热门产品的供货优先权容易引发渠道成员之间的争端。在家具行业，某些款式新颖、质量优良的产品往往供不应求，制造商在分配货源时，若不能公平合理地分配，就会导致部分渠道成员不满。例如，某品牌推出一款新型沙发，市场需求旺盛，制造商优先满足了部分大经销商的订单，小经销商因供货不足产生抱怨。

沟通失效：企业政策变动未能及时有效地通知渠道成员，导致信息不对称。家具企业在调整产品价格、促销政策、售后服务标准等方面时，若未及时与渠道成员沟通，可能会引发误解与冲突。比如，制造商突然提高产品出厂价格，但未提前告知经销商，经销商在不知情的情况下仍以原价格销售，导致利润受损，从而引发冲突。

（三）解决策略

1. 协议约束

通过签订渠道合同，明确规定销售区域、价格体系以及违约处罚条款，以此规范渠道成员行为。在家具行业，渠道合同要详细约定经销商的销售区域范围，防止窜货行为；明确产品的最低销售价格、价格调整机制，维护价格体系稳定；对违反合同约定的行为，如低价倾销、窜货等，制定严厉的处罚措施，包括罚款、取消合作资格等。

2. 利益协调

针对线上线下的冲突：推出"电商专供款"与"门店体验款"等差异化产品，避免价格冲突。例如，家具企业专门为线上平台设计简约、性价比高的产品，而门店则销售工艺更复杂、品质更高的产品，通过产品差异化满足不同消费者需求，减少线上线下价格竞争。同时，建立线上线下联动机制，消费者在线上下单后，可选择到线下门店自提，享受安装、售后服务，实现线上线下资源共享。

针对经销商窜货：建立产品溯源系统，借助二维码等技术手段追踪货品流向，有效遏制窜货行为。通过在产品包装上设置二维码，消费者扫码可查询产品的生产地、销售渠道、发货时间等信息，制造商也能实时监控产品流向。一旦发现窜货行为，可迅速追溯源头，采取相应措施，如对违规经销商进行处罚、收回窜货产品等。

第三方调解：在面对复杂纠纷时，邀请行业协会或者法律顾问等第三方力量介入调解。家具行业协会具有丰富的行业经验与资源，能够协调各方利益，促进问题解决。法律顾问则可以依据相关法律法规，为纠纷提供专业的法律意见，保障各方合法权益。例如，当制造商与经销商在合同履行过程中出现争议时，可邀请行业协会组织双方进行协商，或聘请法律顾问进行仲裁。

表9-4 渠道冲突解决路径

冲突类型	冲突成因	解决方案
横向冲突	低价倾销窜货	协议约束（区域保护条款）
纵向冲突	价格谈判僵局	利益协调（差异化产品策略）
交叉冲突	资源分配不均	第三方调解（行业协会介入）

任务实训

【目标】

通过模拟渠道管理场景，提升学生制定激励政策、化解冲突及优化渠道关系的实战能力。

【内容】

任务1：为南康家具企业设计经销商年度激励方案，须包含物质与非物质手段。

任务2：模拟处理一起"经销商跨区域窜货"事件，制定冲突解决流程。

【步骤】

步骤1：背景调研

（1）收集企业渠道结构、历史冲突案例及现有激励政策。

（2）分析经销商需求（访谈或问卷），识别核心矛盾点。

步骤2：方案设计

激励方案：设计阶梯式返利模型（如基础返点2%，超额部分每增加10%销量返点提升0.5%）。制定"最佳服务奖"评选规则（客户投诉率≤1%、配送时效达标率≥95%）。

步骤3：冲突解决方案

起草窜货处理流程：取证—警告—经济处罚—取消代理资格。

设计区域保护补偿机制（如向被窜货经销商提供促销支持）。

步骤4：模拟实施

角色扮演：学生分组扮演制造商、经销商、零售商，演练冲突谈判。

使用Excel模拟激励政策实施后的财务影响（成本增加与销量提升的平衡点）。

步骤5：复盘优化

第十章　家具促销策略

【案例导入】

2025 年南康家具产业促销方案

一、消费补贴与限时折扣

阶梯式满减消费券：券种设置为 200 元（满 1000 减 200）、400 元（满 2000 减 400）、600 元（满 3000 减 600）、800 元（满 4000 减 800）、1000 元（满 5000 减 1000）五种，每张券限 24 小时内使用，单订单单产品限用一张。区域精准投放：3 月 18 日仅限南康米兰国际家居城定位用户领券，3 月 19 日—20 日覆盖南康全区，吸引本地客流。适用范围：涵盖成品沙发、床具、衣柜、餐桌椅、儿童家具等 10 类核心家具产品。

家居下乡专项补贴：联合政府推出"绿色家居下乡"活动，三、四线城市的消费者购买环保水性漆家具可叠加享受 5% 财政补贴，覆盖物流安装费用。

二、线上线下联动引流

抖音平台裂变营销：直播专场，每周五晚 8 点开设"厂长直供"直播，推出限量 1 元秒杀床垫、9.9 元抢购环保漆样品等爆款，单场观看量超 1500 万人次。短视频矩阵：发布"工厂探秘""VR 全景看货"等主题视频，单条爆款视频可引流超 5000 人到线下门店。

全国百馆联展促销：跨区域联动，依托"百馆千店万商"政策，在新疆克州馆等全国展馆同步推出"跨店满 3 万元返现 10%""买家具送智能家居配件"活动，单馆单日销售额突破百万。沉浸式体验：展馆内设置"零甲醛专区"，配备环保认证报告、气味检测仪器，强化消费者对水性漆家具的信任。

三、供应链与产品创新

低价产品线下沉市场：推出"恣在家"万元套餐，成套卧室家具（床 + 衣柜 + 床头柜）定价 8000 ～ 9999 元，通过智能制造降低生产成本，主攻三、四线城市刚需群体。供应链金融支持：与油漆供应商达成"以漆抵货"协议，延长账期至 180 天，确保终端售价低于市场价 15% ～ 20%。

环保技术赋能差异化：展辰水性漆技术采用低 VOC 水性木器漆，漆膜抗划痕性能提升 30%，色彩持久度达行业领先水平。华润红外干燥工艺：解决实木家具"慢干易变形"痛点，生产效率提升 40%。

四、流量闭环与政策支撑

消费链路设计：线上领券 / 直播预约—线下核销体验—抖音晒单返现 50 元，形成完整转化闭环。定向推送，通过大数据分析装修周期用户，推送"环保检测 + 家具套餐"定制服务。

政府资源整合：产业集群补贴，政府提供展位费减免、物流补贴（最高达运费 30%），降低企业促销成本。环保政策倒逼，中央环保督察组持续施压，要求 2025 年南康家具全面实现"油改水"，未达标企业面临停产整改。

第一节　家具广告策略

学习目标

【知识目标】

（1）掌握家具广告的核心目标分类及其适用场景。

（2）理解广告预算分配的三大方法论及冲突平衡策略。

（3）熟悉广告设计的全流程要素与数据化评估体系。

（4）掌握家具行业广告媒体的特性、优劣势及组合策略。

【能力目标】

（1）能够根据市场阶段（导入期 / 成熟期）制定差异化的广告目标与预算方案。

（2）具备跨媒体广告创意设计能力，适配不同渠道的传播特性。

（3）能够通过数据分析工具（如 Google Analytics、巨量引擎）优化广告投放效果。

一、广告目标与预算

（一）广告目标的分类与制定

1. 品牌认知目标

核心逻辑：通过高频次曝光，在消费者心中建立起品牌记忆点，尤其适用于新品牌进入市场或开拓新市场领域。在新品牌进入市场的初期，消费者对其几乎一无所知，此时品牌认知目标就显得尤为关键。

案例：某新锐家具品牌通过地铁站全包广告 + 小红书关键意见领袖（Key Opinion Leader，KOL）种草，3 个月内品牌搜索量提升 120%。

指标设计：设定曝光量不少于 100 万次；通过第三方调研，确保广告回忆率达到

60% 以上。曝光量是衡量品牌在市场上被看到次数的重要指标，足够的曝光量才能让品牌有机会进入消费者的视野。而广告回忆率则反映了消费者对广告内容的记忆程度。通过专业的第三方调研机构，采用问卷调查、电话访谈等方式，了解消费者是否记得看过该品牌的广告以及对广告内容的印象。例如，在针对 1000 名消费者的调研中，若有 600 人以上能够准确回忆起品牌的广告信息，那么广告回忆率就达到了 60% 以上，这表明广告在消费者心中留下了较为深刻的印象。

2. 销售转化目标

核心逻辑：以实现直接销售转化为核心，着力缩短用户从认知到购买的决策流程。在电商购物节期间，各大品牌纷纷推出各种促销活动，就是为了实现销售转化目标。

案例：某品牌在"6·18"期间通过抖音直播"工厂直购"，实现单场销售额破 800 万元。

指标设计：要求点击率（Click Through Rate，CTR）不低于 2%；留资成本（Cost Per Action，CPA）控制在 200 元 / 人以内。点击率反映了广告对用户的吸引力，点击率高，说明广告能够成功吸引用户进一步了解产品。例如，在投放的 1000 次广告中，若有 20 次以上被用户点击，那么点击率就达到了 2% 以上。留资成本则是指获取一个潜在客户的联系方式所花费的成本，控制在 200 元 / 人以内，意味着企业能够以相对较低的成本获取潜在客户资源，为后续的销售转化奠定基础。

3. 用户教育目标

核心逻辑：向消费者传递产品技术价值或品牌理念，消除其决策过程中的疑虑。在家具行业，随着科技的不断进步和消费者对生活品质要求的提高，对于一些具有创新性技术或独特品牌理念的产品，需要向消费者进行深入的介绍。

案例：某高端家具品牌通过系列短视频《实木家具的 30 道工序》，详细展示了从木材挑选、加工到拼接成型的每一个步骤，以及该工艺如何保证家具的稳定性和耐用性。通过这种方式，成功将客户转化率提升 25%。

指标设计：保证内容完播率达到 40% 以上，知识问答互动量不少于 1000 次。内容完播率体现了消费者对视频内容的兴趣程度，若完播率达到 40% 以上，说明视频内容具有一定的吸引力，能够让大部分消费者完整地观看。知识问答互动量则反映了消费者对产品知识的关注度和参与度，不少于 1000 次的互动量表明消费者积极主动地与品牌进行沟通，深入了解产品信息。

（二）广告预算分配模型

1. 销售额百分比法

根据企业年销售额的一定比例来分配广告预算，操作简便，企业可依据自身经营状况和市场环境灵活调整比例。这种方法的优势在于它与企业的经营业绩直接挂钩，企业可以根据不同的发展阶段和市场情况，合理调整广告预算占比。例如：在市场竞争激烈、企业需要加大市场推广力度时，可以适当提高广告预算比例；而在企业处于平稳发展期、市场份额相对稳定时，可以降低广告预算比例。

公式：广告预算＝预期销售额 × 行业系数（家具行业通常为 5%～8%）

2. 目标任务法

根据触达目标人群所需的千次曝光成本（Cost Per Mille，CPM）来计算广告预算。该方法的关键在于明确目标人群和单次触达成本，从而精准计算出广告预算。以某家具品牌计划在特定区域推广智能家具系列为例，其设定目标是在三个月内触达 50 万对智能家具有兴趣的潜在用户。经调研，该区域内社交媒体广告的 CPM 为 40 元，那么总预算则为 $500000 \times 40 \div 1000 = 20000$（元）。通过这种方法，企业可以根据实际需求和资源情况，合理安排广告预算，确保每一分钱都花在刀刃上。

3. 竞品对标法

参考行业头部品牌在各媒体平台的投放比例，动态调整自身广告投放策略。在竞争激烈的家具市场，了解竞争对手的广告投放策略对于企业制订自身的广告计划具有重要的参考价值。企业通过专业的数据监测平台，如 App Growing，能够实时获取竞品在不同媒体平台的投放数据，包括投放时间、投放内容、投放预算等。若发现某头部竞品在短视频平台的投放占比提升，且效果显著，企业可相应调整自身在该平台的投放比例，并优化广告创意，以保持竞争力。

表 10-1　家具广告策略核心模型

策略维度	核心要素	工具 / 方法	行业基准数据
广告目标分类	品牌认知	广告 +KOL 种草	CTR ≥ 2%
	销售转化	抖音直播工厂直购	完播率 ≥ 40%
	用户教育	系列短视频用户教育	
预算分配模型	销售额百分比法	预期销售额 × 行业系数	家具行业广告预算占比 5%～8%
	目标任务法	CPM 千次曝光成本计算	
	竞品对标法	动态调整投放比例	

（三）预算冲突与平衡策略

主要体现在品牌广告（长期）与效果广告（短期）的预算分配上。品牌广告注重品牌形象的塑造和品牌价值的传递，对企业的长期发展具有重要意义，但短期内难以看到明显的销售业绩提升。效果广告则侧重于直接促进销售转化，能够在短期内带来实际的经济效益，但对品牌形象的长期建设作用相对有限。例如，某家具品牌在年初制定广告预算时，面临着品牌广告和效果广告的预算分配难题。如果将大部分预算投入到品牌广告中，可能会导致短期内销售额增长缓慢；而如果过度侧重效果广告，虽然短期内销售额可能会有所提升，但长期来看，品牌形象可能会受到影响。

表 10-2　广告渠道优先级矩阵

高 ROI	低 ROI
重点投放（朋友圈广告）	测试优化（信息流广告）
维持现状（搜索引擎营销）（Search Engine Marketing，SEM）	削减预算（报纸广告）

该矩阵根据不同广告渠道的投资回报率，为企业提供了广告投放决策的参考。对于投资回报率高的渠道，如朋友圈广告，企业应重点投放，加大预算投入，以获取更多的收益。对于投资回报率较低但具有潜力的渠道，如信息流广告，企业可以进行测试优化，通过调整广告创意、投放时间、目标人群等，提高其投资回报率。对于投资回报率处于中等水平且相对稳定的渠道，如 SEM，企业可以维持现状，保持现有的预算投入。而对于投资回报率较低且没有明显提升趋势的渠道，如报纸广告，企业可以削减预算，将资源集中投入到更有价值的渠道中。

二、广告设计流程

（一）创意生成的三层逻辑

1.理性层：功能参数可视化

示例：通过 3D 解剖图展示沙发内部结构（高密度海绵 + 独立弹簧）。

通过 3D 解剖图展示沙发内部结构，如高密度海绵搭配独立弹簧。在家具市场，消费者越来越关注产品的内在品质和功能。对于沙发来说，其内部结构直接影响到舒适度和使用寿命。通过 3D 解剖图，消费者可以清晰地看到沙发内部的高密度海绵如何提供柔软的坐感，独立弹簧如何分散身体压力，保证沙发的弹性和支撑力。这种直观的展示方式，让消费者能够更深入地了解产品的功能参数，增强对产品的信任度。

工具：运用 Blender、Keyshot 等专业软件制作产品拆解动画。

Blender 和 Keyshot 具有强大的建模、渲染和动画制作功能，能够将家具的内部结构以逼真的效果呈现出来。在制作沙发拆解动画时，首先使用 Blender 创建沙发的 3D 模型，然后对内部结构进行细致的建模，包括海绵、弹簧、框架等。接着，利用 Keyshot 进行材质渲染和光影设置，使模型看起来更加真实。最后，通过设置动画关键帧，展示沙发从外部到内部结构逐步拆解的过程，让消费者全面了解产品的构造。

2.感性层：情感共鸣构建

心理学原理：马斯洛需求理论中的"归属感与爱"。

马斯洛需求理论将人的需求从低到高分为生理需求、安全需求、归属与爱的需求（社交需求）、尊重需求和自我实现需求。在家具广告中，当我们讲述"三代同堂的客厅故事"时，正是瞄准了消费者对于归属与爱的追求。消费者在看到这样的广告场景时，内心深处对家庭温暖、亲情陪伴的渴望被激发出来。他们意识到，合适的家具不仅是满足日常生活使用的物品，更是构建温馨家庭环境、承载亲情交流的重要载体。品牌通过这种情感化的表达，满足了消费者在归属与爱方面的心理需求，从而使消费者对品牌产生强烈的情感连接，愿意为这种情感体验买单。

3.行动层：指令明确化

直接指令："点击领取免费设计方案"。

消费者在购买家具时往往面临空间规划、风格搭配等诸多问题。提供免费设计方案这一直接指令，切中了消费者的痛点，为他们提供了一个低门槛且极具吸引力的行动路径。消费者只需轻轻点击，就能获得专业设计师针对自家空间量身定制的家具摆放与搭配方案，这大大降低了他们购买家具的决策成本和风险，激发了他们进一步了解品牌和产品的兴趣。

紧迫感提示："仅限 88 个名额"。

这种紧迫感的营造利用了消费者的稀缺心理。人们普遍对有限数量的优惠或赠品具有较高的关注度和参与积极性。当消费者看到"仅限 88 个名额"的提示时，会担心错过这一难得的机会，从而加快自己的购买决策速度。

图 10-1　促销指令明确化

（二）视觉设计规范与工具

1.跨媒体尺寸适配

朋友圈广告由于其展示形式和用户的浏览习惯，1080×1080 像素的正方形画面需在极短时间内抓住用户的注意力。像一款具备按摩功能的智能沙发，在前 3 秒画面中，通过简洁明了的动画展示按摩头的工作状态，突出产品独特的功能，让用户迅速了解产品核心优势，吸引他们继续观看广告内容。抖音信息流以竖屏 9：16 的比例呈现，利用剪映、Premiere 等软件制作时，配合动态字幕能更清晰地传达产品信息。比如介绍一款可折叠餐桌，动态字幕可实时显示其折叠过程和尺寸变化，强节奏 BGM 则增强视频的吸引力和感染力，使广告在众多信息流中脱颖而出。家居杂志的 A4 跨页设计，运用 InDesign 软件，通过高清场景图展示家具在不同家居风格中的搭配效果，留白排版则营造出简洁、高端的视觉氛围，提升品牌形象，让读者在翻阅杂志时能更直观地感受到家具与家居环境融合的美感，激发购买欲望。

表 10-3　跨媒体尺寸适配

媒体类型	尺寸要求	设计工具	核心要点
朋友圈广告	1080×1080 像素	Photoshop、Canva	前 3 秒突出核心卖点
抖音信息流	9：16 竖屏	剪映、Premiere	动态字幕 + 强节奏 BGM
家居杂志	A4 跨页	InDesign	高清场景图 + 留白排版

2. 色彩心理学应用

高端产品：运用深棕、金色、哑光黑传递奢华感。深棕色给人以沉稳、厚重之感，象征着品质与内涵；金色闪耀夺目，代表着尊贵与奢华；哑光黑则增添了神秘与高端的气息。当这三种颜色运用在高端家具产品上时，比如一款采用深棕色实木框架、搭配金色金属装饰件、表面采用哑光黑烤漆工艺的衣柜，从外观上就能让消费者感受到其高端的品质和独特的设计魅力，满足他们对于高品质生活的追求和对身份地位的彰显需求。

年轻产品：采用马卡龙色系（如薄荷绿、樱花粉）吸引 Z 世代。Z 世代作为新兴消费主力军，追求个性、时尚与新鲜感。马卡龙色系清新甜美、柔和细腻，具有极高的视觉吸引力。以一款薄荷绿的简约书桌为例，其明快的色调能瞬间点亮整个空间，满足 Z 世代对个性化家居装饰的需求，让他们在使用家具的过程中展现自己独特的审美品位，同时也为家居环境增添一分青春活力。

环保产品：通过"绿色 + 原木色"强化自然健康认知。绿色是大自然的代表色，象征着生机与活力；原木色则保留了木材的天然质感，给人以质朴、健康的感觉。当绿色与原木色运用在环保家具产品上时，如绿色的环保漆面搭配原木色的实木板材制作而成的儿童床，能让消费者直观地感受到产品的自然健康属性，消除他们对于家具环保性能的担忧，更愿意为家人的健康选择此类产品。

图 10-2　家具色彩心理学运用

（三）文案创作的 AIDA 模型

1. Attention（注意）

悬念式："90% 的人选错沙发尺寸，后果有多严重？"

在信息爆炸的时代，消费者每天接触到大量的广告信息，如何在众多信息中脱颖而出至关重要。这种悬念式的文案通过制造冲突和疑问，瞬间抓住消费者的好奇心。消费者看到这样的文案时，会不由自主地思考：选错沙发尺寸会有什么严重后果呢？从而产生进一步了解的欲望。例如，当消费者点击进入广告内容后，广告详细介绍了选错沙发尺寸可能导致的空间布局不协调、使用不舒适等问题，让消费者深刻认识到沙发尺寸选择的重要性，进而对品牌提供的专业沙发尺寸选择建议产生兴趣。

数字式："3 个参数，教你选对最适合的床垫！"

数字具有直观、准确的特点，能够快速吸引消费者的注意力。在床垫市场，消费者往往对如何选择合适的床垫感到困惑。这个文案通过明确指出"3 个参数"，给消费者一种简单明了、易于掌握的感觉。消费者会好奇是哪 3 个参数，以及如何通过这些参数选到合适的床垫。当广告内容详细阐述了床垫的支撑性、舒适度、透气性这 3 个关键参数，并指导消费者如何根据自身需求选择相应参数的床垫时，消费者会觉得品牌专业且贴心，从而增强对品牌的信任度。

2. Interest（兴趣）

场景化痛点："客厅开间不足 4 米？这款沙发让空间放大一倍。"

对于小户型客厅的消费者来说，空间狭小是他们面临的主要问题。这种针对场景化痛点的文案，精准地切中了这部分消费者的需求。当他们看到这样的文案时，会立刻联想到自己狭小的客厅空间，从而产生强烈的共鸣。广告中进一步介绍沙发采用可折叠、可组合的设计，能够根据空间需求灵活调整布局，有效扩大客厅空间，让消费者看到了解决问题的希望，从而对这款沙发产生浓厚的兴趣。

3. Desire（欲望）

社会认同："1000 个家庭选择的环保餐桌。"

人们在作决策时，往往会受到他人行为的影响。当消费者看到有 1000 个家庭都选择了这款环保餐桌时，会认为这款产品得到了广泛认可，具有较高的可靠性和品质保证。这种社会认同的力量会激发消费者的购买欲望，让他们觉得自己选择这款餐桌也是一个明智的决定，能够满足家庭对环保和品质的需求。

权威背书："德国红点设计奖获奖产品。"

德国红点设计奖是全球知名的设计奖项，具有极高的权威性和影响力。当产品拥有这样的权威背书时，消费者会认为该产品在设计、品质等方面达到了国际领先水平。例如，一款获得德国红点设计奖的现代简约风格灯具，消费者在看到这一信息后，会对产品的设计美感和创新功能充满期待，认为购买这款灯具不仅是满足照明需求，更是提升家居品位的体现，从而增强购买欲望。

4. Action（行动）

紧迫感指令："今日下单，额外赠送 2 年延保！"

这种紧迫感的指令利用了消费者的损失厌恶心理。消费者担心错过今日下单才能享有的 2 年延保优惠，会加快购买决策速度。对于家具这类耐用消费品，延保服务能够为消费者提供额外的保障，降低购买风险。例如，某家具品牌推出这一活动后，当天的订单量明显增加，许多消费者原本处于犹豫状态，在看到这一优惠后，果断下单购买。

低门槛入口："扫码免费领取客厅布局指南。"

在消费者购买家具的过程中，客厅布局规划是一个常见的难题。提供免费的客厅布局指南，为消费者提供了一个低门槛获取专业知识的途径。消费者只需扫码，就能获得专业设计师精心制作的客厅布局方案，包括家具摆放、色彩搭配等方面的建议。这不仅解决了消费者的实际问题，还让他们感受到了品牌的专业和贴心，从而增强对品牌的好感度，为后续的购买行为奠定基础。

三、家具广告媒体的分类与策略

（一）印刷媒体：精准触达与深度说服

1.家居杂志广告

优势：受众精准定位为装修人群，留存周期长，平均传阅 3 ～ 5 人。以《ELLE DECORATION》（家居廊）为例，它专注于家居领域，内容涵盖家居设计、装修案例、家具产品推荐等，吸引的读者大多是正在进行装修或对家居生活品质有追求的人群。这些读者在阅读杂志时，会仔细研究每一篇文章和每一款产品介绍，对广告内容的关注度较高。而且杂志的留存周期长，读者可能会反复翻阅，还会分享给身边有相同需求的朋友，平均传阅 3 ～ 5 人，这大大增加了广告的曝光机会。例如，某高端家具品牌在《ELLE DECORATION》投放跨页广告，广告以精美的图片展示家具在高端别墅客厅中的搭配效果，配以详细的产品介绍和品牌故事。由于杂志受众精准，对高端家具产品有较高的消费意愿，广告投放后，咨询量提升 30%，有效促进了品牌与潜在客户的沟通。

设计要点：使用高清场景图 + 留白排版。

采用高清场景图搭配留白排版。高清场景图能够清晰展示家具的细节、材质和在实际家居环境中的效果，让消费者更直观地感受家具的魅力。留白排版则营造出简洁、高端的视觉氛围，避免画面过于繁杂，突出产品主体，提升品牌形象。例如，在广告中，一张占据大部分画面的高清图片展示了一款意大利进口真皮沙发，其细腻的纹理和精致的工艺清晰可见，周围留白的设计让沙发更加醒目，旁边配以简洁的文字说明产品的材质、尺寸和设计理念，使整个广告既美观又富有吸引力。

附加二维码跳转线上 3D 展厅。

随着数字化技术的发展，消费者对于产品的了解不再满足于平面图片和文字介绍。通过附加二维码，消费者可以方便快捷地跳转至线上 3D 展厅，全方位、多角度地查看家具产品，甚至可以模拟在自家空间中的摆放效果。这一设计要点极大地增强了广告的互动性和消费者的体验感，让消费者对产品有更深入的了解，增强购买意愿。

2.宣传册与直接邮寄广告

（1）门店留存：放置于收银台、休息区。在门店的收银台和休息区，消费者在等待结账或休息的过程中，有较多的时间翻阅宣传册和直接邮寄广告单页。这些区域人流量较大，且消费者处于购物场景中，对家具产品的关注度较高。例如，在一家家居门店的收银台旁，摆放着设计精美的宣传册，上面展示了店内最新款的家具产品、促销活动信息以及搭配案例。消费者在结账时，往往会顺手拿起翻阅，可能会发现一些自己感兴趣的产品，从而增加购买的可能性。

（2）展会派发。结合扫码留资（资料）送礼品活动。在家具展会这样的行业盛会上，汇聚了大量的潜在客户。通过在展会现场派发宣传册和直接邮寄广告单页，并配合扫码留资送礼品的活动，吸引大量潜在客户的关注。例如，某家具品牌工作人员在展会上向参观者发放宣传册，介绍品牌的特色产品和优势。参观者扫码留资后，即可获得一个定制的精美家居饰品，如创意小摆件或实用的家居收纳用品。这一策略不仅提高了宣传册和直接邮寄广告单页的派发效果，还收集了大量潜在客户的联系方式，为后续的销售跟进提供了便利。

（二）电子媒体：公信力与覆盖面

1.电视广告

时段策略：家装旺季（3月—5月、9月—11月）晚8点—10点黄金档。

家装旺季时，消费者对家具产品的关注度和购买意愿较高。晚8点—10点是电视收视的黄金时段，此时大部分家庭处于休闲状态，观看电视的人数较多。例如，在3月—5月的家装旺季，某家具品牌在电视台的黄金档投放广告，广告以温馨的家庭场景为背景，展示品牌的各类家具产品如何为家庭打造舒适、美观的居住环境。由于在合适的时段针对目标受众进行投放，广告的曝光量和影响力大大提升，有效提高了品牌知名度和产品销量。

内容公式：前5秒品牌LOGO+核心卖点（如"零甲醛承诺"）。

在电视广告短暂的时间内，前5秒至关重要，需要迅速抓住观众的注意力。展示品牌LOGO能强化品牌形象，让观众对品牌有初步的认知。突出核心卖点，如"零甲醛承诺"，则切中了消费者对家居环保性能的关注要点。例如，某家具品牌的电视广告，在前5秒画面中，品牌LOGO以简洁大气的方式呈现，同时旁白清晰地说出"零甲醛承诺，为您的健康保驾护航"，吸引了消费者的关注，使他们更愿意继续观看广告，了解产品的其他优势。

2.广播广告

适用场景：本地家居卖场促销信息（如"周末特惠"）。

广播广告具有传播速度快、覆盖面广、成本相对较低的特点，且在本地传播效果较好。对于本地家居卖场来说，通过广播广告传播促销信息，能够快速触达本地的潜在客户。例如，在周末，某本地家居卖场通过广播广告宣传"周末特惠，全场家具8折起"的活动信息，广告以简洁明了的语言和富有吸引力的声音，吸引听众前往卖场购买家具。由于广播广告可以在驾车、做家务等多种场景下收听，方便快捷，能够有效传递促销信息，提升卖场的客流量和销售额。

文案设计：短句重复——"XX家居广场，满1万元减2千元，仅限本周！"

短句重复的文案设计能够增强信息的记忆点，让听众更容易记住。在广播广告中，听众无法像阅读文字信息那样反复查看，短句重复可以确保关键信息被听众准确接收。例如，通过多次重复"XX家居广场，满1万元减2千元，仅限本周！"，听众能在短时间内记住家居广场的名称、优惠力度和活动时间，从而产生购物欲望。

（三）户外广告：场景化触达

1.楼宇电梯广告

定向策略：新交房小区、高端社区。

新交房小区的业主大多有装修和购买家具的需求，而高端社区的居民对家具品质和设计有较高的要求。将楼宇电梯广告投放在这些区域，能够精准触达目标客户群体。例如，某品牌针对新交房小区投放"一站式全屋定制，轻松打造理想家"的电梯广告，广告画面展示了不同风格的全屋定制案例，吸引了业主的关注。对于高端社区，则投放"顶级材质，奢华设计，打造专属您的高端家居空间"的广告，突出产品的高品质和独特设计，满足高端客户的需求。通过精准定向投放广告，该品牌在目标区域的知名度和市场份额得到了显著提升。

2.高速公路广告牌

（1）设计要点：文字≤10个字（如"全屋定制，3周完工"）。高速公路上车速较快，司机和乘客的注意力时间短暂，文字简洁的广告牌能够在瞬间被看清和理解。例如，"全屋定制，3周完工"这一广告牌，清晰地传达了品牌的核心业务和服务优势，让过往车辆中的乘客能够在短时间内获取关键信息，若有相关需求，便可能会进一步了解品牌。如果文字过于繁杂，在高速行驶过程中，受众根本来不及阅读，广告效果将大打折扣。

（2）高对比度配色（红底白字）。采用高对比度配色，如红底白字。高对比度的配色能够使广告牌在复杂的户外环境中脱颖而出，增强视觉冲击力，吸引受众的目光。红底白字是经典的高对比度搭配，红色具有强烈的视觉刺激效果，能够迅速抓住人的注意力，白色则清晰易读，两者结合让广告内容在远距离也清晰可见。比如，在高速公路旁一片绿意盎然的背景下，一块红底白字的家具广告牌格外显眼，过往司机和乘客的视线很容易被其吸引，从而提高广告的曝光效果。

（四）POP广告（销售点广告）：终端转化助推

1.门店动线设计

触点布局：入口爆款海报→产品区展架→收银台促销标牌。

合理的门店动线设计能够引导消费者的行动路径，增加产品的展示机会和提高销售转化率。在门店入口处设置爆款海报，利用醒目的画面和吸引人的优惠信息，瞬间抓住消费者的眼球，激发他们进入门店的兴趣。进入产品区后，摆放产品展架，详细展示各类家具产品的特点、材质、价格等信息，方便消费者深入了解产品。而在收银台设置促销标牌，在消费者即将完成购买决策时，通过展示限时优惠、满减活动等信息，促使他们增加购买金额或做出购买额外产品的决策。例如，某家居门店在入口处张贴了一款特价沙发的海报，吸引大量消费者进店。在产品区，针对这款沙发设置了专门的展架，旁边还搭配了相关抱枕、茶几等产品展示，引导消费者进行组合购买。收银台处则摆放着"满5000元立减500元"的促销标牌，不少消费者为了达到满减金额，会选择再挑选一些小件家居用品，从而提升了客单价。

2. 促销标牌设计

文案公式：利益点 + 紧迫感——"爆款沙发直降 2000 元，仅剩 3 套！"

这种文案公式直接点明了消费者能够获得的利益，即沙发直降 2000 元，同时营造出紧迫感，"仅剩 3 套"的提示让消费者意识到机会难得，需要尽快做出购买决策。在竞争激烈的家具市场，消费者往往会在众多产品中犹豫不决。这样的文案能够迅速吸引他们的注意力，让他们觉得购买这款沙发既能享受实实在在的价格优惠，又面临着产品即将售罄的压力，从而促使他们加快购买行动。例如，某品牌门店在促销活动中使用这样的标牌，原本销量平平的一款沙发在短时间内迅速售出多套，有效清理了库存并提升了销售额。

（五）数字互联媒体：精准与互动

1. 搜索引擎广告

表 10-4　家具搜索引擎广告关键词策略

类型	示例关键词	出价策略
品牌词	"全友家居官网"	高价抢占首位
竞品词	"林氏木业怎么样"	中低价拦截流量

对于品牌词，如"全友家居官网"，消费者搜索此类关键词时，往往对该品牌有一定的认知或购买意向，企业通过高价竞拍，将广告展示在搜索结果的首位，能够最大程度地满足消费者的需求，引导他们进入官网，了解产品详情并完成购买。因为此时消费者的购买意愿较为明确，在首位展示的广告能够直接命中目标，转化率相对较高。而对于竞品词，如"林氏木业怎么样"，搜索这些关键词的消费者可能正在对比不同品牌的产品。企业采用中低价策略拦截流量，是因为这类消费者虽然对竞品有兴趣，但仍处于信息收集和比较阶段，购买意向相对较弱。通过展示自身产品的优势和差异化特点，有可能将这部分消费者吸引过来，转化为自己的客户，同时又避免了过高的出价成本，保证了广告投放的性价比。

2. 程序化广告

程序化广告可以从以下两个维度思考，精准制定营销策略。

（1）行为数据：近期搜索"装修""家具"

锁定近期搜索"装修""家具"的用户。通过收集和分析用户在互联网上的行为数据，能够精准定位到对装修和家具有需求的潜在客户。例如，当用户在搜索引擎中频繁搜索"装修风格""家具选购攻略"等关键词，或者在电商平台浏览家具产品页面时，其行为数据会被记录。广告平台利用这些数据，将家具广告精准推送给这些用户，大大提高了广告的针对性和效果。因为这些用户已经表现出对装修和家具有明确的兴趣，此时推送相关广告，更容易吸引他们的关注并促使其产生购买行为。

（2）地理位置：新楼盘 3 公里范围内

定位新楼盘 3 公里范围内。新楼盘周边的居民大多有装修和购买家具的需求，将广告定位在新楼盘 3 公里范围内，能够精准触达这些潜在客户。例如，某家具品牌通过程序化广告，将广告投放给某新楼盘周边 3 公里内的用户，广告内容根据该楼盘的户型特点和目标客户群体的喜好进行定制，如针对小户型公寓，推荐可折叠、多功能的家具产品。这种精准的地理位置定向投放，有效提高了广告的转化率，使品牌在该区域的市场份额得到显著提升。

（六）社交媒体广告：裂变与种草

1. 微信朋友圈广告

定向标签：30 ～ 45 岁、家装阶段（正在装修）、收入水平（月薪 ≥ 1 万元）。

30 ～ 45 岁的人群通常是家庭购房和装修的主力，他们对生活品质有一定追求，且具有较强的消费能力。处于家装阶段的用户，此时对家具产品的需求最为迫切。收入水平较高的人群，更倾向于购买高品质、设计感强的家具产品。通过设置这些定向标签，微信朋友圈广告能够将家具广告精准推送给最有可能购买的潜在客户群体。例如，某中高端家具品牌利用这些定向标签投放朋友圈广告，广告内容展示了一系列时尚、舒适的家具产品，并提供免费上门量尺、设计方案等服务。由于精准定位了目标客户，广告投放后，留资成本降低至 150 元 / 人，有效获取了大量潜在客户资源，为后续的销售转化奠定了良好基础。

2. 小红书种草

内容公式：痛点引入——"小户型客厅显小怎么办？"

小红书用户以年轻群体为主，其中不少人居住在小户型房屋中，客厅空间狭小是他们面临的常见问题。提出这样的痛点问题，能够迅速引起这部分用户的共鸣，吸引他们继续阅读。例如，一篇小红书笔记，以"我家客厅只有 15 平方米，之前看起来又挤又乱，直到我发现了这款神器……"作为开头，引发读者的好奇心，让他们迫切想知道解决办法。

产品展示："这款伸缩餐桌瞬间扩容 2 ㎡！"

在引入痛点后，及时展示能够解决问题的产品。详细介绍产品的特点和优势，如这款伸缩餐桌如何通过巧妙的设计，在不使用时可以收缩节省空间，需要时展开能够增加用餐面积，满足多人聚餐的需求。同时，配上清晰美观的产品图片或视频，让用户更直观地了解产品的外观和使用效果，增强产品的吸引力。

行动引导："点击主页预约免费设计。"

在介绍完产品后，给出明确的行动引导，方便用户进一步了解和购买产品。用户只需点击博主主页，就能找到预约免费设计的入口，获得专业设计师针对自家空间的个性化家具设计方案。这一行动引导降低了用户与品牌互动的门槛，增加了用户对品牌的参与度和购买的可能性。例如，通过这种方式，许多用户在预约免费设计后，对品牌的产品和服务有了更深入的了解，最终选择购买该品牌的家具产品。

（七）垂直媒体：专业与精准

1.家居门户网站合作

（1）广告投放合作

展示广告：在网站首页、文章页面、产品页面等显著位置投放图片、视频或富媒体广告。通过精准的广告位选择，针对目标受众进行曝光。例如，在"客厅装修案例"文章页面投放沙发品牌广告，吸引正在关注客厅装修的用户。

原生广告：将广告内容与网站的原生内容形式深度融合，以资讯、推荐等形式出现，减少用户对广告的抵触感。比如，以"家居好物推荐"的形式，推荐合作品牌的家居饰品，既为用户提供有价值的内容，又推广了品牌。

（2）内容共创合作

专题策划：共同策划家居相关专题，如"年度最流行家居风格盘点""智能家居全解析"等。家居门户网站凭借其流量和用户基础，提供话题方向和传播渠道，合作方利用专业知识，提供深度内容素材，双方共同打造高质量专题，提升品牌在专业领域的影响力。

用户生成内容激励：鼓励网站用户分享家居装修、使用体验等内容，合作方提供奖品或优惠作为激励。例如，开展"我的温馨家居一角"摄影比赛，用户上传照片和文字分享，合作品牌提供家居用品作为奖品，既提升了用户参与度，又借助用户的真实分享宣传了品牌。

（3）活动联合举办

线上直播活动：举办家居装修知识讲座、新品发布会等直播活动。家居门户网站负责直播平台搭建和推广，合作方提供专业讲解、产品展示等内容。例如，举办"春季装修攻略"直播讲座，合作方展示装修材料和工具，吸引大量有装修需求的用户观看，提升品牌知名度和产品销量。

线下体验活动：联合举办家居体验活动，如家居展厅开放日、家居品牌工厂参观等。门户网站负责组织用户报名和宣传，合作方提供场地、产品讲解等服务。通过线下活动，用户可以亲身体验产品，增强对品牌的信任和好感。

（4）电商合作

产品推荐与销售：在门户网站上设置电商推荐专区，推荐合作品牌的家居产品，用户点击可直接跳转至合作方电商平台购买。根据用户浏览和搜索行为，进行个性化产品推荐，提高销售转化率。

电商促销活动合作：在电商购物节或品牌自有促销活动期间，双方联合推广。家居门户网站通过首页广告、邮件推送等方式宣传合作品牌的促销活动，吸引用户购买，实现双方互利共赢。

（5）数据共享与分析合作

用户行为数据共享：家居门户网站将用户浏览、搜索、互动等行为数据脱敏后与合作方共享。合作方利用这些数据深入了解用户需求和偏好，优化产品设计、营销策略和服务内容。例如，根据用户频繁搜索的"小户型收纳"需求，开发有针对性的收纳产品。

市场趋势分析合作：双方共同对家居行业市场数据进行分析，包括市场规模、消费趋势、竞争态势等。基于分析结果，合作方调整产品研发和市场推广策略，门户网站优化内容创作和运营方向，提升双方在行业内的竞争力。

2. 装修设计 App 植入

在酷家乐 App 中植入品牌 3D 模型，用户可直接拖拽使用。酷家乐是一款知名的装修设计 App，拥有大量用户，他们在进行家居装修设计时，需要选择合适的家具产品。在 App 中植入品牌 3D 模型，用户在设计过程中可以直接将品牌家具模型拖拽到虚拟空间中，直观地看到家具在自家装修风格中的搭配效果。例如，用户在设计客厅时，能够轻松将某品牌的沙发、茶几等模型放入设计方案中，调整位置和角度，实时查看整体效果。这种植入方式不仅为用户提供了便捷的设计工具，还增加了品牌产品的曝光机会，让用户在设计过程中对品牌产生兴趣，进而可能选择购买该品牌的家具产品，有效提升了品牌的市场影响力和产品销量。

四、行业数据与工具支持

（一）行业基准数据

表 10-5　行业基准数据表

指标	行业平均值	优秀值
朋友圈广告 CTR	1.2%	≥ 2%
抖音广告转化率	1.5%	≥ 3%
留资成本	250 元 / 人	≤ 150 元 / 人

（二）推荐工具清单

设计工具：Canva（海报）、剪映（短视频）。

数据分析：Google Analytics、巨量引擎。

竞品监测：App Growing、广海。

五、法律与伦理考量

（一）广告法合规

1. 禁用绝对化用语

法律依据：《中华人民共和国广告法》第九条第三项明确规定，广告不得使用"国家级""最高级""最佳"等用语。2023年修订的《中华人民共和国反不正当竞争法》进一步加大了对虚假宣传的处罚力度，最高可处200万元罚款。

合规建议：企业应建立广告文案三级审核制度，引入法律团队对宣传用语进行合规性审查。可采用"行业领先""口碑优选"等相对化表述替代绝对化用语。

2. 材质标注规范

标准解析：2025年实施的《家具用人造板及其制品甲醛释放量分级》国家标准，将E0级（≤0.050mg/m³）升级为最高等级，F4星标准（≤0.3mg/L）仍作为国际互认标准。

检测流程：企业需建立"原材料入厂—生产过程—成品出库"的全链条检测体系，每批次产品需留存第三方检测报告备查。

3. 用户隐私保护

（1）数据合规管理

技术措施：采用联邦学习、差分隐私等技术实现数据"可用不可见"。

流程规范：建立数据生命周期管理系统，明确数据收集、存储、使用、共享、删除的全流程规范。例如，用户数据存储期限不得超过24个月，且需通过加密技术保障数据安全。

（2）智能营销边界

算法伦理：建立广告推送白名单机制，对老年用户、未成年人等特殊群体限制高频推送。

用户权利保障：在广告推送页面显著位置设置"不再推送"按钮，用户点击后系统需在72小时内完成数据清洗。

（二）家具设计伦理责任

1. 健康与安全责任

材料选择：优先使用环保、无毒、可持续的材料（如天然木材、竹材或经过环保认证的人造板材），避免产生甲醛等有害物质，保障消费者健康。

结构设计：需符合人体工程学，确保稳定性（如可调节办公椅高度、沙发支撑性），尤其关注儿童和老年家具的安全性。

2. 可持续发展与环保责任

环保设计：采用可再生材料、简化包装、减少废弃物，优化生产工艺以降低能耗和污染。

倡导耐用性：避免过度追求潮流，设计具有长期使用价值的产品，减少资源浪费。

3. 文化尊重与社会公平

包容多元文化：尊重不同地区的审美和需求，避免对其强加单一的设计风格。

保障劳工权益：生产过程中遵循公平贸易原则，保障工人权益。

任务实训

【目标】

通过模拟家具广告策划全流程，培养从目标制定、创意设计到效果优化的实战能力。

【内容】

（1）广告策略制定：选择一款家具产品（如智能电动沙发、岩板餐桌），制定包含目标、预算、媒体组合的广告策略。

（2）创意内容设计：制作 1 份短视频脚本 +1 张朋友圈广告海报，须突出产品核心卖点与场景化表达。

（3）效果模拟与优化：根据模拟数据（曝光量 10 万次，点击率 1.5%）计算 ROI，提出至少 3 条优化建议。

【步骤】

1. 竞品分析与定位

调研 3 个竞品广告策略（如顾家家居"全民顾家日"系列 vs 全友"环保主题"广告）。

提炼自身产品的差异化卖点（如"沙发内置无线充电功能"）。

2. 广告策略设计

目标：明确主目标（如"双十一期间实现 500 单转化"）。

预算分配：按渠道分配比例（例如，抖音占 50%、小红书占 30%、线下占 20%）。

媒体组合：选择 2 个线上 +1 个线下渠道，说明选择理由。

3. 创意制作

短视频脚本：分镜包含痛点引入（如"久坐腰酸"）—产品展示—促销信息。

海报设计：突出促销信息（如"限时赠 3 年质保"）、使用场景图、品牌 LOGO。

4. 数据分析与答辩

制作 PPT 报告，包含策略逻辑、创意展示、数据复盘与优化建议。

模拟向企业高层汇报，回答"为何选择小红书而非微博投放"等质疑。

第二节　家具人员推销策略

学习目标

【知识目标】

（1）掌握家具人员推销的核心类型及适用场景。

（2）理解客户分层管理的标签体系与精准触达策略。

（3）掌握销售团队管理的五大模块（招聘、培训、激励、考核、淘汰）。

【能力目标】

（1）能够根据客户类型（价格敏感型、品质追求型）设计差异化推销话术。

（2）具备销售团队培训体系搭建与绩效考核方案设计能力。

（3）能够通过客户行为数据优化推销策略，提升成交率与客单价。

一、家具人员推销场景分类与策略

（一）门店导购

核心职能：门店导购以热情、专业的态度接待到店客户，全力推动即时成交。其工作重点在于通过良好的沟通技巧和专业的产品知识，了解客户需求，为客户提供合适的产品推荐，并解决客户在购买过程中的疑虑。

1. 动线设计

入口区：入口区是吸引客户注意力的关键区域，应摆放爆款产品，例如，"本月销冠沙发"能迅速吸引客户的目光，促使其停留。爆款产品通常具有较高的市场认可度和吸引力，可作为吸引客户进一步了解店铺产品的切入点。

体验区：体验区精心打造场景化展示区域，如模拟客厅、卧室样板间。通过场景化展示，客户能够直观感受产品在家居环境中的实际效果，增强对产品的认知和认同感，这有助于激发客户的购买欲望。

收银区：收银区醒目陈列促销信息，如"满2万元赠智能扫地机器人"。在客户即将完成购买决策或已经挑选好产品的阶段，促销信息能够进一步刺激客户的购买欲望，促使客户增加购买金额或做出最终购买决策。

2. 话术模板

开场白："您好，请问您家装修进展到什么阶段了？我可以根据您的装修情况，为您推荐最适合的家具风格。"开场白旨在通过询问客户装修进度，快速了解客户需求，建立沟通话题，为后续的产品推荐奠定基础。

促单话术："如果您今天下单，我们将为您提供免费仓储服务，最长可保留6个月，让您没有后顾之忧。"促单话术通过提供额外的价值，如免费仓储服务，消除客户的顾虑，增强客户立即购买的意愿。

（二）电话营销

1. 数据来源

电话营销的数据主要来源于线上留资客户、老客户回访名单以及展会收集的潜在客户线索。线上留资客户是通过企业官网、社交媒体等线上渠道留下联系方式表达对产品感兴趣的客户；老客户回访名单包含过去购买过产品的客户，对他们进行回访有助于挖掘二次购买需求或获取转介绍机会；展会收集线索则是在各类家居展会中与潜在客户交流后获取的联系方式，这些客户通常对家居产品有较高的关注度和购买意向。

2. 拨打策略

时段选择：工作日的 10:00—11:30、15:00—17:00 通常为电话高接通时段。在这些时段，客户相对处于工作间隙或较为放松的状态，更有可能接听陌生电话并进行沟通。

3. 话术结构

自我介绍（10 秒）：清晰说明品牌名称、个人姓名以及产品或服务的核心价值。"您好，我是 [品牌名称] 的 [个人姓名]，我们专注于为客户提供高品质、个性化的家具解决方案"，快速让客户了解来电目的和价值。

需求挖掘（30 秒）："请问您在挑选沙发时，在材质方面更倾向于皮质还是布艺呢？"通过针对性的问题，深入了解客户的需求和偏好，为后续的产品推荐提供依据。

邀约到店（20 秒）："本周您到店，我们将为您提供免费量尺服务，帮助您精准规划家具摆放。"通过提供有吸引力的到店福利，如免费量尺服务，吸引客户到店进一步了解产品，增加销售机会。

（三）上门推销

1. 适用场景

上门推销适用于高端全屋定制以及大户型客户，为其提供个性化、专属的服务。这类客户通常对家居产品的品质、设计和服务有较高要求，上门推销能够深入了解客户需求，提供定制化方案，满足客户的个性化需求。

2. 工具包准备

硬件工具：激光测距仪、平板电脑（用于展示 3D 效果图）。激光测距仪可现场为客户准确测量空间尺寸，平板电脑展示的 3D 效果图能直观呈现家具在客户家中的实际摆放效果，帮助客户更好地理解设计方案。

资料包：准备客户案例集、环保检测报告、售后服务承诺书。客户案例集展示过往成功案例，增强客户对产品和服务的信心；环保检测报告证明产品的环保性能，满足客户对健康的需求；售后服务承诺书让客户了解购买后的保障，消除后顾之忧。

表 10-6　推销场景分类与策略

场景类型	核心职能	关键策略	工具 / 方法	话术示例
门店导购	推动即时成交，解决客户疑虑	动线设计（入口爆款 / 体验区场景化 / 收银促销） 专业产品知识	促销标牌、3D 效果图、材质小样	开场白："您家装修到哪个阶段？" 促单话术："今日下单享免费仓储服务"

场景类型	核心职能	关键策略	工具/方法	话术示例
电话营销	精准触达潜在客户，邀约到店	时段选择（工作日10:00—11:30/15:00—17:00）分层拨打策略	线上留资数据、CRM系统、电话录音分析	自我介绍："我是XX品牌顾问" 邀约话术："本周到店送免费量尺服务"
上门推销	服务高端定制客户，提供个性化方案	工具包（测距仪/3D效果图）案例集与检测报告	激光测距仪、平板电脑、环保检测报告	需求挖掘："您对全屋定制的风格偏好是什么？"

二、客户分层管理

（一）标签体系搭建

表 10-7　客户分层标签体系

标签维度	具体分类	应用场景
基础属性	地区、小区名称、户型面积	用于进行地域定向推送，精准触达目标客户群体。例如，针对某一特定地区或小区，推送适合该区域户型的家具产品信息和促销活动
行为数据	咨询次数、页面停留时长	通过分析行为数据，优先跟进高意向客户。如咨询次数多、页面停留时间长的客户，表明其对产品兴趣浓厚，应重点跟进
需求类型	全屋定制（A类）、单品采购（B类）	根据客户需求类型，提供差异化产品推荐。对于全屋定制客户，推荐整体家居解决方案；对于单品采购客户，推荐相关的优质单品

（二）分层运营策略

1.高意向客户（A类）

跟进频率：在 48 小时内进行电话回访，并每周推送 1 次产品资料，保持与客户的紧密沟通。及时的回访和持续的产品资料推送，有助于加深客户对产品的了解，保持客户的购买热情。

特权服务：为客户赠送 3D 效果图设计服务，满足其个性化需求。3D 效果图设计服务能让客户更直观地看到家具在家中的实际效果，增强客户对产品的认同感和购买意愿。

2.潜在客户（B类）

内容推送：每周推送 2 次知识干货，如"沙发尺寸避坑指南"，增强客户对产品的了解和兴趣。通过提供有价值的知识内容，吸引客户关注，培养客户对品牌的好感度。

激活活动：推出到店体验礼，客户扫码即可领取测量工具套装，吸引客户到店体验。到店体验礼能够激发客户的兴趣，促使潜在客户到店，增加与客户面对面沟通的机会，从而提升转化可能性。

表 10-8　客户分层运营策略

客户类型	跟进策略	激活手段
高意向客户 (A 类)	48 小时内电话回访 每周推送产品资料 赠送 3D 效果图设计	特权服务（免费设计、优先选品）
潜在客户 (B 类)	每周推送知识干货（如避坑指南） 定向发送到店礼（扫码领测量工具）	激活活动（到店体验送礼品）

三、推销策略设计与执行

（一）销售话术设计：FABE 法则

1. FABE 模型详解

Feature（特性）：产品所具备的客观属性，如"这款沙发采用高密度海绵填充"。特性是产品本身固有的特点，是区别于其他产品的基础。

Advantage（优势）：与竞品相比所具有的差异化价值，如"这种高密度海绵久坐不变形，始终保持良好支撑力"。优势强调产品在市场竞争中的独特卖点，是吸引客户选择的重要因素。

Benefit（利益）：客户使用产品后能获得的具体收益，如"能有效保护您的腰椎健康，让您享受舒适坐感"。利益直接关联客户的需求和期望，让客户明确购买产品能给自己带来的好处。

Evidence（证据）：提供第三方认证、客户案例等作为支撑，如"这是权威机构出具的检测报告"。证据能够增强产品特性、优势和利益的可信度，让客户更放心地购买产品。

2. 场景化话术示例

客户提问："为什么这款沙发的价格比其他品牌的高呢？"

应答模板："这款沙发采用了分段式弹簧系统（Feature），每个区域都能独立承托您的身体（Advantage），即使家人在旁边起身，也不会对您的休息造成干扰（Benefit）。您看，这是第三方专业机构出具的压力测试报告（Evidence），充分证明了产品的高品质。"在这个应答模板中，先阐述产品特性，接着说明优势，再强调给客户带来的利益，最后用证据加以佐证，符合 FABE 法则的应用逻辑。

表 10-9 FABE 法则应用

要素	定义	示例	场景应答(客户提问: 为什么这款沙发价格更高？)
Feature （特性）	产品的客观属性，区别于其他产品的固有特点	高密度海绵填充、分段式弹簧系统	"这款沙发采用了分段式弹簧系统（Feature）……"
Advantage （优势）	与竞品相比的差异化价值，强调独特卖点	久坐不变形、独立承托身体	"每个区域都能独立承托您的身体（Advantage）……"
Benefit （利益）	客户使用后的具体收益，直接关联需求与期望	保护腰椎健康、减少休息干扰	"即使家人在旁边起身，也不会对您的休息造成干扰（Benefit）……"
Evidence （证据）	增强可信度的第三方认证、案例或数据	检测报告、压力测试报告	"您看，这是第三方专业机构出具的压力测试报告（Evidence）……"

通过客观属性引出竞争力，为客户提供价值和收益，最后以权威证据消除疑虑，形成闭环说服逻辑。

（二）客户异议处理库

表 10-10 客户异议处理库

常见异议	应对话术	底层逻辑
"价格太高"	从长期使用成本来看，这款沙发日均成本不到 2 元，而且我们提供 10 年质保，性价比远超同类产品	价值替代法，引导客户关注长期价值。通过计算长期使用成本和强调质保服务，让客户认识到产品的实际价值，而非仅关注价格
"担心甲醛"	我们郑重承诺，安装后可免费为您进行甲醛检测，如果超标，我们将全额退款	风险承诺法，消除客户顾虑。通过承诺免费检测和超标退款，让客户对产品的环保性能放心
"需要再比较"	本周下单，您可享受专属优惠价，我还可以帮您申请一份精美礼品。机会难得，建议您尽早决定	紧迫感制造法，促使客户尽快决策。通过提供限时优惠和礼品，营造购买的紧迫感，促使客户尽快做出购买决策
"款式不喜欢"	我们店内还有多种不同风格的沙发，您可以看看这边的现代简约款、欧式古典款，相信总有一款能符合您的审美。而且我们支持部分定制服务，比如调整颜色、尺寸等，以满足您个性化的需求	方案提供法，给客户更多选择。通过展示多样款式和提供定制服务，让客户知道有更多可能性来满足其对款式的要求
"没有预算"	我们目前有非常灵活的分期付款方案，您可以选择分 12 期、24 期付款，每月还款压力小，还不影响您提前享受这款高品质沙发。这样既不影响您的预算安排，又能拥有心仪的家具	资源整合法，帮助客户解决预算难题。通过提供分期付款方式，让客户在预算不足的情况下也有能力购买产品

常见异议	应对话术	底层逻辑
"品牌没听说过"	虽然我们品牌可能在您的认知中相对较新，但我们已经在家具行业深耕多年，拥有专业的设计和生产团队。产品经过严格的质量把控，众多客户反馈都非常好。您看，这是一些客户的好评截图和使用案例，能让您更直观了解我们的实力	证据展示法，增强客户信任。利用客户好评和案例等实际证据，让客户了解品牌的产品质量和口碑，提升对品牌的认知和信任度
"担心售后服务"	我们建立了完善的售后服务体系，除了 10 年质保外，在质保期内，若沙发出现任何非人为质量问题，我们将免费上门维修或更换零件，并且提供定期回访服务，确保您使用过程中一直舒适满意	服务强化法，突出售后优势。详细阐述售后服务内容，让客户看到品牌对售后的重视和保障，消除对售后的担忧

（三）销售工具包

电子资料：准备产品手册 PDF、客户案例视频，方便随时向客户展示产品信息和成功案例。产品手册 PDF 详细介绍产品的各项参数、特点和使用方法；客户案例视频直观展示产品在实际使用场景中的效果和客户的满意反馈，增强客户对产品的了解和信任。

实物道具：携带材质小样（皮质、布料）、环保检测报告，让客户直观感受产品材质和质量。材质小样让客户通过触摸、观察，亲身体验产品材质的质感；环保检测报告以权威数据证明产品的环保性能，消除客户对产品质量的担忧。

数字化工具：利用平板电脑展示 AR 家居搭配效果，帮助客户更清晰地想象产品在家中的实际效果。AR 家居搭配效果能够让客户在虚拟环境中看到家具与自家装修风格的搭配效果，提升客户对产品的认知和购买意愿。

表 10-11　销售工具包分类

工具类型	具体内容	作用
电子资料	产品手册 PDF、客户案例视频	直观展示产品参数与使用效果
实物道具	材质小样（皮质/布料）、环保检测报告	增强客户触觉体验与信任度
数字化工具	AR 家居搭配（平板展示）	帮助客户预想家具摆放效果

四、销售团队管理

（一）培训体系搭建

1.培训内容设计

表 10-12　家具销售人员培训内容

模块	课程内容	考核方式
产品知识	深入讲解材质工艺、详细对比竞品	采用笔试和场景模拟相结合的方式，检验学习效果。笔试可考查销售人员对材质工艺知识的记忆和理解；场景模拟通过设置实际销售场景，让销售人员运用产品知识进行应对，考查其实际应用能力
销售技巧	重点培训需求挖掘、价格谈判技巧	通过角色扮演进行评分，评估实际应用能力。角色扮演模拟真实销售场景，让销售人员在实践中锻炼需求挖掘和价格谈判技巧，培训师根据其表现进行评分和指导
客户管理	CRM 系统操作、客户分层方法	以实操任务完成度作为考核依据，确保掌握实际技能。通过布置实际操作任务，如在 CRM 系统中录入客户信息、运用客户分层方法进行客户分类和分析，根据销售人员完成任务的准确性和效率进行考核

2.培训形式

工厂实地学习：每月安排 1 次工厂实地学习，让销售人员深入了解生产流程，增加专业知识储备。在工厂实地学习中，销售人员可以亲眼看到家具的生产过程，了解材质的选用、工艺的操作，从而在与客户沟通时更具专业性和可信度。

沙盘模拟演练：模拟客户拒绝场景，如"我要和家人商量一下"，提升销售人员的应对能力。沙盘模拟演练通过模拟各种复杂的销售场景，包括客户的拒绝和异议，让销售人员在模拟环境中不断练习应对技巧，积累经验，提高实际销售中的应对能力。

（二）绩效考核与激励

1.KPI 指标设计

表 10-13　KPI 指标设计表

指标	权重	目标值	数据来源
成交率	40%	≥ 25%	通过 CRM 系统统计数据。CRM 系统记录了销售过程中的客户信息和交易状态，能够准确统计成交客户数量与总客户数量，从而计算出成交率
客单价	30%	≥ 1.2 万元	依据销售单据统计。销售单据详细记录了每笔交易的金额，通过对销售单据的汇总和分析，可得出客单价
客户满意度	30%	≥ 4.5 分（5 分制）	通过回访调查获取数据。通过对客户进行回访，询问客户对产品和服务的满意度，并按照 5 分制进行评分，收集客户反馈，统计客户满意度

2.激励方案

短期激励：对月度销冠给予 3000 元现金奖励，并额外提供带薪假期，激发销售人员的积极性。短期激励能够及时对销售人员的优秀表现进行奖励，激励销售人员在短期内努力提升业绩，争取获得月度销冠。

长期激励：连续 3 个月达标者晋升为区域主管，为员工提供职业发展晋升通道。长期激励为销售人员提供了明确的职业发展目标，鼓励他们持续保持良好的工作表现，通过晋升实现个人价值和职业发展。

（三）淘汰机制

红线指标：连续 2 个月成交率＜ 10%、客户投诉≥ 3 次，视为严重不达标。成交率过低表明销售人员的销售能力不足，客户投诉过多则反映出服务质量存在问题，这两个指标综合反映了销售人员的工作表现。

改进计划：给予 1 个月观察期，其间进行针对性辅导，若仍未达标，则进行调岗或辞退处理。观察期为不达标的销售人员提供了改进的机会，通过针对性辅导帮助他们提升能力和改进问题，若仍无法达到要求，则采取调岗或辞退措施，以保证团队整体的工作效率和服务质量。

五、行业工具与数据支持

（一）推荐工具

CRM 系统：Salesforce、EC SCRM。
话术管理：语雀知识库、腾讯文档。
数据看板：Power BI、Tableau。

（二）行业基准数据

表 10-14　行业基准数据表

指标	行业平均值	优秀值
门店成交率	20%	≥ 35%
电话邀约到店率	15%	≥ 25%
客单价	8000 元	≥ 12000 元

企业可以将自身的实际数据与行业平均值和优秀值进行对比，找出差距，分析原因，并有针对性地制定改进措施。例如：如果门店成交率低于行业平均值，企业可以从销售流程优化、销售人员培训等方面入手，提升成交率；若客单价未达到优秀值，可采取产品组合调整、高端产品推广等策略来提高客单价。

六、法律与伦理规范

（一）消费者权益保护

禁止虚假承诺：在家具销售过程中，企业必须杜绝虚假承诺。例如，当宣传"终身质保"时，一定要明确质保的具体范围，包括哪些部件属于质保范畴、质保的期限计算方式等。避免因模糊的承诺导致消费者误解，引发纠纷。

客户信息保密：客户的电话号码、住址等隐私信息是企业在销售过程中获取的重要资料，企业有责任和义务对这些信息进行严格保密。建立完善的客户信息保密制度，规范员工对客户信息的使用和管理流程，防止客户信息泄露，维护消费者的合法权益。

（二）合规销售

明码标价：家具企业必须严格遵守明码标价原则，不得在促销期外私自降价。所有产品和服务的价格都应清晰明确地展示给消费者，避免价格欺诈行为。这样既能增强消费者对企业的信任，也符合市场竞争的公平原则。

赠品标注：当企业提供赠品进行促销时，需详细说明赠品的型号、领取条件等信息。让消费者清楚了解赠品的相关情况，避免因赠品问题产生争议，确保销售活动的合规性和透明度。

任务实训

【目标】

通过模拟家具销售场景，掌握从策略制定、话术设计到团队管理的全流程实操能力。

【内容】

设计推销策略：选择一类家具（如儿童家具、智能床垫），制定包含客户分级、推销流程、话术策略在内的方案。

模拟销售演练：分组扮演销售员与客户，完成从需求挖掘到成交的全流程（需处理至少3类客户异议）。

管理方案优化：根据模拟销售数据，提出团队培训计划与激励机制改进建议。

【步骤】

步骤1：行业调研与策略设计

调研头部品牌（如顾家家居、慕思）的推销策略，总结其核心逻辑。

制定客户分级标准（如A类客户：预算＞2万元，3个月内须入住）。

步骤2：话术设计与演练

需求挖掘话术。

异议应对话术。

步骤 3：数据分析与优化

统计模拟销售中的常见异议类型（如价格、环保、售后），有针对性地设计培训内容。

制定"客户满意度提升计划"，包含售后 24 小时响应、免费清洁服务等。

第三节　家具销售促进策略

学习目标

【知识目标】

（1）掌握家具销售促进的核心分类及其适用场景。

（2）熟悉促销策略的五大实施步骤。

（3）理解促销活动中的常见风险及规避方法。

（4）掌握促销工具的设计逻辑与实施要点。

【能力目标】

（1）能够策划线上线下联动的促销活动方案，并制订完整的执行计划。

（2）具备促销活动效果数据分析能力，提出有针对性的优化建议。

（3）能够设计激励经销商与终端门店的促销政策，提升渠道配合度。

（4）能够通过 A/B 测试优化促销规则，平衡短期销量与长期品牌价值。

一、销售促进的分类与核心逻辑

（一）消费者促销：直接刺激购买决策

1. 价格类促销

限时折扣：通过在短期内大幅度降低产品价格，营造出一种机不可失的紧迫感，迅速抓住消费者的眼球，促使他们果断做出购买决策。比如电商购物狂欢节中常见的"双十一全场 5 折"，这种极具冲击力的价格优惠，往往能在短时间内吸引大量消费者下单。

适用场景：在库存清理阶段，限时折扣是快速回笼资金的有效手段。例如，某家具品牌库存积压了一批上一季款式的餐桌椅，通过限时 3 天 5 折促销，成功将库存产品大量售出，为新品腾出空间。对于新品上市，限时折扣可以快速打开市场，让更多消费者尝试新产品，如一款新设计的智能沙发上市时，前两周 8 折优惠，迅速提升了产品知名度和市场占有率。

风险控制：为避免因频繁或过度的全线降价导致品牌形象受损，企业应严格限制促销范围。比如，将限时折扣仅针对特定的滞销款式，像一些颜色较冷门、款式相对陈旧的家具单品，这样既能处理库存，又不会影响品牌整体的价格定位。

满减活动：采用阶梯式的优惠方式，鼓励消费者增加购买金额，以获取更大幅度的优惠。例如，"满 10000 元减 1500 元，满 20000 元减 3000 元"。

视觉提示：在门店的收银台、主要通道以及线上店铺的显著位置，设置醒目的满减提示标识至关重要。比如，制作大幅海报，上面标注"满10000元立减1500元，您当前消费金额距离优惠还差[X]元"，让消费者随时清晰了解自己距离优惠的差距，刺激他们进行额外购买。在线上店铺，还可以在购物车页面实时显示满减进度，通过弹窗提醒消费者凑单，进一步提升活动效果。

2. 赠品类促销

实用性赠品：选择与主产品关联性紧密的赠品，能够增强消费者对主产品的好感度和购买意愿。例如，购买床垫时赠送乳胶枕，两者搭配使用能显著提升睡眠体验。

选品逻辑：赠品成本应合理控制在主品利润的10%～15%。以一款利润为800元的床垫为例，赠品乳胶枕的成本控制在80～120元较为合适，既能保证企业的利润空间，又能让消费者感受到实实在在的实惠。

服务型赠品：提供诸如免费设计、延长质保、上门除螨等服务，极大地增加了产品的附加值。

价值传递：将服务进行明确的折现标价，让消费者清楚知晓服务的价值。比如，明确告知消费者"价值500元的免费设计服务"，使消费者更直观地感受到赠品的吸引力和实际价值。

3. 体验类促销

免费试用：为消费者提供一定期限的无理由退换货服务，如30天无理由退换货，这对于高客单、重体验的家具品类，如床垫、沙发等尤为适用。消费者可以通过实际使用，真切感受产品是否符合自身需求。

风险管控：为降低产品在试用过程中的损耗率，企业可适当收取一定押金，并在消费者退换货时全额返还。例如，某品牌沙发推出免费试用活动，收取500元押金，若消费者在30天内完好退还沙发且无质量问题，押金将立即退还。

到店礼：消费者通过扫码预约到店，即可领取香薰、靠垫等小礼品。这一方式不仅能吸引消费者到店，还能通过扫码收集消费者信息，为构建私域流量池积累数据资源。比如，一家新开的家具店通过到店礼活动，一个月内收集了500多个潜在客户信息，为后续的精准营销打下了基础。

表10-15 消费者促销分类与核心策略

促销类型	子类	适用场景	设计要点	典型案例	风险控制
价格类 促销	限时 折扣	库存清理、 新品推广	限定促销范围（如仅滞销款） 明确时间周期(3～5天)	旧款餐桌3天5折；智能沙发新品上市8折	避免全线降价，损害品牌形象
	满减 活动	常规销售期、 旺季促销	门槛略高于客单价均值（如10000元） 实时显示优惠差额（购物车提示）	满10000元减1500元，客单价提升至10200元	合理设置门槛，避免过度让利

促销类型	子类	适用场景	设计要点	典型案例	风险控制
赠品类促销	实用性赠品	高毛利产品搭配销售	赠品与主品强关联（床垫＋乳胶枕）成本控制（利润的10%～15%）	购床垫赠乳胶枕；购沙发赠靠垫套装	避免赠品质量差引发投诉
	服务型赠品	提升产品附加值	服务折现标价（如"价值500元设计服务"）明确服务条款	免费全屋设计；延长质保至5年	确保服务兑现能力，避免承诺无法履行
体验类促销	免费试用	高客单/重体验产品	押金机制（如500元）明确试用规则（30天无理由）	沙发免费试用30天，完好押金全返	监控产品损耗率，优化押金金额
	到店礼	新店开业、淡季引流	低成本高感知礼品（香薰/测量工具）扫码留资构建私域	扫码预约到店送香薰，1个月收集500+客户信息	控制礼品成本，避免无效流量

（二）渠道促销：激励经销商与终端

1.进货返利

阶梯返点：根据经销商季度进货量的不同，给予相应比例的返点奖励。例如，季度进货量达50万元返3%，100万元返5%，以此激励经销商加大进货力度，提高产品的市场铺货率。

执行难点：在实施过程中，企业必须密切监控窜货风险。由于不同区域的返点政策可能存在差异，部分经销商为获取更高利润，可能会将货物低价抛售到其他区域，扰乱市场秩序。企业可通过建立产品追溯系统，如在产品包装上设置唯一二维码，实时追踪产品流向，及时发现并处理窜货行为。

2.陈列奖励

陈列位置：要求主推产品必须放置在门店入口1.5米视线范围内，确保消费者进店后能第一时间注意到，提升产品曝光度。例如，某品牌将当季新款餐桌摆放在门店入口显眼位置，搭配精致的餐具和鲜花，吸引了众多消费者的目光。

展示要求：搭配场景化道具，如绿植、装饰画等，营造出逼真的家居氛围，让消费者更直观地感受产品在家中的实际效果，提升产品吸引力。比如，在展示客厅家具时，搭配上合适的地毯、窗帘和装饰品，使消费者能够更好地想象产品融入自家客厅的样子。

验收机制：每月通过拍照上传系统的方式，对经销商门店的陈列情况进行审核，审核通过后发放补贴，确保陈列标准得以有效执行。

3.销售竞赛

目标设定：按区域或门店设定明确的销售额、毛利增长等目标，为经销商和终端门店指明努力方向。例如，根据不同区域的市场规模和潜力，为 A 区域设定销售额增长 20% 的目标，为 B 区域设定毛利增长 15% 的目标。

表 10-16　渠道促销策略分类

促销类型	核心逻辑	执行要点	风险控制
进货返利	激励经销商进货积极性	阶梯返点（50 万元返 3%，100 万元返 5%） 季度考核周期	产品追溯系统（二维码防窜货）
陈列奖励	提升终端产品曝光度	主推产品入口 1.5 米内展示 场景化道具（绿植 / 装饰画）	拍照验收（每月上传陈列照片）
销售竞赛	激发渠道销售动力	目标差异化（销售额 / 毛利） 物质 + 荣誉奖励（奖金 / 证书）	区域市场容量匹配目标

（三）终端促销：提升门店转化率

1. 门店氛围营造

（1）主题设计

节日主题：在春节等重要节日，采用红色为主色调，搭配"家和万事兴"等吉祥标语，营造出浓厚的节日氛围，让消费者感受到家的温馨与美好，激发他们购买家具布置家居的欲望。

季节主题：夏季主打"清凉家居"概念，通过展示藤编、浅色系等具有清凉感的家具产品，搭配蓝色调的装饰，为消费者带来视觉上的清凉体验，吸引他们购买适合夏季的家居用品。

（2）互动装置

AR 试摆：消费者通过扫码，即可在手机上使用 AR 技术预览家具在自家空间中的摆放效果，有效解决了消费者对家具尺寸、风格与自家装修是否匹配的担忧，增强购买信心。例如，消费者在门店看中一款沙发，通过 AR 试摆，能直观看到沙发放在自家客厅的实际效果，从而更放心地购买。

触屏游戏：设置完成搭配挑战可抽奖等互动游戏，增加消费者在门店的停留时间，提升购物的趣味性和体验感。比如，消费者在触屏上完成客厅家具搭配挑战，若搭配合理即可参与抽奖，有机会获得优惠券或小礼品。

2. 导购激励机制

爆款提成：对于销售指定爆款产品的导购员，额外给予 5% 提成，激励导购员积极推荐爆款产品，提高爆款产品的销量。例如，某款性价比极高的茶几作为爆款产品，导购员通过积极推荐，每销售一件可获得额外的提成奖励。

连带奖励：当客单价超过 1.5 万元时，奖励团队聚餐基金，促进团队成员之间的协作，鼓励导购员引导消费者进行连带消费，提高客单价。比如，导购员通过巧妙搭配推荐，让消费者在购买沙发的同时，又购买了茶几、电视柜等配套产品，客单价提升至 2 万元，团队获得聚餐基金奖励。

家具市场营销实务

表 10-17　终端促销核心策略

促销类型	子类	适用场景	设计要点	典型案例	风险控制
门店氛围营造	主题设计	节日营销、季节促销	色彩与标语匹配场景（春节红色＋"家和万事兴"） 场景化道具（绿植／装饰画）	春节红色主题陈列；夏季"清凉家居"藤编展区	控制装饰成本 避免主题与品牌调性冲突（如高端品牌慎用夸张元素）
	互动装置	提升体验感、增加停留时长	AR 试摆（扫码预览摆放效果） 触屏游戏（搭配挑战抽奖）	AR 试摆沙发效果；完成搭配挑战送 50 元券	提前测试技术稳定性（防卡顿） 简化互动规则（避免复杂操作劝退用户）
导购激励机制	爆款提成	主推单品快速走量	提成比例差异化（如爆款额外 5%） 明确爆款清单（每周更新）	智能沙发单件提成 200 元	避免过度推销（设置客户满意度考核） 防止囤货刷单（关联库存管理系统）
	连带奖励	提升客单价与交叉销售	阶梯奖励（客单价＞1.5 万元奖励团队基金） 捆绑推荐话术培训	客单价达 2 万元奖励团队聚餐	监控推荐合理性（防强推不需要的产品） 平衡个人与团队奖励（避免内部恶性竞争）

二、促销策略的实施步骤

（一）目标设定与资源整合

表 10-18　促销目标与资源整合

目标类型	量化指标	数据来源
销售增长	活动期间销售额环比提升 30%	门店 POS 系统、电商后台
新客获取	新增客户数 ≥ 1000 人	CRM 系统留资数据
库存清理	滞销款销量占比降至 10% 以下	库存管理系统

1.目标拆解

通过明确的量化指标，企业能够精准衡量促销活动的效果，及时调整策略。例如，借助门店 POS 系统和电商后台数据，企业可实时掌握销售额变化，判断是否达到销售增长目标。

2.资源整合清单

内部资源：整合产品库存，确保促销产品有充足的货源供应；协调设计团队，制作吸引人的宣传物料和活动页面；利用物流支持，保证产品能及时、准确地送达消费者手中。

外部资源：与媒体合作进行广告投放，扩大活动影响力；邀请 KOL 在其档期内进行产品推广，借助 KOL 的粉丝基础和影响力吸引更多潜在客户；争取第三方支付平台补贴，降低消费者的支付成本，增强购买意愿。

（二）方案设计与规则制定

1. 活动规则设计

（1）时间规划

预热期（7天）：通过在朋友圈发布倒计时海报、给老客户发送短信等方式，提前为活动预热，吸引消费者的关注，激发他们的期待和兴趣。

爆发期（3天）：在直播间进行限时秒杀活动，营造紧张刺激的购买氛围；在门店采取限流排队的方式，增加消费者的紧迫感，促使他们尽快做出购买决策。

长尾期（7天）：针对未成交客户，定向发送优惠券，激活他们的购买欲望，提高活动的转化率。

（2）参与门槛

会员专享：设置仅限注册会员参与的满减活动，鼓励消费者注册会员，增加客户黏性和忠诚度。

地域限制：例如，仅限新交房小区客户使用优惠券，精准定位目标客户群体，提高促销活动的针对性和效果。

2. 风险预案制定

库存超卖：通过实时同步线上线下库存数据，设置售罄预警，当库存数量低于一定阈值时，及时停止相关产品的销售，避免出现超卖现象，损害消费者权益和品牌形象。

客流超载：采用分时段预约到店的方式，合理控制门店客流量；为等候的消费者赠送定制水杯等礼品，缓解消费者的等待焦虑，提升消费者体验。

（三）执行监控与实时优化

1. 数据监控看板

表 10-19　销售数据监控看板

指标	监控频率	预警阈值	应对措施
销售额达成率	每小时	＜50%	追加朋友圈广告投放
客单价	每日	＜8000元	推送"满减攻略"短信
退货率	每日	＞5%	检查产品质量与宣传一致性

通过实时监控这些关键指标，企业能及时发现活动中存在的问题，并迅速采取相应的应对措施。如当销售额达成率每小时低于50%时，立即追加朋友圈广告投放，加大活动宣传力度，提高销售额。

2. A/B 测试应用

优惠券面额：对比"100元无门槛"和"满5000元减300元"两种优惠券面额的使用

效果，分析哪种面额能吸引更多消费者使用优惠券并促进购买。

活动标题：测试"限时折扣"和"工厂直供价"两种不同活动标题的吸引力，观察哪种标题能带来更高的点击率和转化率。

决策依据：在 24 小时内选择转化率高的版本进行全量推广，提高促销活动的效果和投资回报率。

（四）效果复盘与沉淀

1.数据对比分析

横向对比：将本次活动的销售额、利润率、客单价等数据与历史同期活动数据进行对比，分析活动效果的变化趋势，找出活动中的优势和不足。

纵向对比：比较不同渠道（如线上电商平台、线下门店）或区域的活动表现差异，了解各渠道和区域的特点，为后续活动优化提供参考。

2.经验沉淀

成功要素：总结活动中爆款选品精准、社群裂变效率高、宣传渠道效果好等成功经验，在后续活动中继续发扬和强化。

改进方向：针对活动中暴露的库存调配速度慢、导购培训不足、活动规则不够清晰等问题，提出具体的改进措施，不断提升促销活动的质量和效果。

三、促销工具与创新玩法

（一）传统工具升级

1.优惠券的智能化

动态面额：借助大数据技术，根据用户浏览记录、购买意向等行为数据，智能调整优惠力度。对于浏览次数多、停留时间长的高意向客户，推送大额券，提高优惠券的使用率和转化率。例如，系统识别出一位多次浏览某款高端沙发的用户，自动推送一张满 10000元减 2000 元的大额优惠券。

社交裂变：设计"分享给 3 位好友，双方各得 50 元券"等活动，鼓励消费者在社交平台上分享优惠券，实现优惠券的裂变传播，扩大活动影响力和覆盖范围。通过消费者的社交关系链，将活动信息快速扩散，吸引更多潜在客户。

2.赠品的场景化

套餐设计：推出"购沙发＋茶几＋电视柜"赠"客厅地毯＋靠垫套装"等套餐，为消费者提供一站式购物解决方案，同时提高赠品的实用性和吸引力。消费者在购买家具套餐时，不仅能获得所需的整套家具，还能得到与之配套的赠品，提升购物体验。

情感附加值：在赠品上刻印客户姓名或纪念日期，赋予赠品独特的情感价值，提升消费者对赠品的喜爱和对品牌的好感度。比如，为新婚夫妇购买的家具赠品刻印他们的结婚日期，让赠品成为一份特别的纪念。

（二）数字化创新

1.直播带货

（1）脚本设计

前 10 分钟：通过深入讲解消费者在家居生活中遇到的痛点，如"沙发太小显客厅寒酸""卧室收纳空间不足"等，引起消费者的共鸣，吸引他们继续观看直播。

中段：对产品进行详细演示，展示家具的模块化组合功能、材质拆解过程、使用方法等，让消费者更深入地了解产品特点和优势。例如，在直播中现场拆解沙发面料，展示内部优质的填充材料。

结尾：推出限时优惠，如前 100 名购买者送赠品、限时折扣等，营造紧迫感，促使消费者尽快下单购买。

（2）流量来源

付费投流：通过在社交媒体平台、视频平台等定向投放广告，精准触达家装类直播间观众，吸引潜在客户进入直播间。例如，在抖音平台针对关注家居装修的用户投放直播预告广告。

私域导流：在社群、公众号等私域渠道提前预告直播福利，引导粉丝进入直播间，提高直播间的人气和转化率。通过私域流量的预热和引导，提升粉丝的参与度和购买意愿。

2.游戏化互动

每日签到：设置连续 7 天签到领 100 元券等任务，培养消费者的参与习惯，增加用户黏性。消费者每天登录参与签到，即可获得相应奖励，从而促使他们持续关注活动。

邀请助力：消费者通过邀请好友点赞、助力，集满 10 个赞解锁隐藏优惠，借助社交关系扩大活动传播范围。例如，消费者在朋友圈分享助力链接，好友点击助力后，双方都能获得优惠奖励。

技术实现：通过在 H5 页面嵌入小程序，实现任务的自动化管理和奖励的自动发放，提升用户体验。消费者在 H5 页面完成任务后，小程序自动识别并发放奖励，无须人工干预，方便快捷。

四、工具与数据支持

（一）行业基准数据

表 10-20　行业基准数据表

指标	行业平均值	优秀值
促销期间销售额占比	30%	≥ 45%
新客获取成本	200 元 / 人	≤ 120 元 / 人
促销款退货率	8%	≤ 3%

（二）推荐工具

活动管理：有赞、微盟。

数据分析：神策数据、GrowingIO。

直播平台：抖音直播、腾讯看点直播。

五、风险与合规管理

（一）价格法合规

原价标注须为近 7 日最低成交价，禁止虚构原价。在家具销售促销场景中，严格遵循价格法关于原价标注的规定至关重要。例如，某家具品牌开展限时折扣活动，一款标价 5000 元的衣柜，折扣后售价 3000 元。但经市场监管部门核查，该衣柜近 7 日内最低成交价实际为 3500 元，该品牌虚构原价的行为构成价格欺诈。这种行径不仅严重损害消费者权益，还使企业面临行政处罚，如罚款、责令整改等，对企业声誉造成难以挽回的负面影响。

限时折扣需明确起止时间，过期恢复原价。企业开展限时折扣促销时，必须清晰醒目地标注活动起止时间，并在活动截止后严格按规定恢复原价。例如，某家具店推出为期 5 天的限时折扣，部分沙发 8 折销售，店内张贴大幅海报，线上店铺首页置顶活动通知，均明确标注活动开始与结束的具体日期及时间。活动结束后，该店立即将沙发价格调回原价，确保活动合规有序进行，维护市场价格秩序。

（二）消费者权益

赠品需提供"三包"服务：当家具企业在促销活动中赠送赠品时，依法应为赠品提供"三包"服务，保障赠品质量。比如，某企业在销售家具套餐时，赠送一把椅子作为赠品。消费者使用一段时间后，发现椅子出现摇晃不稳的质量问题。依据"三包"规定，企业应免费为消费者修理椅子；若经多次修理仍无法正常使用，企业需为消费者更换赠品或作退货处理。若企业拒绝履行"三包"义务，消费者可向消费者协会或相关监管部门投诉，企业将面临法律追责。

活动规则须在页面显著位置公示：为充分保障消费者知情权，家具企业开展促销活动时，务必将活动规则在页面显眼处公示。以某家具电商平台为例，其在进行满减促销活动时，在活动页面顶部以大号字体、鲜明颜色展示活动规则，详细说明满减条件（如满 5000 元减 1000 元）、参与活动产品范围（哪些系列家具参与满减）、优惠券使用限制（是否可叠加其他优惠券）等信息。消费者进入活动页面便能第一时间清晰了解活动规则，避免因信息不明引发消费纠纷。

任务实训

【目标】

通过模拟家具销售促进项目，培养从策略设计到效果评估的完整操作能力。

【内容】

以小组为单位，选择一款家具产品（如儿童床），设计一套包含消费者促销、经销商激励、异业联动的组合方案。

模拟促销活动执行，制定预算表、宣传计划及应急方案（如库存不足、客诉处理）。

根据模拟数据（销售额提升 30%、退货率 ≤ 5%）撰写促销复盘报告。

【步骤】

步骤 1：行业调研与竞品分析

分析竞品促销案例，总结其策略的成功因素。

调研目标产品的用户痛点（如"儿童床安全性担忧"），设计有针对性的促销话术。

步骤 2：方案设计与资源整合

消费者促销：推出"购儿童床赠防撞角 + 免费甲醛检测服务"。

经销商激励：设定"首周销量 TOP3 门店奖励团队旅游"。

异业合作：与早教机构合作"购床赠试听课"，吸引亲子家庭客群。

步骤 3：数据模拟与优化

假设促销期间官网流量增长 50%，但转化率仅 1.2%，分析原因（如落地页体验差）并调整。

针对高退货率（模拟数据 8%），优化售后政策（如"延长犹豫期至 45 天"）。

步骤 4：答辩与改进

小组展示方案，接受评委（模拟企业高管）质询（如"为何选择与早教机构而非建材品牌合作？"）。

第四节　家具公共关系策略

学习目标

【知识目标】

（1）掌握家具行业公共关系活动的核心内容、分类及行业应用场景。

（2）熟悉公共关系策略的制定逻辑、工具应用及长短期目标平衡方法。

（3）理解家具行业特性对公关策略的影响及次要受众管理要点。

【能力目标】

（1）能够根据品牌定位制定针对性公关策略，并设计符合消费痛点的活动方案。

（2）能够策划并执行完整的公关活动流程，包括跨部门协作与资源分配。

（3）能够快速应对突发危机，制定修复方案并模拟危机公关流程。

一、公共关系活动

家具行业的公共关系活动需围绕品牌形象、社会责任和客户关系展开，常见形式包括以下几种。

（一）媒体关系建设

新闻发布：通过新产品发布会、行业趋势白皮书等形式传递品牌动态。新产品发布会对家具企业至关重要，例如，家具企业在新品发布会上，不仅展示沙发、床垫等新品外观设计，还现场演示其人体工程学设计原理和耐用性测试，吸引大量媒体报道和消费者关注。行业趋势白皮书方面，如联合发布《大家居材艺趋势白皮书》，针对近年大家居产业的技术创新、工艺创新和服务创新进行研究，重点研判材料、工艺等领域的创新发展趋势，展现企业对行业发展的引领作用，提升行业话语权。

媒体合作：与家居类杂志、电视台或自媒体合作专题报道，如"环保家具设计背后的故事"。家居类杂志《ELLE DECORATION》常与家具品牌合作，通过精美的图片和深入的文字报道，讲述品牌的设计理念、选材标准等，精准触达高端家居消费者。电视台节目，如东方卫视的《梦想改造家》，与家具品牌合作，在节目中展示家具产品在家居改造中的应用，凭借广泛的观众群体提升品牌知名度。自媒体如"好好住"，通过博主分享真实的家居装修案例，推荐优质家具品牌，以灵活、贴近生活的方式吸引年轻消费群体。

图 10-3　ELLE DECORATION 杂志　　　图 10-4　东方卫视《梦想改造家》

危机公关：针对产品质量问题或舆论危机，通过官方声明、第三方检测报告等方式快速响应。当某品牌曾面临部分产品甲醛超标质疑时，第一时间发布官方声明，表明对产品质量的重视态度，同时邀请权威第三方检测机构进行全面检测，并及时公布检测报告，证明产品符合国家标准，快速平息了舆论风波，维护了品牌形象。

（二）社会责任活动

环保倡议：推广可持续家具材料的使用，联合公益组织发起"旧家具回收计划"。随着环保意识的增强，消费者对环保家具的关注度提升。比如，宜家推出"回购和再售服务"，鼓励消费者将旧家具捐赠或回收，通过翻新、拆解再利用等方式，减少资源浪费，同时推广使用可持续材料如再生纤维、可回收塑料制作家具，既践行环保理念，又吸引注重环保的消费者。

社区参与：赞助社区公共设施建设（如公园长椅捐赠），增强品牌亲民形象。某品牌赞助社区公园长椅建设，在长椅上标注品牌标识，不仅为社区居民提供便利，还通过社区活动宣传地板产品的耐用性和环保性，使品牌形象更贴近居民生活，提升品牌在当地的认知度与好感度。

公益营销：每售出一件家具，捐赠部分收益给山区学校，同步宣传品牌价值观。某家具品牌开展"温馨助学"公益活动，每销售一定金额的产品，就为山区学校捐赠学习用品、教学设施等，在销售产品的同时，传播企业关爱教育、积极履行社会责任的价值观，使消费者因支持公益事业而对品牌产生认同感，促进产品销售。

（三）客户关系管理

会员活动：举办 VIP 客户家居设计沙龙，提供免费软装咨询服务。针对 VIP 客户举办家居设计沙龙，邀请知名设计师分享国际家居设计潮流，为 VIP 客户提供一对一软装咨询服务，根据客户家居空间和个人风格，提供专业软装搭配方案，增强客户黏性与忠诚度。

口碑传播：鼓励用户分享家居搭配案例，通过社交媒体评选"最美家居达人"。家具品牌借助社交媒体平台，发起"我的个性家"活动，鼓励用户分享自家家具搭配案例，展示个性化定制成果，通过评选"最美家居达人"，激发用户参与热情，形成大量用户生成内容，以真实用户体验吸引更多潜在消费者，提升品牌可信度，扩大传播范围。

表 10-21　家具行业公共关系活动分类

活动类型	具体形式	定义／目标	示例
媒体关系建设	新闻发布	通过发布会、白皮书传递品牌动态	新品发布会展示人体工学设计；发布《绿色家居行业发展白皮书》
	媒体合作	联合媒体专题报道触达目标受众	东西卫视《梦想改造家》展示家具应用场景
	危机公关	快速响应负面舆情，维护品牌形象	通过第三方检测报告澄清甲醛超标质疑
社会责任活动	环保倡议	推广可持续材料，减少资源浪费	"回购和再售服务"回收旧家具
	公益营销	结合销售与社会责任，提升品牌价值观认同	"温馨助学"活动，每售一单捐赠山区学校
客户关系管理	会员活动	增强客户黏性与忠诚度	举办 VIP 家居设计沙龙，提供免费软装咨询
	口碑传播	通过 UGC 内容提升品牌可信度	发起"我的个性家"活动，评选"最美家居达人"

二、公共关系决策

公关决策需遵循"目标导向、受众细分、资源整合"原则，具体流程如下。

（一）明确公关目标

短期目标：如新品上市期的媒体曝光量提升 30%。短期内集中资源，通过媒体合作、新闻发布等手段，使新品迅速进入公众视野，为销售预热。例如，某新中式家具品牌在新品上市时，与当地知名家居媒体合作，在报纸、网站及社交媒体平台发布新品预告、产品特色介绍等内容，在新品发布后的一周内，媒体曝光量较以往同期增长 35%，有效吸引了潜在消费者的关注。

长期目标：如三年内将品牌社会责任认知度提升至行业前三。长期持续投入公益活动、环保倡议等，逐步塑造并强化品牌的社会责任形象，提升行业影响力。以大自然家居为例，多年来持续开展"我为地球添绿"植树公益活动，联合经销商、消费者共同参与，经过数年努力，其品牌社会责任形象深入人心，在行业社会责任认知度排名中跃居前列。

（二）目标受众分析

核心受众：潜在消费者、现有客户、经销商。潜在消费者决定企业市场拓展空间，企业需通过品牌宣传、产品展示等吸引其关注；现有客户关乎企业持续收益与口碑传播，要注重客户关系维护；经销商是产品流通的关键环节，需与之建立紧密的合作关系。例如：针对潜在消费者，定制家具品牌可通过线上 3D 展厅展示多样化的家具定制方案，吸引其兴趣；对现有客户，定期回访、提供家具保养小贴士等，提升客户满意度；与经销商定期召开沟通会议，提供市场推广支持、培训等，增强合作紧密度。

次要受众：行业协会、媒体、政府机构。行业协会影响行业标准制定与发展趋势，媒体是品牌传播的重要渠道，政府机构在政策扶持、监管等方面作用重大。家具企业积极参与行业协会组织的研讨会、标准制定工作，能提升在行业内的话语权；与媒体保持良好的合作关系，可获得更多曝光机会；符合政府环保、质量等政策要求，能争取政策支持，规避经营风险。如欧派家居积极参与橱柜行业标准制定，与各大媒体合作报道新品及品牌活动，严格遵守环保政策，在行业内树立了良好形象。

工具应用：通过问卷调查或大数据分析（如社交媒体舆情监测）确定受众关注点。问卷调查可直接获取受众对品牌、产品、活动等方面的意见与需求；社交媒体舆情监测能实时洞察受众在网络上对品牌、行业话题的讨论热点与态度倾向。例如：某家具品牌通过线上问卷调查，了解到消费者在购买沙发时最关注舒适度和环保材料，随后在产品研发和宣传中重点突出这两点；利用社交媒体舆情监测工具发现，近期消费者对智能家具的讨论热度上升，企业及时调整公关策略，增加智能家具相关宣传活动。

（三）策略选择与资源分配

主动型策略：如主动发起行业论坛，主导环保标准制定。展现企业行业引领地位，掌握话语权，提升品牌权威性。举办行业论坛可汇聚行业专家、企业代表，共同探讨行业前沿问题，树立企业在行业创新发展方面的标杆形象。例如，红星美凯龙多次举办家居行业发展论坛，邀请国内外知名品牌、专家参与，围绕绿色家居、智能家居等话题展开讨论，同时积极推动环保标准制定，提升了自身在行业内的影响力和品牌美誉度。

反应型策略：如针对负面舆情的快速澄清与补偿方案。及时止损，修复品牌形象。当负面舆情出现时，企业应迅速调查真相，通过官方渠道发布澄清声明，并对受影响的消费者给予合理补偿，重新赢回信任。曾有一家家具企业被曝光产品存在质量问题，该企业立即成立专项调查小组，查明是生产环节某批次原材料质量问题所致。企业迅速发布声明，召回问题产品，向消费者道歉并给予一定补偿，同时改进生产流程，加强原材料检测，有效挽回了品牌声誉。

预算分配：按活动优先级分配资源，如媒体投放占 60%、公益活动占 30%、危机储备占 10%。依据公关目标与策略，合理分配有限资源，确保重点活动资源充足，同时预留危机应对资金。媒体投放是品牌传播的重要手段，需保证足够资源以覆盖目标受众；公益活动长期塑造品牌形象，也需稳定投入；危机储备资金用于应对突发负面事件。例如：某中高端家具品牌在制定年度公关预算时，考虑到新品推广需求，将 60% 的预算用于与家居类杂志、电视台、自媒体等合作进行广告投放和专题报道；为强化品牌社会责任形象，拿出 30% 预算开展环保公益活动；预留 10% 作为危机应对资金，以防可能出现的产品质量、舆论负面事件。

（四）执行与协调

跨部门协作：市场部与客服部联动处理用户投诉，避免问题升级。市场部了解市场动态与品牌传播需求，客服部直接接触客户，双方协作能快速响应客户问题，从品牌传播与客户服务角度共同解决问题，维护品牌形象。比如，当有消费者投诉家具产品存在异味问题时，客服部及时记录并反馈给市场部，市场部协同产品研发部门分析原因，若确认为产品问题，市场部策划公关方案，如发布产品改进声明、为消费者提供除味服务或更换产品等，客服部跟进处理进度，向消费者反馈，化解客户不满，保护品牌声誉。

外部伙伴管理：与公关公司、媒体保持定期沟通，确保信息一致性。公关公司提供专业公关策划与执行服务，媒体是信息传播出口，定期沟通保证各方对品牌信息理解一致，传播口径统一。例如，某家具品牌与公关公司合作策划新品发布会，在筹备过程中，每周与公关公司、媒体召开沟通会议，明确新品定位、宣传重点、活动流程等，确保媒体报道内容与品牌期望一致，避免信息偏差导致的传播效果不佳。

表 10-22　公共关系决策框架与风险控制

决策步骤	核心内容	关键策略 / 工具	风险清单	风险控制措施
明确公关目标	短期目标：快速提升曝光量（如媒体曝光量 +30%） 长期目标：品牌社会责任认知度提升	媒体合作清单 公益活动规划	短期目标：媒体覆盖不达预期 长期目标：公益活动效果难以量化	制定备选媒体清单（含 KOL） 设定公益效果评估指标（如参与人数 / 媒体报道量）
目标受众分析	核心受众：消费者 / 经销商 次要受众：协会 / 媒体 / 政府	问卷调查 舆情监测工具	受众细分不精准 舆情监测数据滞后	采用聚类分析细化标签 购买实时舆情监测系统（如百度指数）
策略选择与资源分配	主动型：行业论坛 / 标准制定 反应型：危机公关 预算分配：媒体 60%/ 公益 30%/ 危机 10%	论坛筹备流程 危机预案	主动策略投入高但回报慢 危机储备金不足	平衡长短期预算（如论坛占比 ≤ 20%） 预留弹性预算（可动态调配）
执行与协调	跨部门协作：市场部 + 客服部 外部管理：公关公司 + 媒体	投诉处理 SOP 媒体沟通会	部门权责不清导致推诿 外部信息泄露	建立跨部门协作 KPI 签署媒体保密协议

三、公共关系评估

公关效果需从定量与定性两个维度综合评估。

（一）定量指标

媒体覆盖率：统计新闻报道数量、转载量及阅读量。反映品牌信息在媒体平台的传播广度，新闻报道数量多、转载量高、阅读量大，说明品牌曝光度高。例如，某家具品牌在一次大规模公关活动后，统计到家居类媒体对其报道达 50 余篇，其中部分报道被转载超过 100 次，总阅读量突破 500 万，表明活动在媒体传播方面取得了显著成效。

社交媒体互动：分析活动话题的转发、评论及点赞数据。体现受众对品牌活动的参与度与兴趣度，高互动数据表明活动内容引发共鸣，传播效果好。如某家具品牌在社交媒体上发起"家居创意搭配挑战"话题活动，在一个月内收获超过 10 万次转发、5 万条评论和 20 万个点赞，显示活动成功吸引消费者参与，促进了品牌与消费者之间的互动。

销售转化：通过追踪代码监测公关活动对官网访问量及订单量带来的影响。直接反映公关活动对销售业绩的影响，官网访问量与订单量增长，说明公关活动有效促进消费者购买行为。某实木家具品牌在开展"实木品质，环保生活"公关活动后，通过追踪代码发现，活动期间官网访问量较上月同期增长 80%，订单量增长 50%，这有力地证明了公关活动对销售的促进作用。

（二）定性指标

品牌美誉度：通过焦点小组访谈了解消费者对品牌的信任度变化。在焦点小组访谈中，消费者对品牌产品质量、服务、社会责任等方面的评价，可直观反映品牌美誉度提升或下降的情况。例如，某家具品牌在开展一系列环保公益活动后，组织焦点小组访谈，消费者普遍对品牌的环保理念表示认同，对品牌好感度增加，品牌美誉度得到提升。

行业影响力：评估企业在行业协会中的话语权提升情况。企业在行业协会中参与重要决策、推动行业标准制定等，都表明其行业影响力扩大。如索菲亚家居在定制家居行业协会中积极参与制定行业设计规范、环保标准等，在行业内的影响力不断扩大，成为行业发展的重要推动者。

表 10-23　公共关系评估指标体系与测量工具

评估维度	具体指标	测量工具	说明
定量指标	媒体覆盖率	媒体监测工具（如 Cision、Meltwater）网络爬虫（如 Google Analytics、百度指数）	统计新闻报道数量、转载量、阅读量，分析媒体传播广度与渗透率
	社交媒体互动	社交媒体分析工具（如 Hootsuite、Sprout Social）平台原生数据（微博/微信后台）	追踪话题转发、评论、点赞量，评估用户参与度与内容传播效果
	销售转化	UTM 追踪代码（Google Analytics）CRM 系统（如 Salesforce）	监测官网访问量、订单量增长，关联公关活动与销售转化的直接效果
定性指标	品牌美誉度	焦点小组访谈记录分析舆情情感分析工具（如 Brandwatch、NLP 文本挖掘）	通过消费者访谈和舆情情感倾向(正面/中性/负面比例)，评估品牌信任度变化
	行业影响力	行业协会公开报告企业参与行业会议、标准制定的频次记录	分析企业在行业会议发言次数、标准制定参与度，衡量行业话语权提升情况

任务实训

【目标】

通过模拟家具企业公关活动策划与评估，提升学生策略制定、资源协调与数据分析能力。

【内容】

任务 1：为某家具品牌设计一场"绿色家居生活周"公关活动方案。

任务 2：针对某品牌的产品质量舆情危机，制订危机公关应对计划。

【步骤】

步骤 1：调研分析

收集目标品牌的市场定位、竞争对手公关策略及行业趋势。通过问卷或访谈了解消费者对环保家具的认知与需求。

步骤 2：方案设计

确定活动主题、形式（如线上直播＋线下体验店联动）。

制定媒体合作清单（如家居类 KOL、地方电视台）。

步骤 3：预算与执行表

编制详细预算（场地、宣传、人员费用）。制定甘特图明确各阶段时间节点与责任人。

步骤 4：效果模拟评估

使用 Excel 或 SPSS 模拟舆情数据，计算活动 ROI。

撰写总结报告，提出优化建议。

第十一章　家具门店管理

成交 1612 单——解码南康家具品牌新疆克州馆背后的爆火基因

2023 年 12 月 31 日，南康家具品牌新疆克州馆正式开业，开业期间，共吸引 1.6 万余人次参观，成交 1612 单，销售额 459 万元，线上抖音直播观看量达 1500 万人次。短短几天之内，一举实现了线下销售及客流双增长以及现象级线上话题传播，刷新了南康家具"百城千店"的历史记录。如此火爆的人气，不仅仅吸引了广大消费者，更使得该市场持续火爆出圈，赢得新疆地区、家具行业的广泛赞誉。

优势地理位置——缔造家具市场新地标。南康家具品牌馆位于新疆克孜勒苏柯尔克孜自治州，克州及喀什地区专业家具市场较少，有些家庭买家具甚至要到 1000 多公里之外的乌鲁木齐采购。南康家具品牌新疆克州馆的开设，恰好满足了新疆人民对"高品质、高颜值、高性价比"家具的需求，家具市场潜力巨大。同时，新疆克州还是丝绸之路经济带核心区的重要门户、中巴经济走廊的重要节点、南疆向西开放的重要通道，具有得天独厚的区位优势和口岸优势，能够辐射周边的中亚五国甚至更大的市场，相信在不久的将来，新疆克州馆还能助力南康家具进军中亚国家，布局国际市场。

优质家具品牌——打造克州卖场新样板。南康家具品牌新疆克州馆精心挑选了团团圆、富龙皇冠、爱扬、七喜、天籁木香、全球通、韩韵美家、杜莎奇、南宫居、凯度、诚诺共 11 家优质南康家具品牌，涵盖实木、软体等多种风格类型，凭借品类多样、质量过硬、售价实惠的特点，为克州市民带来崭新的消费体验。克州州长吾肉孜阿力·哈西哈尔巴依表示："克州馆是新疆规模最大、档次最高、品类最全的南康家具卖场，也是克州首个家具市场，打造了全克州的一个样板"。一位维吾尔族客户听说南康家具物美质优，特意等到克州馆开业后前来为其子女购置婚房家具。有的客户赞叹："在克州 30 年了，这是第一次见到这么隆重的场面，很多家具之前都没有见过"。

专业营销队伍——引爆品牌声量。新疆克州馆于 2023 年 11 月开工建设、12 月底投入使用，仅用时 2 个月，这意味着，品牌馆要在极短的时间内将开业的讯息及卖点触达更多的目标消费者，这无疑是对营销能力的极大考验。以赣州市南康区世纪家缘家具有限公司为代表的营销团队经受住了这场"硬考核"。开馆前 20 余天，世纪家缘便选派了两组 8

人的专业爆破团队奔赴克州，协助品牌馆的布场、招聘、宣传、培训、定价、团队组建，挨家挨户寻找客户……在将近零下 20 度的天气，队员们双手双脚都冻到开裂，天气干燥到流鼻血，依然坚持工作超 15 个小时，跑市场、拜访客户、整合资源、培训人员、营造氛围……2023 年 12 月 25 日，世纪家缘董事长廖忠喧也飞往克州，亲自监督、检查、指导活动的每个执行细节，越来越多的客户为南康家具品牌新疆克州馆所吸引。在开业后的四五天里，不断有邀约客户慕名前来，南康家具品牌馆在克州朋友圈内持续刷屏，再一次创造了家具市场的营销奇迹。

第一节　家具门店选址及形象管理

学习目标

【知识目标】

（1）理解家具门店选址背后的逻辑与方法体系以及各类影响因素。

（2）掌握选址决策数据和理性分析。

（3）理解家具门店外部形象、内部管理的关键意义与核心要点。

【能力目标】

（1）做出合理的门店选址决策，并制定包含时间规划、成本预算在内的选址执行方案。

（2）完成家具门店的形象设计方案，将设计方案转化为实际场景。

一、家具门店选址

（一）地理位置

商圈类型对门店的运营有着决定性影响。以核心商圈为例，像北京王府井、上海南京路这类顶级商圈，每日人流量极为庞大，常常可达数万人次甚至更多。这些区域消费者的消费能力强劲，对于高端家具品牌而言，在这里开设门店能够更高效地触达目标客户群体。然而，与之对应的是高昂的租金成本，月租金动辄数十万元甚至更高。例如，某国际知名高端家具品牌在北京王府井开设的门店，月租金高达 80 万元，但凭借其优越的地理位置和庞大的客流量，销售额一直名列前茅。

交通便利性是吸引顾客的重要因素之一。临近公交站、地铁站或停车场，能够显著降低顾客到店的时间和精力成本，从而大大增强顾客的到访意愿。曾有一家位于地铁站附近 50 米的家具门店，通过市场调研发现，其顾客到访量比同区域其他门店高出 20%，其中很大一部分原因就是交通便利吸引了更多顾客。

周边竞争对手的分布同样不容忽视。在家具城内，众多家具门店聚集，虽然竞争激烈，但也能形成强大的规模效应，吸引更多顾客前来集中选购。例如，成都的八益家具城，汇聚了上百个家具品牌，消费者往往会选择在这里一站式选购家具。在这种竞争环境下，门店需要深入挖掘自身特色，从产品设计、品牌文化、服务质量等方面入手，打造差异化竞争优势，才能在众多竞争对手中脱颖而出。

（二）人口密度与消费群体

人口密度高的区域意味着潜在客户数量众多。在一些新兴城区，随着大量居民的陆续入住，家具的需求呈现出爆发式增长。比如深圳的光明新区，近年来随着基础设施的不断完善和大量新楼盘的交付，家具市场需求旺盛。不同年龄结构的消费群体在家具偏好上存在显著差异。年轻人追求时尚、个性化，对简约现代、北欧风格的家具情有独钟，他们更注重家具的设计感和个性化表达，愿意为独特的设计和环保的材质支付较高的价格。而中老年人则倾向于传统、稳重的款式，对家具的质量和实用性更为看重。

（三）发展趋势

密切关注城市规划动态对于家具门店选址至关重要。当某城市规划建设新的商业中心时，周边配套住宅项目也会陆续开发，提前在该区域布局家具门店，能够借助区域发展的东风，逐步提升门店的知名度和客流量。比如杭州在建设钱江世纪城时，一些有前瞻性的家具品牌提前入驻，随着区域的发展，这些门店的生意蒸蒸日上。大型住宅区周边也是极具潜力的选址地点，新入住居民往往有大量的家具采购需求，抓住这一契机，能够快速打开市场，建立品牌知名度。

二、家具门店的外部形象

（一）招牌设计

招牌是门店的第一视觉形象，必须醒目且独特。采用立体发光字是一种非常有效的方式，即使在夜间也能清晰可见，吸引路人的目光。在颜色搭配上，要与品牌主色调呼应，以强化品牌形象。例如，欧式古典家具品牌通常会选用金色、棕色等暖色调，这些颜色能够彰显奢华质感，与欧式古典风格的家具相得益彰。招牌内容应简洁明了，突出品牌名称和核心产品，如"[品牌名]高端实木家具"，让顾客一眼就能了解门店的核心定位。

（二）店面外观

店面建筑风格和颜色搭配要与品牌形象高度契合。对于现代简约风格家具门店，采用简洁的线条、大面积玻璃幕墙，能够展现出时尚、通透的感觉，符合现代消费者对简约美学的追求。中式家具门店则可巧妙运用木质格栅，传统建筑元素如飞檐、斗拱等，营造出古朴典雅的氛围，让顾客在店外就能感受到浓厚的文化底蕴。橱窗展示是吸引顾客进店的重要方式，通过精心布置不同的家居场景，搭配绿植、饰品等软装元素，能够生动地展示家具的实用性和美观性，激发顾客的购买欲望。比如，一家北欧风格家具门店的橱窗展示了一个温馨的客厅场景，搭配了简约的绿植和创意十足的抱枕，吸引了众多消费者驻足观看。

三、家具门店的内部装修

（一）空间布局

合理划分功能区域是门店内部装修的关键。展示区要根据家具品类进行科学分区，如客厅家具区、卧室家具区、餐厅家具区等，方便顾客浏览和对比。洽谈区应设置在相对安静、私密的位置，配备舒适的沙发、茶几和柔和的灯光，营造出轻松、舒适的交流氛围，便于销售人员与顾客深入沟通，了解需求并提供专业建议。收银区要位置显眼，便于顾客结账，同时要保证操作流程的便捷和高效。通道宽度保持在 1.2～1.5 米，确保顾客行走顺畅，避免出现拥堵和碰撞的情况。利用高低错落的陈列架、不同层次的吊顶设计以及巧妙的灯光布置，能够增加空间的层次感和通透感，使门店看起来更加宽敞、舒适。

（二）装修风格

装修风格与家具风格保持一致能够极大地增强整体协调性。中式家具门店采用中式古典装修风格，运用榫卯结构的木质家具、传统书画、瓷器等装饰品，营造出浓厚的文化氛围，让顾客仿佛置身于古代的文人雅士居所。现代简约家具门店以简洁的白色、灰色为主色调，搭配金属、玻璃等材质，展现出时尚、简约的质感，符合现代消费者对简洁生活的追求。

（三）照明设计

根据家具特点选择合适的照明设备至关重要。展示实木家具，可使用暖黄色射灯能够突出木材的纹理和质感，让顾客更直观地感受到木材的天然之美。展示现代简约家具，可采用白色灯带营造简洁明亮的氛围，凸显家具的线条和设计感。在不同功能区域，要根据实际需求调整照明亮度和色温。展示区亮度较高，便于顾客看清产品细节；洽谈区亮度适中，营造舒适的交流环境；而休息区则可采用较柔和的灯光，让顾客放松身心。

四、家具门店的氛围营造

（一）音乐选择

音乐能够有效影响顾客的情绪和购物体验。在休闲家具区域播放轻松舒缓的钢琴曲，如《梦中的婚礼》，能够让顾客在选购时放松身心，更好地感受家具带来的舒适感。现代时尚家具区域播放动感流行音乐，如《简单爱》，能够增添时尚活力氛围，使顾客停留时间更长，更深入地了解产品。音乐的音量也要控制得当，既不能过大影响顾客交流，也不能过小让人忽略。

（二）气味营造

宜人的气味能够显著提升顾客的舒适度。使用香薰机散发清新柠檬味，能够提神醒脑，增强顾客的购物欲望，让顾客在购物过程中保持愉悦的心情。淡雅薰衣草味则有助于放松心情，让顾客更自在地挑选家具，尤其适合在休息区和洽谈区使用。要注意选择品质优良的香薰产品，避免产生刺鼻或令人不适的气味。

（三）人员服务氛围

员工热情、专业的服务态度是门店氛围的重要组成部分。员工要主动迎接顾客，面带微笑，使用礼貌用语，如"您好，欢迎光临，很高兴为您服务"，让顾客感受到温暖和尊重。在顾客浏览过程中，员工要适时提供专业的产品介绍和建议，根据顾客的需求和喜好，推荐合适的家具产品，展现出专业的素养和服务精神。

五、家具门店的卫生管理

（一）日常清洁

制订详细的日常清洁计划是保持门店整洁的基础。每天营业前，要彻底清洁地面的灰尘、污渍，擦拭家具表面，确保无灰尘、无污渍。营业中，要及时清理垃圾，保持环境整洁。安排专人负责清洁工作，明确清洁标准和流程，确保清洁工作落实到位。例如，规定地面每天至少清洁三次，家具表面每小时擦拭一次。

（二）定期深度清洁

每周或每月进行深度清洁，包括地毯清洗、窗户玻璃擦拭、家具缝隙清洁等。地毯清洗可采用专业的清洗设备和清洁剂，确保地毯干净卫生；窗户玻璃要擦拭至无污渍、无水印；家具缝隙要仔细清理，去除灰尘和杂物。通过定期深度清洁，保持门店整洁如新，给顾客留下良好的印象。

（三）卫生监督

建立严格的卫生监督机制，店长或主管要定期检查卫生情况，制定详细的检查表，对不达标的区域和人员进行督促整改。可以设立卫生奖惩制度，对卫生工作表现优秀的员工给予奖励，对不达标的员工进行处罚，确保卫生标准严格执行。

六、选址策略实务

（一）目标客群精准匹配

1.年轻消费群体（18～35岁）

优先选址新兴商业区、创意园区或大学城周边，结合快节奏消费需求，重点展示小户型家具、智能家居及高性价比产品；配套线上引流工具（如VR选品屏）增强互动体验。

2.中高端用户（家庭年收入≥30万元）

聚焦城市核心商圈、高端社区或别墅区，确保周边1公里内有高端餐饮、艺术馆等休闲配套，提升购物体验的品质感。

（二）全屋定制需求

靠近建材市场、家装设计公司聚集区，提供"设计＋产品＋安装"一站式服务，利用周边客流联动效应。

1. 交通与可达性

主路临街优先，确保双车道通行能力，避免单行道或施工路段；公共交通覆盖半径500米内须有≥2条公交线路或地铁站，步行时间≤10分钟。

2. 停车场容量按门店面积配置

小型店（40 ㎡）需≥5个车位，中型店（100 ㎡）需≥10个车位，旗舰店（200 ㎡）需≥20个车位。

（三）行业集群与竞争规避

1. 成熟家居卖场（如红星美凯龙）

借助品牌集客力，但需评估卖场定位与自身品牌匹配度（如高端卖场不宜入驻平价品牌）。

2. 独立门店

避开同品类密集区（500米内≥3家竞品），优先选择互补业态（如软装店、灯具店）聚集区。

（四）商圈流量与成本核算

1. 核心商圈（半径500米）

覆盖居民区≥3个（总户数≥2000户）或写字楼≥2栋（企业密度≥50家），通过手持计数器实测早、晚高峰人流量≥5000人／日。

2. 租金成本

建议占比≤月销售额的15%，繁华地段可接受≤20%，但需确保坪效≥3000元／㎡／月。

任务实训

【目标】

通过模拟南康家具门店选址设计，培养学生选址分析、资源整合与方案落地的综合能力。

【内容】

选择当地的几个商业区域，如市中心商圈、新兴社区商业街、传统家居建材市场等，运用所学的选址知识，从地理位置、人口密度、消费群体、发展趋势、竞争对手分布等多个方面对每个区域进行全面、深入的评估分析。

【步骤】

（1）制订考察计划，明确考察目的和重点。在制订计划时，要确定考察的时间、地点、考察对象以及采用的考察方法，如问卷调查、访谈、实地观察等。

（2）实施实地考察，记录考察结果，拍摄照片或视频作为辅助资料。在考察过程中，详细记录各个品牌的店铺位置、店内陈列、产品特点等信息。与销售人员、消费者进行交流，了解他们对不同品牌、产品的看法和需求。

（3）分析收集到的数据，运用 SWOT 分析法进行详细阐述，并结合实际案例进行论证。

（4）撰写实训报告，详细阐述装修风格特点、材料选择、色彩搭配等内容，如选用白色和灰色作为主色调，搭配黑色金属边框和玻璃材质，营造出时尚、简约的氛围。

第二节　家具门店产品管理

学习目标

【知识目标】

（1）掌握系统的家具门店产品结构分析方法。

（2）学会运用数据分析工具和市场调研手段，把握家具市场需求变化趋势，优化产品组合。

（3）掌握家具产品采购、验收、库存、盘点等环节的管理方法和技巧。

【能力目标】

（1）能够运用所学产品知识，为顾客提供专业、准确的产品咨询服务。

（2）具备与家具供应商有效沟通的能力，及时处理供应过程中的问题。

（3）熟练操作库存管理系统，精准执行库存控制方法。

一、家具门店产品结构分析

（一）品类构成

分析门店内不同品类家具的占比是优化产品结构的基础。通过销售数据统计，若客厅家具销售额占比 40%，卧室家具占比 35%，餐厅家具占比 25%，则可根据市场需求变化和趋势，对品类结构进行合理调整。近年来，随着智能家居的兴起，消费者对智能家具的需求逐渐增加，门店可适当增加智能家具品类，如智能沙发、智能床等，以满足消费者对便捷生活的追求。同时，要关注各品类家具的销售趋势，对于销售额增长较快的品类，可适当增加采购量和展示空间；对于销售额下滑的品类，要分析原因，及时调整策略。

（二）价格区间分布

研究产品在不同价格区间的分布情况，将价格区间划分为低、中、高三个档次，统计各档次产品销售额占比。若中低端产品销售额占比较高，但利润较低，可考虑增加高端产品比重，提升整体利润水平。例如，某门店发现中低端产品销售额占比达到 70%，但利润仅占 30%，通过市场调研和分析，决定引入一些高端品牌家具，调整产品价格区间分布。经过一段时间的运营，高端产品销售额占比提升至 30%，利润占比提高到 50%，同时满足了不同消费层次顾客的需求。

（三）款式与风格

确保产品款式和风格与品牌定位和目标客户群体喜好相符是吸引顾客的关键。针对年轻时尚客户群体，增加北欧风、简约现代风家具款式，这些风格通常具有简洁的线条、明亮的色彩和独特的设计，符合年轻人追求时尚、个性化的特点。针对成熟稳重客户群体，保留部分中式、欧式经典风格家具，这些风格注重材质和工艺，体现出传统的文化底蕴和高贵气质。通过丰富产品风格，满足不同客户群体的需求。

表 11-1　产品结构优化与动态管理

精细化产品分层策略	
引流款（20%～30%）	选择高性价比、低决策门槛单品（如 299 元网红边几、智能家居配件），通过短视频平台（抖音／快手）定向投放广告，吸引年轻客群进店
利润款（50%～60%）	聚焦全屋定制套餐（如"轻奢三居室套餐"），搭配设计服务费（按产品售价 5%～10% 收取），毛利率可达 40%～50%
形象款（10%～20%）	陈列限量设计师联名款（如红点奖作品），吸引高净值客户，提升品牌溢价能力

二、家具门店产品采购管理

（一）供应商选择

评估供应商资质是确保产品质量和供应稳定性的关键。查看供应商的营业执照、生产许可证等证件，确保其合法合规经营。考察生产能力，了解工厂规模、设备先进程度、日产量等指标报告，判断其是否能够满足门店的采购需求。检查产品质量，查看质量检测报告、样品检验，确保产品符合国家标准和门店要求。比较价格，与多家供应商洽谈，了解市场行情，争取合理价格。关注售后服务，如退换货政策、维修响应时间等，确保在产品出现问题时能够得到及时解决。选择综合实力强的供应商建立长期合作关系，确保产品稳定供应和质量保障。

（二）采购计划制订

根据历史销售数据，分析各品类家具的销售趋势，结合市场预测，如房地产市场发展趋势、家居流行趋势等，以及库存情况，制订科学合理的采购计划。明确采购品种、数量、时间，如预计下季度某款畅销沙发销量将增长 20%，提前增加采购数量，并合理安排采购时间，确保库存充足又不积压。同时，要考虑到供应商的交货周期和物流运输时间，避免因采购计划不合理导致缺货或积压。

（三）采购谈判技巧

价格谈判，了解市场行情，以其他供应商的报价为参考，争取价格优惠，可以采用批量采购、长期合作等方式，与供应商协商降低采购价格。交货期谈判，要求供应商按时交货，明确延误责任，如每延误一天，扣除一定比例的货款。质量保证谈判，约定产品质量标准和验收方式，以及出现质量问题的处理办法，如退换货、补货、赔偿损失等，保障采购权益。

三、家具门店产品验收管理

（一）验收标准制定

制定详细的验收标准是确保产品质量的基础。外观质量方面，要求家具表面无划痕、污渍、色差，漆面平整光滑，触感细腻。尺寸规格严格按照产品说明书和合同约定，误差控制在合理范围内，如长度误差不超过 ±5 毫米，宽度误差不超过 ±3 毫米。材质须符合合同要求，如实木家具确保为真正的实木材质，避免使用人造板材冒充实木。功能方面，检查家具的可调节性、稳定性等，如沙发的坐感舒适度、床的稳固性、桌椅的高度调节功能等。

（二）验收流程

明确验收流程，到货后，由仓库管理员、质量检验员共同验收。首先核对产品数量、型号、规格等基本信息，确保与订单一致。然后按照验收标准进行质量检验，对不合格产品及时拍照记录，详细记录问题所在，如划痕位置、尺寸偏差数值等。与供应商沟通协商处理，要求供应商补货、换货或给予相应赔偿。

（三）验收记录

做好验收记录，记录产品名称、型号、批次、供应商、验收日期、验收结果、处理情况等信息，便于后续追溯和管理。验收记录要保存完整，以便在出现质量问题时有据可依，同时也可为后续采购决策提供参考。

四、家具门店产品库存管理

（一）库存分类管理

将库存产品分为畅销品、平销品、滞销品。针对畅销品，重点关注库存水平，设置安全库存警戒线，一旦库存低于警戒线，立即启动补货流程，确保不断货。比如某款简约风格的布艺沙发，一直是门店的畅销款，月销量稳定在 50 套左右，根据过往销售数据和补货周期，将其安全库存设定为 20 套，当库存降至 25 套时，就需及时向供应商下单补货。平销品合理控制库存，依据过往销售数据和市场淡旺季规律，动态调整库存数量，避免占用过多资金。对于滞销品，要及时分析原因，采取相应措施，如加大促销力度、调整陈列位置等。

（二）库存水平控制

运用库存管理模型，如经济订货量模型（EOQ），通过考虑产品采购成本、存储成本、销售速度等因素，计算出最经济的订货批量和订货时间。假设某款实木餐桌，采购成本为 1000 元/张，每次订货成本为 500 元，存储成本为每年每张 50 元，年销售量为 1000 张，根据 EOQ 公式计算得出，每次订货量约为 141 张，这样能在保证供应的同时，将库存成本降到最低。定期盘点库存，根据实际销售情况调整库存策略，如销售旺季来临前，适当增加库存；销售淡季则控制进货量，避免库存积压。

（三）库存盘点

定期进行库存盘点，每月或每季度全面盘点一次。采用实地盘点法，即安排专人对仓库和展厅内的所有产品逐一清点，详细记录实际库存数量，并与系统库存数据对比。盘点过程中，若发现因出入库记录错误、产品损坏丢失等导致的库存差异，要及时查明原因。例如，某次盘点发现某款椅子实际库存比系统库存少了 5 把，经调查是由于入库时记录失误，将数量写错，及时更正系统数据，确保账实相符。

（四）数据驱动的选品与淘汰机制

通过 ERP 系统分析区域销售数据（如北方区域冬季布艺沙发销量提升 30%），动态调整 SKU 清单；对连续 3 个月销量低于 5 件的商品启动淘汰流程，腾出陈列空间给新品。

（五）供应链全链路管控

战略级供应商（占比 20%）：签订独家协议，要求 48 小时紧急补货响应，并承担滞销品 30% 回购责任。普通供应商：每季度评估交货准时率（≥95%）、残次品率（≤2%），未达标者扣减 10% 货款。

五、家具门店产品盘点管理

（一）盘点方法选择

实地盘点法是最常用的方法，通过人工逐一清点库存产品，能确保数据准确性，但耗时较长、工作量大。永续盘点法，借助库存管理系统，每次出入库都实时更新库存数据，随时掌握库存动态，可与实地盘点法相结合，定期进行实地盘点验证系统数据。比如在日常运营中，利用系统进行永续盘点，每月末再进行一次实地盘点，双重保障库存数据的可靠性。

（二）盘点周期确定

根据产品特点和销售情况确定盘点周期。对于畅销品、易损耗品，可每月盘点，及时掌握库存变动，避免缺货或损耗未及时发现；平销品每季度盘点，在保证数据准确性的同时，合理控制盘点成本；滞销品在处理前进行盘点，以便精准掌握库存情况，制定针对性处理方案。

（三）盘点结果处理

对盘点结果进行深入分析，找出差异原因。若因出入库记录错误，及时更正系统和纸质记录。若因产品损坏丢失，查明责任。若是员工操作失误，按规定进行相应处罚，并追究相关赔偿责任；若是不可抗力因素，如自然灾害导致产品损坏，应及时调整库存数据，并做好备案。调整库存数据，确保账实相符，处理盘盈盘亏情况。对盘盈产品，查明原因后办理入库手续；对盘亏产品，追究责任并进行账务处理，同时分析原因，完善管理流程，防止类似情况再次发生。

（四）智能采购流程

旺季（如国庆前）提前 2 个月备货，基于历史销售数据预测需求（误差率 ≤ 15%）；采购合同嵌入"质量保证金条款"（占比货款 5%），质量问题扣款用于客户赔偿。

（五）仓储与物流标准化管理

智能仓储系统应用：RFID 电子标签 + 立体货架，实现库存实时监控（误差率 ≤ 0.1%），自动生成补货清单。分区管理规则：热销区（距出货口 ≤ 5 米）存放月销量 TOP20 商品；临期品区存在生产日期超过 6 个月的商品，提前 30 天预警促销。

（六）配送服务标准化

市内配送：配备防震包装（成本 ≤ 商品价值 2%）、安装验收单（客户签字留存）。跨省物流：购买运输险（保额 ≥ 商品价值 120%），损坏率控制在 0.5% 以内。

六、家具门店滞销品的处理

（一）原因分析

深入分析滞销品产生的原因。产品款式过时，跟不上潮流，如曾经流行的雕花繁复的欧式古典家具，随着简约风格的兴起，逐渐无人问津；质量问题影响销售，如某批次家具甲醛超标，被消费者投诉后，销量急剧下降；价格过高，超出目标客户承受范围，如某高端实木床，定价远高于同类型产品，导致销售不佳；市场需求变化，如消费者对环保要求提高，不环保产品滞销；竞争态势激烈，同类型产品众多，自身产品缺乏竞争力。

（二）处理策略

根据不同原因采取相应策略。降价促销，吸引价格敏感型客户，如设置阶梯式折扣，购买越多折扣越大；组合销售，如将滞销沙发与茶几搭配销售，给予一定价格优惠；退货给供应商，前提是与供应商有相关约定，协商好退货条件和比例；捐赠给慈善机构，提升品牌形象，如将部分滞销家具捐赠给贫困地区学校、福利院等；报废处理，对于损坏严重、无法修复的产品，进行报废处理，避免占用库存空间。

（三）数据诊断与分级处理

运用 BI 系统分析滞销原因：若是款式过时，退回供应商或调拨至低线城市门店；若是定价过高，直播"骨折价"促销（原价 3 折）+ 会员专属优惠券。逆向供应链创新：与闲鱼合作"以旧换新"频道，旧家具抵扣新订单金额 15%；签订供应商回购协议，未售出商品 15 天内返厂，以减少仓储成本。

（四）数智化工具深度整合

AI 设计系统：输入客户户型图自动生成 3 套方案，SKU 匹配准确率提升至 90%。移动端管理平台：店长实时查看库存动态（含在途物流数据）、员工 KPI（成交率 / 滞销品处理量）。

（五）智能决策支持

AI 算法预测爆款概率（准确率 ≥ 85%），指导采购计划优化；电子价签系统同步更新价格（误差率 0%），避免人工操作失误。

（六）绩效监控与优化

KPI 量化指标。库存周转率目标：年提升 50%（从 4 次 / 年提升至 6 次 / 年）。滞销品处理周期：从 90 天缩短至 45 天。

（七）员工激励方案

导购销售利润款提成提升至 3%（原 1.5%）。滞销品清仓奖励：每处理 1 万元滞销库存奖励 200 元。

任务实训

【目标】

通过模拟家具门店，培养学生产品管理分析、资源整合与方案落地的综合能力。

【内容】

选择一家家具门店，收集其近一年的产品销售数据，运用 Excel 等数据分析工具，从品类构成、价格区间分布、款式与风格等方面对产品结构进行分析。

【步骤】

（1）制订考察计划，明确考察目的和重点。在制订计划时，要确定考察的时间、地点、考察对象以及采用的考察方法，如问卷调查、访谈、实地观察等。

（2）实施实地考察，记录考察结果，拍摄照片或视频作为辅助资料。在考察过程中，详细记录各个品牌的店铺位置、店内陈列、产品特点等信息。与销售人员、消费者进行交流，了解他们对不同品牌、产品的看法和需求。

（3）分析收集到的数据，利用数据透视表功能，快速统计各品类销售额占比、不同价格区间产品销售情况等。通过分析发现问题，如某品类产品库存积压严重、某价格区间产品利润过低等，提出优化建议，如调整品类占比、优化价格区间、丰富款式风格等。

（4）撰写实训报告，对每家供应商的资质、生产能力、产品质量、价格、售后服务等方面进行详细评估，制作供应商评估表。总结采购过程中的经验和教训，分析谈判策略的有效性、供应商选择的合理性等内容。

第三节　家具门店营销管理

学习目标

【知识目标】

（1）掌握市场调研、数据分析等手段，制订具有可操作性和针对性的销售计划。

（2）理解影响家具门店业绩的关键指标，找出提升业绩的关键点。

（3）掌握家具门店促销活动的策划和执行方法，吸引顾客，促进销售。

【能力目标】

（1）撰写家具门店营销策划方案，并组织团队有效执行，确保营销活动达到预期目标。

（2）掌握线上线下各类家具营销渠道的运营技巧，提升门店品牌知名度和影响力。

一、门店销售计划的制订

（一）销售目标设定

根据门店历史销售数据，分析过去三年销售额、销售量、客户数量等指标的增长趋势，运用时间序列分析、回归分析等方法，预测未来销售情况。例如，通过时间序列分析，发现过去三年门店销售额以每年 8% 的速度增长，结合当地房地产市场的蓬勃发展态势，预计下一年度销售额增长 15%，销售量增长 10%，客户数量增长 20%。将这些目标细化到每个季度和每个月，制定详细的销售进度表，明确每个阶段的销售任务。比如，第一季度销售额目标设定为 250 万元，分解到每个月，1 月 80 万元，2 月 90 万元，3 月 80 万元，同时考虑到春节假期对销售的影响，合理调整各月任务分配。

（二）营销策略制定

结合门店定位和目标客户群体，制定针对性营销策略。产品策略：推出新品、优化产品组合，如针对年轻消费者推出具有个性化设计的定制家具系列，满足他们追求独特、彰显个性的需求。价格策略：根据产品成本、市场竞争情况制定合理价格，针对不同产品采用差异化定价，如对畅销品保持适中价格，维持市场竞争力，对滞销品适当降价促销，加速资金回笼。渠道策略：拓展线上线下销售渠道，与电商平台合作，开设线上旗舰店，利用电商平台的流量优势，扩大品牌影响力；开展线下社区推广，深入目标客户群体集中的社区，举办家居讲座、样板间展示等活动，增加品牌曝光度；参加家居展会，展示品牌实力和新品，吸引潜在客户和经销商。促销策略：策划节假日促销、会员专属活动等，如五一劳动节推出全场 8 折优惠，吸引价格敏感型客户；针对会员提供积分兑换、专属折扣等活动，增强会员黏性和忠诚度。

（三）销售计划分解

将销售目标分解到各个销售团队和销售人员，根据团队和个人能力、历史业绩等因素，合理分配销售任务。如将年度销售额目标 1000 万元分解到四个季度，每个季度 250 万元，再将每个季度目标分配到三个销售团队，每个团队根据人数和能力分配具体任务。同时制定相应考核和激励措施，如完成销售任务给予奖金、晋升机会等，未完成任务则进行相应惩罚，如扣除部分绩效工资、进行培训提升等。为了确保激励措施的有效性，奖金设置可以采用阶梯式，完成目标 120% 以上给予高额奖金，100% ~ 120% 给予中等奖金，80% ~ 100% 给予基本奖金，低于 80% 则无奖金并进行重点辅导。

二、家具门店业绩的影响指标

（一）客流量

门店位置是影响客流量的重要因素，位于繁华商圈、交通便利地段的门店客流量相对较大。例如，位于市中心核心商圈的家具门店，周边写字楼、商场林立，日均客流量可达数千人，相比位于偏远郊区的门店，客流量优势明显。广告宣传通过线上线下多种渠道，如在社交媒体投放广告，利用抖音、小红书等平台的精准推送功能，将家具产品展示给目标客户群体；在当地报纸上刊登广告，覆盖更广泛的受众；在门店周边发放传单，吸引周边居民。促销活动，如打折、满减、赠品等，能吸引顾客进店，如某门店开展"满 5000 减 1000"活动，活动期间客流量增长 50%。此外，门店的口碑和品牌知名度也会影响客流量，通过提供优质的产品和服务，获得客户好评，形成良好口碑，吸引更多新客户。如某门店通过积极解决客户售后问题，获得大量客户好评，在当地家居论坛上被多次推荐，吸引了不少新客户前来购买。

（二）转化率

提升产品展示效果，通过合理陈列、营造场景化展示，让顾客更直观感受产品价值，如打造不同风格的客厅、卧室样板间，让顾客想象家具摆放在家中的实际效果。优化销售流程，简化购买手续，提高服务效率，如提供一站式购物、快速结账服务，减少顾客等待时间。提高销售人员销售技巧，如培训销售人员掌握 FABE 销售法则（特点、优势、利益、证据），提升销售转化率。了解客户需求，针对性推荐产品，解决客户疑虑，增强客户购买意愿。例如，当顾客对某款沙发感兴趣时，销售人员不仅介绍沙发的材质、款式等特点，还强调其舒适的坐感、精湛的工艺优势，以及能为客户带来的舒适家居体验，并用质量检测报告等证据增强说服力。

（三）客单价

推荐关联产品，如顾客购买沙发时，推荐搭配的茶几、地毯，增加销售额。引导顾客购买高端产品，介绍高端产品的品质、设计优势，如展示实木家具的材质纹理、精湛工艺，让顾客了解高端产品的价值所在。开展套餐销售，如客厅家具套餐、卧室家具套餐，提高客单价。提供增值服务，如免费配送、安装、保养等，增加产品附加值，促使客户购买更多产品。某门店推出"客厅家具一站式套餐"，包含沙发、茶几、电视柜，价格比单独购买优惠10%，吸引了众多客户购买，客单价明显提升。

表 11-2 家具门店核心销售数据

指标	计算公式／说明	示例数据	来源
总营业额	全品类商品实际收款总额	¥358200	
订单总数	有效成交订单数（剔除退单）	128 单	
平均客单价	总营业额／订单总数	¥2798	
退货率	退货订单数／总订单数 ×100%	1.5%	

三、家具门店的促销活动

（一）促销活动类型

打折促销直接降低产品价格，吸引价格敏感型客户，如全场 8 折优惠，能快速吸引顾客关注。满减促销，如满 3000 元减 500 元，鼓励顾客增加购买金额，刺激顾客购买更多产品。赠品促销，购买家具赠送抱枕、餐具等小礼品，增加产品附加值，提升顾客购买欲望。抽奖促销，设置抽奖环节，奖品有家具、家电等，增加活动趣味性和吸引力，如一等奖为一套高端沙发，吸引顾客参与。限时抢购，在特定时间段内提供优惠，如"双十一"当天前 100 名顾客享受额外折扣，刺激顾客快速购买，营造紧张的购买氛围。以旧换新，顾客用旧家具抵扣一定金额购买新家具，既促进销售又解决顾客旧家具处理问题，符合环保理念，也能吸引注重环保和性价比的客户。

（二）促销活动策划

从活动主题出发，如"春季家居焕新季"，结合季节特点和市场需求设计活动内容。确定活动时间，选择节假日、周末等消费高峰期，提前做好宣传预热。如在五一劳动节假期开展活动，提前两周在社交媒体、线下门店等渠道进行宣传。设计活动内容，包括优惠力度、参与产品范围等，确保活动具有吸引力和可操作性。宣传推广通过线上线下渠道，如在社交媒体发布活动海报，利用精美的图片和吸引人的文案吸引用户关注；在门店周边张贴海报，覆盖周边社区、写字楼；向老客户发送短信通知，提醒他们参与活动。

（三）促销活动执行

明确促销活动执行流程，活动前做好人员培训，让员工熟悉活动内容和流程，掌握销售技巧和客户服务要点。布置活动现场，营造活动氛围，如悬挂气球、张贴海报、设置活动展示区等，让顾客一进店就能感受到活动的热烈氛围。做好客户服务，及时解答顾客疑问，处理投诉，确保活动顺利进行。活动结束后，对活动效果进行评估，分析活动期间的销售数据、客流量、客户反馈等，总结经验教训，为下次活动提供参考。如通过分析活动期间的销售数据，发现某款产品销量远超预期，可考虑增加该产品的库存和推广力度；对于客户反馈的问题，及时改进，提升服务质量。

任务实训

【目标】

通过模拟家具门店销售，培养学生销售分析、资源整合与方案落地的整合能力。

【内容】

选择一家本地家具门店，获取其过去两年的销售数据。运用所学的数据分析方法，预测下一年度的销售目标，包括销售额、销售量和客户数量。

【步骤】

（1）制订考察计划，明确考察目的和重点。在制订计划时，要确定考察的时间、地点、考察对象以及采用的考察方法，如问卷调查、访谈、实地观察等。

（2）实施实地考察，记录考察结果，拍摄照片或视频作为辅助资料。在考察过程中，详细记录各个品牌的店铺位置、店内陈列、产品特点等信息。与销售人员、消费者进行交流，了解他们对不同品牌、产品的看法和需求。

（3）分析收集到的数据，结合当地市场趋势和门店实际情况，制订一份详细的年度销售计划，涵盖四个季度和每个月的销售任务分解。针对每个季度，制定相应的营销策略，包括产品上新计划、价格调整策略、渠道拓展方案以及促销活动规划。

（4）撰写实训报告，活动结束后，根据预设的评估指标，如销售额增长、客流量增加、客户满意度等，对活动效果进行评估，总结经验教训，形成一份完整的促销活动策划与执行报告。

第四节　家具门店客户管理

学习目标

【知识目标】

（1）掌握家具客户档案管理的方法。

（2）熟练运用家具门店数据分析工具。

（3）熟练掌握重点客户的开发与维护策略。

【能力目标】

（1）熟练运用家具门店 CRM 系统录入、更新和分析客户信息，为精准营销和个性化服务提供支持。

（2）能够处理客户投诉，维护门店品牌形象。

（3）策划并执行提升客户忠诚度的活动。

一、建立和完善客户档案

（一）客户信息收集

收集客户基本信息，像姓名、性别、年龄、联系方式、家庭住址等，这些基础信息是与客户建立联系和提供基础服务的前提。掌握客户购买信息，例如购买时间、购买产品、购买金额、购买频率等，通过对这些数据的分析，能够清晰勾勒出客户的消费画像，洞察其消费习惯和偏好，为后续的精准营销提供有力的数据支撑。收集客户的个性化需求和反馈意见，比如对家具风格的独特喜好、对材质的特殊要求、对功能的创新期待，以及对门店服务的评价和改进建议等，这有助于门店及时调整产品策略和服务方向，更好地满足客户需求，提升客户满意度。收集渠道采用线上线下双轨并行的方式，线上依托官网、电商平台、社交媒体等平台，便捷地收集客户注册信息和购买记录；线下通过门店销售过程中的沟通交流、客服人员的定期回访以及精心设计的问卷调查等方式，全面收集客户信息。

（二）客户档案分类

依据客户的消费金额、购买频率、忠诚度等关键指标，将客户档案细致划分为普通客户、VIP 客户、潜在客户等不同类别。普通客户通常消费金额和购买频率相对较低，针对这类客户，主要通过定期推送促销活动信息和新品推荐邮件，吸引他们的关注，增强其购买意愿。VIP 客户是消费金额高、购买频率高且忠诚度极高的优质客户，为他们提供诸如专属折扣码、优先购买限量新品、生日专属大礼包等专属优惠政策，以及优先安排配送安装、专属客服一对一服务等优先服务，全方位增强其对门店的黏性和忠诚度。潜在客户是有明确购买意向但尚未完成购买行为的客户，通过个性化的营销活动，如为其定制专属的产品推荐清单，以及提供优质贴心的咨询服务，引导他们迈出首次购买的关键一步。

（三）客户档案更新与维护

设定固定的更新周期，定期对客户档案进行全面更新，确保客户信息始终保持准确和具有时效性。及时记录客户的最新购买动态、需求变化以及反馈意见，根据这些动态信息灵活调整客户分类和相应的服务策略。建立完善的客户档案维护制度，明确专人负责维护工作，并规定具体的维护周期，比如每月小更新、每季度大更新，切实保障客户档案的有效管理和高效利用。

表 11-3　家具门店客户画像

渠道类型	销售额占比	新客转化率	复购率	客单价对比
门店自然客流	52%	35%	65%	¥3200
线上引流（抖音／小程序）	30%	60%	40%	¥2100
老客推荐	18%		82%	¥3800

二、开发客户资源的主要途径

（一）线上渠道

借助社交媒体平台的强大传播力，如微信、微博、抖音、小红书等，精心策划并发布精美的家具产品图片、生动的视频展示、实用的搭配案例等内容，吸引用户的关注和点赞，通过积极互动，如回复评论、私信沟通等方式，逐步建立起品牌与客户之间的紧密联系。开展多样化的线上营销活动，如邀请知名家居博主进行直播带货，组织线上团购活动，推出限时秒杀优惠等，营造紧张刺激的购买氛围，有效刺激客户的购买欲望。通过专业的搜索引擎优化（Search Engine Optimization，SEO）技术，优化门店官网和电商平台页面的关键词、内容结构等，提高在搜索引擎中的排名，增加自然流量。同时，合理利用搜索引擎营销手段，如百度推广、360推广等，精准投放广告，提高品牌曝光度，吸引潜在客户点击进入门店页面。除了上述常见平台，还可以利用一些家居垂直类网站和论坛，发布专业的家具评测、选购指南等内容，吸引对家具感兴趣的精准用户。例如，在"家居论坛网"开设专栏，定期分享家具保养知识和新品推荐，与用户互动解答疑问，积累口碑和潜在客户。

（二）线下渠道

积极参加各类家居展会，精心布置展位，展示品牌最新、最具特色的产品和前沿的设计理念，吸引行业内专业人士和潜在客户的关注，拓展业务合作机会。举办新品发布会，邀请媒体记者、经销商、大客户等重要嘉宾参加，通过精彩的产品展示、专业的讲解和互动环节，提升品牌知名度和影响力。深入新建小区、高端社区开展社区推广活动，举办家居讲座，邀请专业设计师分享家居装修知识和潮流趋势；设置样板间展示，让居民直观感受家具的实际效果；提供免费测量设计服务，为客户量身定制家具方案，吸引周边居民的关注和购买。与装修公司、设计师建立长期稳定的合作关系，通过资源共享、联合推广等方式，实现互利共赢。装修公司和设计师在为客户提供装修服务时，可将门店的家具产品作为推荐选项，实现精准客户推荐。此外，还可以与物业合作，在小区内举办家具展销活动，直接面向业主进行产品推广，如在周末组织"小区家居购物节"，设置现场体验区和优惠活动，吸引业主参与。

三、重点客户的开发与维护

（一）重点客户识别

运用数据分析工具，从客户消费金额、购买频率、购买潜力等多个维度进行综合分析，精准识别重点客户。例如，设定消费金额在过去一年累计超过 5 万元，且购买频率达到 3 次以上的客户，或者对高端定制家具表现出强烈兴趣和购买潜力的客户，均可列为重点客户。同时，关注客户的行业地位、社会影响力等因素，像房地产开发商、大型企业采购负责人等，他们往往具有大规模的采购需求，且在行业内具有一定的示范效应，对品牌推广具有重要作用，也应纳入重点客户范畴。还可以通过客户的口碑传播影响力来识别，如那些在社交平台或生活圈中经常分享购物体验且粉丝或朋友较多的客户，他们的正面评价能带来更多潜在客户，也可视为重点客户。

（二）个性化服务

为重点客户量身定制专属的优惠政策，如提供额外的折扣优惠、优先购买新品的特权、根据采购量定制个性化价格等，彰显其特殊地位。在售后服务方面，为重点客户优先安排配送安装服务，确保产品能够及时、准确地送达并安装到位；设立专属客服团队，24 小时随时响应重点客户的售后问题，提供快速、高效的解决方案，全方位确保重点客户拥有优质的购物体验。根据重点客户的个性化需求，提供定制化的产品和服务，比如根据客户独特的家居风格和空间尺寸，为其定制独一无二的家具，满足他们对个性化和高品质生活的追求。对于注重环保的重点客户，专门为其推荐环保材质的家具系列，并提供详细的环保检测报告，满足其对健康生活的追求。

（三）客户关系维护

建立定期沟通机制，通过电话、短信、邮件、微信等多种方式，定期与重点客户进行沟通和互动，深入了解他们的需求和意见，及时解决他们在使用产品过程中遇到的问题。邀请重点客户参加门店精心策划的专属活动，如新品品鉴会，让他们提前感受新品魅力；

举办高端客户答谢会，表达对他们的感谢和重视；开展家居艺术沙龙，邀请行业专家分享家居艺术知识，提升客户的家居审美能力和生活品质，增强客户黏性和忠诚度。为重点客户提供一系列增值服务，如定期举办家居保养知识培训，帮助客户延长家具使用寿命；赠送家居装饰搭配建议手册，为客户提供家居装饰灵感，全方位提升客户满意度和品牌形象。还可以为重点客户提供专属的家居顾问服务，随时解答他们在装修、家具搭配等方面的疑问，定期上门回访，检查家具使用情况并提供维护建议。

任务实训

【目标】

通过模拟家具门店档案管理，培养学生档案管理能力、资源整合与方案落地的综合能力。

【内容】

选定一家家具门店，协助其搭建一套完整的客户档案管理系统。

【步骤】

（1）制订考察计划，明确考察目的和重点。在制订计划时，要确定考察的时间、地点、考察对象以及采用的考察方法，如问卷调查、访谈、实地观察等。

（2）实施实地考察，记录考察结果，拍摄照片或视频作为辅助资料。在考察过程中，详细记录各个品牌的店铺位置、店内陈列、产品特点等信息。与销售人员、消费者进行交流，了解他们对不同品牌、产品的看法和需求。

（3）分析收集到的数据，利用 Excel 强大的数据处理功能或专业客户关系管理软件（CRM），建立客户档案数据库，并认真录入至少 50 条客户信息，在录入信息过程中，要对数据进行初步清洗和整理，确保数据的准确性和一致性，避免重复录入和信息错误。完成系统搭建后，要对系统进行测试，模拟不同客户场景下的信息查询和使用，确保系统的稳定性和易用性。

（4）撰写实训报告，为门店重点客户管理工作提供宝贵的参考经验。在评估重点客户满意度时，要设计科学合理的调查问卷，涵盖产品质量、服务态度、优惠政策等多个维度，确保能全面准确地了解客户的感受和意见。

第五节　家具门店服务管理

学习目标

【知识目标】

（1）理解家具门店服务标准化的内涵与价值。

（2）掌握家具门店售前、售中、售后服务全流程。

（3）精通精准成交管理的各类方法与技巧。

【能力目标】

（1）分析现有服务流程的优缺点，提出优化建议并推动实施，有效提升服务效率和顾客体验。

（2）熟练运用多种服务质量监控工具和方法，撰写详细的服务质量报告。

一、家具门店服务的标准化

（一）服务流程标准化

精心梳理并制定一套从客户进店伊始直至售后长期维护的全流程标准操作步骤。明确规定客户进店的 1 分钟内，店员必须以热情洋溢的态度主动上前问候，使用诸如"您好，非常欢迎您来到 [门店名称]，我是 [店员姓名]，今天由我来为您竭诚服务！"这样的规范用语，同时迅速引导客户就座，并及时递上精心准备的饮品，如一杯香醇的咖啡或清新的茶。在产品介绍环节，严格控制时间在 15 ~ 20 分钟，要求店员不仅要清晰阐述产品的基本特点，如材质、颜色、尺寸等，还要深入讲解产品的独特优势，如环保性能、人体工程学设计、工艺精湛之处等，以及详细的使用方法和日常保养要点。订单处理环节，务必确保在 2 小时内完成所有信息的准确录入与严格审核，避免出现任何错误或遗漏。配送安装环节，根据不同产品的特性和客户所在地区的实际情况，确定在客户下单后的 3 ~ 7个工作日内完成，偏远地区或特殊定制产品的时间可适当延长，但需提前与客户沟通并取得同意。

（二）服务语言标准化

全面规范店员与客户交流过程中的礼貌用语和话术模板。接待客户时，必须使用规范的问候语，展现出热情友好的态度。在介绍产品时，使用专业且通俗易懂的语言，将复杂的产品知识转化为客户易于理解的表述。例如，介绍实木家具时，详细说明"这款实木家具选用的是优质的 [木材名称]，这种木材生长于 [产地]，具有纹理美观、质地坚硬、稳定性强等特点。经过独特的 [工艺名称] 工艺处理，不仅保留了木材的天然质感，还增强了其耐用性，能够陪伴您很长时间。"处理客户投诉时，首先要真诚地表达歉意，如"非常抱歉，给您带来了不愉快的体验，您反馈的问题我们已经详细记录，一定会以最快的速度为您解决，让您满意"，然后迅速采取行动解决问题。

（三）服务形象标准化

统一规范店员的着装、仪态等外在形象要求。店员统一穿着整洁、得体且带有鲜明品牌标识的工作服，工服的设计要体现品牌风格和行业特点，同时保证穿着舒适、行动方便。佩戴清晰醒目的工牌，上面标注店员姓名、职位等信息。站立时，要求挺胸抬头，双脚微微分开，双手自然下垂或交叉于身前；坐姿端正，不跷二郎腿，不随意倚靠。行走时，步伐稳健、轻盈，速度适中，展现出自信和专业。始终保持微笑，眼神专注，友善地与客户交流，让客户感受到真诚和关怀。

二、家具门店售前服务管理

（一）客户需求深度挖掘

通过多轮耐心、细致的沟通，全面深入地了解客户对家具的风格、尺寸、功能等显性需求，更要善于挖掘客户的潜在需求。在与客户交流时，询问客户家庭成员构成，若家中有老人，可推荐高度适宜、方便起身的家具；若有小孩，着重推荐边角圆润、材质环保且具有趣味性设计的家具。了解客户的生活习惯，如客户喜欢阅读，可推荐带有舒适阅读角的家具组合；若客户经常在家招待朋友，可推荐宽敞、实用的客厅家具。同时，密切关注客户的装修进度，在合适的时机推荐与之匹配的家具产品，并提供专业的装修搭配建议，如色彩搭配、空间布局等方面的建议。

（二）产品知识深度培训

要求店员全面、深入地掌握产品知识，不仅要了解产品的基本材质特性，如不同木材的优缺点、不同面料的舒适度和耐用性等，还要熟悉产品的工艺细节，如雕刻工艺、拼接工艺、上漆工艺等。深入理解产品的设计理念，能够向客户阐述产品背后的设计故事和创意来源。同时，对竞品进行充分研究，清楚了解自身产品与竞品的差异，在向客户介绍时，突出自身产品的独特优势，如更高的性价比、更好的售后服务、更独特的设计等。

（三）场景化展示优化

精心打造多样化、富有创意的家居场景展示区。除了常见的客厅、卧室、餐厅场景外，还可根据市场需求和客户喜好，设置多功能书房，配备可调节高度的书桌、舒适的人体工学座椅和充足的收纳空间；打造亲子活动区，摆放色彩鲜艳、安全环保的儿童家具和玩具收纳架。在各个场景中，巧妙搭配软装、饰品，如在客厅场景中摆放富有艺术感的绿植、风格独特的地毯、精美的装饰画等，营造出温馨、舒适、个性化的氛围，让客户能够身临其境地感受家具在实际生活中的搭配效果，激发客户的购买欲望。

三、家具门店精准成交管理

（一）客户心理分析与应对

系统学习不同类型客户的购买心理特点和行为模式。对于理性型客户，他们注重产品质量、性价比和实用性，在介绍产品时，着重阐述产品的材质、工艺、性能等方面的优势，通过数据对比、案例分析等方式，让客户清晰了解产品的价值所在；对于冲动型客户，他们易受促销活动、产品外观和流行趋势的影响，可适时推出限时优惠活动，如"今日限时折扣，购买这款热门沙发可享受直降 [X] 元的优惠，还赠送配套抱枕"，同时展示当下流行的款式和时尚的设计，吸引他们的注意力。针对客户购买过程中的不同阶段心理，如在犹豫期，提供更多真实的客户案例、详细的产品评价和专业的第三方检测报告，增强客户的购买信心。

（二）异议处理技巧提升

全面总结常见的客户异议类型及有效的应对策略。在价格异议方面，采用价值塑造法，详细向客户介绍产品的价值构成，包括优质的原材料、精湛的工艺、完善的售后服务等，强调产品的长期使用成本更低；同时，可提供分期付款、满减优惠等价格调整方案。面对质量异议，及时展示产品质量检测报告、权威认证证书，以及完善的售后服务保障体系，如质保期限、免费维修范围、上门服务承诺等。对于款式异议，根据客户的风格偏好，推荐类似风格但不同款式的产品，提供多种选择方案，满足客户的多样化需求。

（三）促成交易策略运用

熟练掌握多种实用的促成交易技巧。优惠促成策略，明确告知客户当前活动的优惠力度和限时条件，如"现在购买这款餐桌，不仅可享受 8 折优惠，还额外赠送价值 [X] 元的餐具套装，活动仅限今天。"选择促成策略，精心提供两种或多种产品组合供客户选择，如"您看这款沙发搭配这款简约风格的茶几，更显时尚现代，还是搭配这款复古风格的茶几，更能营造出温馨典雅的氛围，您更喜欢哪一种搭配呢？"假设促成策略，假设客户已决定购买，自然地询问送货时间、安装要求等细节，如"您希望我们在本周几为您送货安装呢？我们会提前安排专业人员，确保安装过程顺利。"

四、家具门店售中服务管理

（一）订单跟踪与信息反馈

建立一套高效、便捷的订单跟踪系统，实现从订单确认、生产排期、发货、运输到配送安装的全流程实时更新。订单确认后，立即通过短信、微信或电子邮件等方式告知客户订单已成功收到，同时提供订单编号和查询方式。发货时，及时提供详细的物流单号和可靠的查询网址或 App，方便客户随时跟踪货物运输进度。在配送前一天，安排专人通过电话与客户确认收货时间，确保客户在家等候，避免因时间冲突导致配送延误。

（二）物流配送与安装协调

与信誉良好、服务质量高的物流配送商和专业的安装团队建立长期稳定的合作关系，签订详细、规范的服务协议，明确双方的权利和义务。要求物流配送商在运输过程中对家具进行专业、妥善的包装，使用优质的包装材料，如泡沫板、气泡膜、木箱等，确保家具在运输过程中不受损坏。安装团队在上门安装前，提前规划好安装流程，制订详细的安装计划，携带齐全的专业工具。安装完成后，认真清理现场，将垃圾带走，保持客户家中整洁，并向客户详细讲解家具的使用方法和日常保养注意事项。

（三）客户沟通与关系维护

在销售过程中，保持与客户的定期、密切沟通。除了及时更新订单状态外，还可根据客户的兴趣和需求，分享家居装修知识、新品推荐、家居保养小贴士等内容。例如，每周向客户推送一次精心编写的家居装修知识文章，介绍不同风格的装修搭配技巧；每月推荐一款具有特色的新品家具，附上详细的产品介绍和图片展示；定期发送家居保养小贴士，如如何清洁不同材质的家具、如何防止家具变形等，增强客户黏性，让客户感受到门店的持续关注和贴心关怀。

五、家具门店售后服务管理

（一）售后服务体系完善

制定一套全面、细致的售后服务体系，涵盖产品质量保证、退换货政策、维修服务、客户投诉处理等各个方面。明确规定产品质量保证期限，一般家具提供 1～3 年的质保期，对于关键部件，如沙发的框架、床垫的弹簧等，提供更久的质保期限。详细规定退换货条件和流程，如因产品质量问题，客户可在 7 天内享受无理由退换货服务；非质量问题的退换货，在不影响二次销售的前提下，可协商办理。建立快速响应的维修服务机制，维修人员接到报修后，必须在 24 小时内与客户取得联系，预约上门维修时间，一般维修问题在 48 小时内解决，复杂问题在 7 个工作日内给出解决方案。

（二）客户投诉处理优化

建立科学、规范的客户投诉处理流程，确保每一个投诉都能得到及时、有效的解决。接到投诉后，第一时间由专业的客服人员安抚客户情绪，让客户感受到被重视和关心。详细记录投诉内容，包括客户姓名、联系方式、购买产品信息、投诉问题描述等。迅速组织相关人员调查原因，若是产品质量问题，立即与厂家沟通协调，要求厂家提供解决方案；若是服务问题，对内部员工进行调查，找出问题根源。在规定时间内给出具体的解决方案，如更换产品、维修处理、给予补偿等，并征求客户意见，根据客户反馈进行调整，直至客户完全满意。

（三）客户回访与满意度调查

建立定期的客户回访和满意度调查机制。购买后 1 周内进行首次回访，询问客户产品的使用情况，是否有任何疑问或需要帮助的地方；1 个月后再次回访，收集客户对产品和服务的详细评价，了解客户在使用过程中的体验感受。每季度开展一次全面的满意度调查，通过在线问卷、电话访谈、实地走访等多种方式，广泛收集客户的意见和建议。针对不满意的客户，深入沟通，了解具体原因，积极解决问题，不断改进服务质量，提升客户满意度和忠诚度。

任务实训

【目标】

通过模拟服务标准化体系构建，培养学生服务标准化、资源整合与方案落地的综合能力。

【内容】

精心选择一家具有代表性的家具门店，深入门店进行全面调研。

【步骤】

（1）制订考察计划，明确考察目的和重点。在制订计划时，要确定考察的时间、地点、考察对象以及采用的考察方法，如问卷调查、访谈、实地观察等。

（2）实施实地考察，记录考察结果，拍摄照片或视频作为辅助资料。在考察过程中，详细记录各个品牌的店铺位置、店内陈列、产品特点等信息。与销售人员、消费者进行交流，了解他们对不同品牌、产品的看法和需求。

（3）分析收集到的数据，设计科学合理的服务质量监督和考核机制，明确考核指标，如客户满意度、服务响应时间、投诉处理效率等，以及相应的奖惩措施，如对表现优秀的店员给予奖金、晋升机会等奖励，对不符合标准的店员进行培训、扣罚绩效等处罚。

（4）撰写实训报告。组织门店员工进行系统的培训，通过理论讲解、案例分析、模拟演练等方式，确保手册内容得到有效执行。报告内容包括问题分析、改进措施、实施效果评估、经验教训总结等，为门店售后服务水平的持续提升提供有价值的参考。

第十二章　家具新媒体营销

【案例导入】

世纪家缘：新媒体矩阵重构家居营销边界

世纪家缘家居集团作为南康家具产业数字化转型的标杆企业，在新媒体营销领域的探索与实践，为传统家具行业突破营销困局提供了创新范本。自 2017 年启动"新媒体＋产业"战略以来，企业通过构建"内容生态—流量运营—转化闭环"的新媒体矩阵，实现了品牌声量与销售业绩的双轨增长，其运营策略被行业称为"家居新媒体营销教科书"。

在内容创作层面，世纪家缘创新性提出"场景化内容工厂"理念。针对抖音、小红书、B 站等平台特性，企业组建包含导演、编剧、摄影师的专业内容团队，每年产出超 2000 条短视频内容。例如：在抖音平台，通过"实木家具的 100 种创意用法"系列短视频，将产品功能与生活场景深度融合，单条视频最高播放量突破 8000 万次，带动相关产品月销量增长 300%；在小红书平台，发起"我家的南康木匠故事"UGC 活动，吸引 10 万＋用户参与创作，成功将品牌文化植入年轻消费群体心智。

直播电商领域，世纪家缘开创"工厂直播＋设计师 IP"双轮驱动模式。每周固定开展 3 场"厂长来了"直播，通过展示木材烘干、榫卯工艺等生产环节，强化消费者对"南康木匠"工匠精神的认知。同时签约 10 位家居设计师打造个人 IP 账号，通过"全屋定制 1v1"直播咨询，实现从内容种草到订单转化的无缝衔接。2023 年企业直播带货的 GMV 突破 15 亿元，单场最高销售额达 3200 万元。为提升转化效率，企业建立直播数据分析中心，实时监测用户停留时长、互动率等 20 余项指标，动态调整话术与产品组合，使直播转化率稳定在 8.5% 以上。

私域流量运营方面，世纪家缘构建"微信生态＋会员体系"的深度运营模式。通过微信公众号、视频号、小程序"三位一体"布局，企业累计沉淀 500 万私域用户。在会员运营中，推出"星享卡"体系，依据用户消费频次与偏好提供个性化服务：针对新客设计"9.9 元特权包"，包含免费设计方案与产品折扣券；为老客定制"实木家具保养计划"，通过定期回访提升复购率。2023 年，私域渠道贡献企业 42% 的营收，会员复购率达 45%，远超行业平均水平。

在全球化拓展中，世纪家缘创新运用"本土化内容＋跨境直播"策略。针对东南亚市场，在 TikTok 平台推出"鲁班来了"系列短视频，用当地语言讲解家具选购知识，单月涨粉 50 万。在欧洲市场，联合海外 KOL 开展"东方美学家居"直播，通过场景化展示中国实木家具的设计理念，吸引超 20 万海外观众观看，带动跨境电商订单增长 200%。企业还建立多语言客服团队，实现 7×24 小时在线响应，将跨境电商退货率控制在 3% 以内。数据驱动的精细化运营贯穿世纪家缘新媒体营销全流程。通过搭建 BI 系统整合用户行为数据，企业构建"用户画像—内容推荐—效果评估"的智能模型。例如：基于用户浏览记录，自动推送个性化产品组合；依据内容互动数据，动态优化投放策略。2024 年春季采购节期间，企业通过 AI 预测模型精准锁定目标客群，新媒体广告点击率提升 40%，获客成本降低 25%。这种数据赋能的运营模式，使企业新媒体营销投入产出比（ROI）达到 1∶8.2，远超行业平均的 1∶3.5。

经过六年深耕，世纪家缘新媒体矩阵已形成强大的营销势能：抖音账号粉丝量突破 1200 万，微信公众号矩阵用户超 500 万，跨境电商新媒体渠道占比达 35%。2023 年企业新媒体营销带动整体营收增长 48%，品牌搜索指数同比提升 230%，"南康家具"集体商标价值评估突破 150 亿元。其"内容即流量，流量即销量"的运营逻辑，为传统制造业数字化转型提供了可复制的路径。这种将新媒体从传播渠道升级为产业基础设施的战略思维，正是世纪家缘在激烈市场竞争中持续领跑的核心密码。

第一节　家具新媒体营销运营定位

学习目标

【知识目标】

（1）掌握新媒体运营的用户定位。

（2）掌握新媒体运营的平台定位。

（3）掌握新媒体运营的内容定位。

【能力目标】

（1）能够运用用户画像工具进行用户定位分析。

（2）能够依据企业、产品等特点做好新媒体运营平台定位和内容定位。

一、家具新媒体运营用户定位

新媒体运营的本质是通过各种运营手段来吸引用户，将用户转变为自己的忠实粉丝，因此，用户定位是开展新媒体运营的前提。只有充分了解自己的目标用户群体，才能为用户提供他们需要的产品，吸引他们的关注并获得其认可。在这个过程中，运营人员要明确目标用户是谁、目标用户有什么特点，这样才能得到用户的认可，获得最大的竞争优势。

（一）了解用户属性与行为

用户定位的首要工作就是了解用户，这主要包括两个方面：一是了解用户的属性，即了解哪些人是自己的目标用户；二是了解用户的行为，即这些目标用户的主要特征是什么。

1.用户属性

用户属性指用户的自身分类属性，包括性别、年龄、身高、职业、住址等基本信息。这些属性信息的不同能反映出用户的收入水平、生活习惯和兴趣爱好的不同，进而影响用户的消费行为。新媒体运营人员只有做好用户属性的分析，找到符合自己产品和品牌定位的用户群体，才能针对这些用户群体更好地制订运营计划，吸引用户关注并刺激他们产生消费行为。

从用户属性的角度来进行用户定位，运营人员可以对大规模消费人群的地理位置、消费水平、消费行为、年龄、收入等属性信息进行分析，将具有类似属性信息的群体筛选出来，并与企业的产品、品牌定位等进行匹配，从中锁定与企业定位相符的最终用户群体，这部分用户群体就是企业后期开展运营的目标用户，是企业的潜在忠实用户。在这个过程中，运营人员可以采取一定的方法来获得用户属性信息，如调查问卷、有奖问答、实地探访等。

2.用户行为

用户行为从狭义上理解是指用户的购买行为及实际消费行为，从广义上理解是指用户为了获得、使用或处理某事物而采取的各种行动或决定该行动的决策过程。用户行为不是静态的，它受用户意向的影响。用户意向是指用户选择某种事物的主观倾向，表示用户愿意接受某种事物的可能性，是用户行为的一种潜在心理表现。一般来说，影响用户意向的因素主要有以下两个。

环境因素。家庭环境、生活环境、职业环境、经济因素等都属于环境因素，它会影响用户某一阶段的购物行为。比如，在家具消费市场的主要目标群体中的年轻家庭及新婚夫妇与中产阶级及富裕阶层就有较大区别。年轻家庭及新婚夫妇是家具消费的主力军。他们注重家具的时尚感、设计感和个性化特点，追求与自身生活方式相匹配的家具环境。他们热衷于互联网和社交媒体，对品牌故事和口碑传播有着较高的敏感度。因此，针对年轻消费群体的家具定位，应当注重时尚设计和品牌建设，并与年轻人喜好的媒体渠道进行深度互动。中产阶级及富裕阶层人群注重家具的品质、材料选择和细节工艺。他们倾向于购买高端家具产品，以彰显自身的社会地位和个人品位。因此，针对这部分消费群体的家具定位应该是高端、奢华，强调产品的独特性和手工艺价值。同时，通过与高端商业空间的合作展示，能够更好地吸引这一群体的关注。

商品因素。商品因素主要指商品的价格、质量、性能、款式、服务、广告和购买便捷性等因素。用户会因为这些商品因素改变其购物行为。如相同款式的多个商品，价格相差不大但质量更好的商品更受用户欢迎；又如淘宝直播、京东直播等能够一边观看视频一边购买商品的方式也可以增加商品的销售量。

（二）构建用户画像

用户画像是用户行为、动机和个人喜好的一种图形表示，它能够将用户的各种数据信息以图形化的直观形式展示出来，帮助运营人员更好地进行用户定位。用户画像展现的并非每一个用户的信息，而是具有相同特征的一群目标用户的共同数据信息。运营人员通过这种画像的方式为这些具有共同特征的用户贴上一个标签，从而实现数据的分类统计。

通过对用户属性与用户行为的分析可以建立基本的用户画像模型，然后再将收集和分析的数据按照相近性原则进行整理，将用户的重要特征提炼出来形成用户画像框架，并按照重要程度进行先后排序，最后再进行信息的丰富与完善即可完成用户画像的构建。

用户画像典型示例——一线城市"精致实用主义"青年

【基本信息】

图 12-1　核心标签：互联网运营经理 | 月收入 1.8 万～ 2.2 万元 | 独居 45 ㎡公寓 | 豆瓣家居小组资深成员【生活方式图谱】

1. 时间分配

7:00：通勤路上刷小红书收藏收纳技巧。

20:00：在 B 站观看《小户型极限改造》。

周末：参加宜家新品体验会 / 逛中古家具店。

2. 空间痛点

玄关：2 ㎡空间需整合鞋柜 / 快递架 / 全身镜。

工作区：餐桌兼办公桌导致腰肌劳损。

储物：过季衣物挤压生活空间。

3.消费心理

愿为设计溢价买单，但要求"每件家具都必须有 3 种以上使用场景"。

【数据行为画像】

表 12-1　用户画像

维度	特征描述	数据来源
内容偏好	点赞收藏「模块化家具 DIY」视频	抖音家居垂类热榜 TOP3
搜索热词	"免打孔隔断设计" 月搜索量 +45%	百度指数 2023Q3
消费决策	平均比价 6.3 个平台后下单	京东用户行为分析报告
价格敏感	接受沙发单价 8000 元，但要求 5 年质保	客服咨询记录抽样

二、家具新媒体运营平台定位

当前，抖音、快手、小红书和视频号等平台构成了新媒体竞争的主要领域。选择哪个平台是关键，输出有效内容更是核心。有效内容是指那些能够吸引并留住目标客户，促进品牌传播和转化的内容。

抖音作为主流市场，是商业 IP 的必争之地，尤其适合通过付费流量模型实现精准推广。视频号则因其基于微信生态的独特优势，被视为未来的主战场。视频号不仅与微信小店等功能打通，构建了从公域到私域的双向突破路径，还通过微信好友关系链的传播，实现了流量的高效利用。对于希望深入触达目标客户、建立品牌影响力的企业来说，视频号无疑是值得重点关注的平台。

在选择平台时，企业应根据自身定位和目标客户群体，灵活选择并优化内容策略。对于家具企业而言，如果主要面向 B 端市场，建议重点布局抖音和视频号；若定位于高端 C 端市场，小红书则是一个不可忽视的平台。

（一）微信

微信是基于智能移动设备而产生的主流即时通信软件，是一个可以及时与用户建立互动的交流平台。微信具有界面简洁、操作便捷、互动及时等特点，其用户渗透率和覆盖率很高，目前已累积了较多的活跃用户，是企业开展新媒体运营的必备平台。

微信为个人和企业提供了不同的运营方式，即微信个人运营和微信企业运营，下面对其进行简单介绍。

微信个人运营。微信个人运营是基于个人微信号所进行的运营。个人微信号可以与手机通讯录绑定，邀请手机联系人、微信好友进行交流，可以通过朋友圈发布状态，与微信好友进行互动。微信个人运营是一种点对点的运营，可以为目标人群提供更持续、更精准的服务，并在服务的基础上进行一定程度的口碑传播。不管是建立个人品牌、促进产品销售还是维护用户关系，微信个人运营都具有非常良好的效果和价值。

微信企业运营。企业微信是一款用于办公沟通的即时通信产品。企业微信适用于各种类型的企业和机构用户，提供了丰富的办公应用和强大的管理能力，员工扫码关注后，即可在微信中接收企业通知和使用办公应用。微信企业运营区别于微信个人运营的主要方面为：更多地偏向于企业公众号、企业微信群的运营，或者培养业务人员利用自己的个人微信号进行推广。通过微信公众平台，企业可以打造具有特色的企业号，与特定群体进行全面的沟通和互动。企业在新媒体平台中进行运营，主要是由运营人员开通微信并进行微信公众号的运营。

不管是微信个人运营还是微信企业运营，运营人员开展运营工作前都应做好定位，应主要做好以下几点。

（1）企业的产品或服务功能有什么特点？能够为用户提供什么样的产品或服务？

（2）微信运营的目的是什么？是销售引导、客户管理、个性化服务，还是打通线上线下？

（3）微信运营的目标用户是谁，如何精准地找到目标用户？

（4）微信账号的风格是什么？展现给用户的形象是什么？

总的来说，微信定位是在对企业产品和竞争对手产品分析的基础上，对用户需求进行深入挖掘，确定应该展示给用户的内容，并将其传递给用户的过程。定位有利于树立清晰的微信账号形象，有助于发展精准用户，更好地实现转化。如微信公众号"南康家具官网"，PC平台创立上线于2009年，作为首个专业南康家具网络平台，定位为南康家具批发首选平台。图12-2为其微信公众号及部分推文和菜单栏。

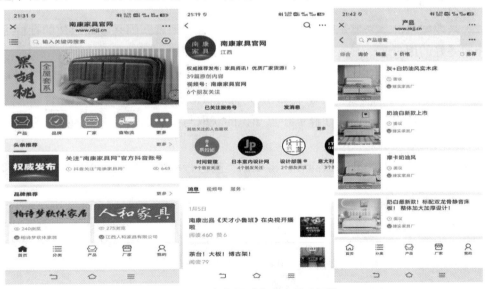

图 12-2　公众号"南康家具官网"

（二）微博

微博是一个通过关注机制分享简短实时信息的广播式社交网络平台，是目前用户使用较多的平台。与微信相比，微博更注重信息的时效性和随意性，且每个用户都能在微博中发表自己的看法，相关信息也能被其他用户搜索到。若用户关注了微博博主，就成了该微博博主的粉丝，微博博主发布的每一条信息都能被粉丝看到。微博博主可以与粉丝保持良好的交流互动，为培养忠实的用户打下坚实的基础。如果微博博主拥有数量庞大的粉丝，则其发布的信息可以在短时间内传达给更多的用户，甚至形成爆炸式的"病毒"推广效果。因此，不论是企业还是个人，都可选择将微博作为主要的运营平台之一。微博具有准入门槛低、随时发布信息、信息快速传播、实时搜索等特点，因此吸引了大量的活跃用户。这些用户是个人或企业开展新媒体运营的潜在目标用户。同时，微博内容的公共性和话题性为运营提供了良好的环境。微博运营的方式更加多样化，个人可以通过个人微博进行运营，企业可以通过企业微博开展运营，因此，运营人员要根据不同的微博类型进行定位。

（三）社群

社群是基于用户兴趣、爱好而形成的社交圈子，其定位直接影响社群规模。

只有清晰、准确的社群定位才能有效推广社群，吸引更多用户加入，为社群提供源源不断的用户流量。社群定位的关键是找准自身的类型，一般来说，社群主要有产品型社群、兴趣型社群、品牌型社群和知识型社群。

（1）产品型社群。社群的本质是为用户和产品提供联系的纽带，越是优秀的产品越能吸引用户的关注，用户因产品而聚集在一起形成了社群。这种社群的群成员有着极高的活跃度，会为产品买单。

（2）兴趣型社群。兴趣是扩大人际交往范围的有利因素，因兴趣而组建的社群可以吸引有相同爱好的用户。

（3）品牌型社群。用户对产品的高度认可会转变成对品牌的忠诚度，因此品牌型社群可看作产品型社群的延伸。品牌型社群建立在用户对品牌价值观认可的基础上，其条件要求较高。

（4）知识型社群。知识型社群更注重知识的获取与技能的提升，要为用户提供能够学习或解决其问题的知识或技能。

明确自己属于哪种类型的社群后，再根据类型进行社群用户和社群内容的定位即可。

图 12-3　微信社群助手

（四）音频、视频和直播平台

音频、视频和直播是目前较为主流的新媒体运营方式。

1. 音频平台

新媒体时代，信息传播的方式更加多样化。音频这种注重听觉感受的内容表现方式通过音频平台被用户接收，很好地满足了用户利用碎片化时间获取信息的需求。

音频平台的用户主要有传统媒体的电台主播、专业的声音玩家或自媒体用户，他们所产出的内容主要是细分领域的专业性内容、基于兴趣的 UGC（User Generated Content，用户原创内容）等。企业要在音频平台开展运营，需要注重资金的投入，如投放广告、自建音频自媒体等方式都需要大量的资金，同时还要注重流量的积累。

综合性音频平台主要有喜马拉雅、荔枝、蜻蜓 FM、酷我畅听、企鹅 FM、懒人听书、猫耳 FM，综合性阅读平台主要有 QQ 阅读、掌阅、咪咕阅读等。

图 12-4　在线音频行业类别与代表企业

网络音频主播作为内容的主要生产者，类型多样，包括音频节目主播、有声书主播、知识付费主播、音频直播主播、广播剧主播、新闻类主播、虚拟语音主播等。

图 12-5　网络音频主播分类

2. 视频平台

视频平台根据视频的长短和智能终端可分为网络视频平台和短视频平台。

网络视频平台。土豆视频、爱奇艺视频、腾讯视频、优酷视频、新浪视频、百度视频、搜狐视频、B站等都是比较常见的网络视频平台。这些视频平台的功能较为类似，都可以供用户自行上传视频内容，对视频时长的限制较小。同时，这些视频平台大多具有互动功能，可通过弹幕、评论等形式与用户互动，快速获取用户的反馈与意见，更好地进行运营计划的改善与调整。

短视频平台。秒拍、抖音、美拍、快手、小咖秀等都是比较主流的短视频平台，它们的功能比较类似。与普通的视频相比，短视频具有操作流程简单、随拍随传等特点，并且短视频的时长相当短，一般在60秒以内，可以快速进行内容的查看与分享。

图 12-6 常见视频平台

与其他平台相比，视频平台可以给用户更加直观地传达产品或品牌信息，更好地进行内容的融合，其特点主要有以下四个。

（1）目标精准。视频是一种传播非常精准的新媒体内容表现方式。只有对产品、品牌的视频内容感兴趣的用户，才会对视频产生兴趣并持续关注，甚至由关注者变为传播分享者，将视频分享给与自己有相同兴趣的用户。

（2）传播灵活。视频的传播速度较快，很多视频在发布后短时间内就可以得到大量传播。企业可以根据需要在指定时间段将视频推送给用户观看，用户也可以主动去相关网站寻找感兴趣的视频。

（3）效果可预测。网络视频的投放效果，通常可以根据一些数据进行分析和预测，如网站访问量、视频点击数、收藏数等。这些数据使用户群体清晰易辨，据此，企业不仅可以预测视频效果，还可以为下一次视频运营提供决策依据。

（4）视觉效果好。视觉效果好是视频最明显和最突出的优势。画面感能够缩短用户对产品产生信任的过程，加快用户的购买决策。视频广告以图、文、声、像的形式传递多感官的信息，比其他单纯的文字性或图片性广告更能体现出差异化。

3. 直播平台

目前国内比较火的网络直播平台有抖音、快手、映客、虎牙和花椒等。与视频相比，直播更加直观，可以更好地实现与用户之间的互动，使运营更加方便，其主要特点如下。

（1）运营成本低。直播运营的直播设备简单，直播场景可由企业、个人自主构建，是目前成本较低的运营方式之一。特别是对于个人电商来说，可以仅靠一部手机就完成一次直播运营。

（2）运营覆盖广。直播运营可以直接将产品的形态、使用过程等展现给观众，达到全方位覆盖用户对产品认知的效果。

（3）销售效果好。直播运营可以更加直观地通过主播的解说来传递各种优惠信息，同时开展现场促销活动，极大地提升观众的消费热情，提高运营效果。

（4）运营反馈有效。直播运营具有强有力的双向互动模式，可以在主播直播内容的同时，接收观众的反馈信息，如弹幕、评论等。这些反馈中不仅包含产品信息的反馈，还有观看直播的观众的表现，这为企业下一次开展直播运营提供了改进的空间。

目前比较活跃的家具直播平台有以下几个。

淘宝直播：作为阿里巴巴旗下的直播电商平台，淘宝直播在家具领域有着广泛的影响力。许多家具品牌和卖家通过淘宝直播展示产品，消费者可以实时观看产品展示，与卖家互动，了解产品详细信息。

京东直播：京东直播是京东旗下的电商直播平台，也涉及家具领域。该平台以品质保证和专业性为特点，吸引了许多追求品质和专业的消费者。在京东直播，可以看到家具产品的专业评测、使用示范等。

快手家具直播：快手作为一个短视频和直播平台，其家具直播内容丰富多彩。除了产品展示，还包括家具设计、装修指导等。快手家具直播以接地气、互动性强的特点，吸引了许多年轻消费者。

抖音家具直播：抖音作为全球知名的短视频平台，其直播功能也涵盖家具领域。许多家具博主和商家通过抖音直播展示家具产品，分享家具设计、装修经验等。抖音家具直播以内容多样、互动性强的特点，吸引了广泛的用户群体。

这些家具直播平台都是当前市场上比较活跃的平台，为消费者提供了了解、购买家具产品的渠道，同时也为品牌和卖家提供了展示和推广产品的机会。

（五）社区论坛

社区论坛的主要优势是活跃用户量大，在其中进行运营可以引流，聚集人气，是产品或品牌推广的不错选择，如百度贴吧、豆瓣等论坛都是较为常见的社区论坛。其中百度贴吧基于百度搜索引擎庞大的用户数量，运营价值较大，适合进行产品引流与推广；豆瓣则以提供图书、电影、音乐唱片的推荐、评论和价格比较，以及城市独特的文化生活为主，其内容的可信度更高，更适合进行品牌口碑的积累。

（六）问答平台

知识问答是新媒体运营的常见表现形式，其对应的运营平台有很多，如百度知道、搜搜问问、知乎、在行等。问答平台运营是一种以内容质量获取粉丝的方式，其内容在搜索引擎中可以获得较高的权重，使问答平台能够据此获得较好的排名，具有较为精准的运营效果。

同时，问答平台注重知识和经验的分享与传播，可以帮助个人和企业获得良好的口碑。问答平台的特点如下。

互动性。问答平台采用双向问答形式，用户既可以在问答平台上提出问题，或与其他人分享知识、经验和见解，又可以关注其他与自己兴趣一致的人。通过知识的解答、生产和分享，问答平台构建了一个具有很高价值的人际关系网。企业可以在问答平台上通过交流的方式取得用户的信任，从而积累自己的品牌口碑。

针对性。问答既可以针对某个目标群体，根据群体的特点选择关注的焦点，充分调动目标群体的力量，也可以针对话题作讨论，让更多的人参与进来，达到人群融合的效果。在平台中，用户可以根据自身的需求有针对性地提出问题，同时，这些答案又将作为搜索结果，满足有相同或类似问题的用户需求。企业可以通过回答问题来分享经验与知识，通过专属的广告位增加企业曝光率，定位更加精确的消费群体，并形成转化。

（七）写作平台

写作平台是一种优质信息生产平台，用户可以通过写作平台分享自己的观点，输出个人价值，从而增强个人影响力并开展相关运营活动。当前主流的写作平台主要包括简书、今日头条、大鱼号、企鹅媒体平台、搜狐号、百家号、豆瓣等。总的来说，写作平台主要有三个特点，具体如下。

1. 流量大

当前几大主流写作平台都背靠资金雄厚的大企业，如百度旗下的百家号、阿里巴巴旗下的大鱼号、腾讯旗下的企鹅媒体平台，这些平台天生就具备流量优势。除此之外，写作平台还大力进行推广及引流，只要内容质量较高，一般就具有较高的阅读量。

2. 版权的保护力度较大

网络平台中的抄袭与转载无处不在，这非常不利于文章的保护以及个人、企业品牌的建立。当前主流的写作平台，如今日头条、企鹅媒体平台等都开通了原创计划，极大地保护了原创者的权益。

3. 品牌曝光

在新媒体环境下，很多人借助写作平台提升个人的影响力，通过写作平台不断地进行高质量的作品输出，拥有了大批粉丝，打造出了个人品牌。就百家号而言，百家号是百度搜索引擎中重要的收录源，因此作者可以获得较高的个人品牌曝光率。简书与大量的出版社合作，质量高的文章可能还会获得出版社的青睐，并且简书还推出了签约作者计划，可为更多优质作者打造品牌。

三、家具新媒体运营内容定位

新媒体内容需根据平台特性与用户习惯，围绕文字、图片、视频三大载体构建差异化内容体系。本节以内容形式为纲，结合典型平台案例，系统解析家具行业内容定位策略。

（一）文字内容：深度渗透与专业说服

1. 微信公众号：品牌价值传递主阵地

（1）内容策略

长图文结构：采用"3-5-2 法则"（30% 场景痛点 + 50% 解决方案 +20% 产品植入）。例如，《拯救小户型客厅的 10 个设计技巧》，文末嵌入"免费户型诊断"按钮。通过精准把握用户痛点，提供切实可行的解决方案，并巧妙植入产品，能有效吸引用户关注与转化。

栏目化运营：设立固定专栏（如"每周探店""材质实验室"），提升用户阅读惯性。固定专栏让用户对公众号内容有明确预期，培养其定期阅读的习惯，增强用户黏性。

（2）数据指标优化

关键段落埋点：监测"设计工具 H5"点击热区，优化跳转路径。通过分析用户点击行为，精准优化跳转流程，提升用户体验，增加用户对相关功能的使用频率。

标题 AB 测试：对比"全屋定制避坑指南"与"定制家具 10 大陷阱"，后者打开率显著提升。不同表述方式的标题对用户的吸引力差异显著，通过 AB 测试可筛选出更具吸引力的标题，提高文章的曝光度。

2. 知乎：构建行业话语权

（1）问答矩阵设计

表 12-2　问答矩阵设计方案

问题类型	运营策略	案例效果
选购决策类	植入产品对比表格 + 实测数据	"5000 元沙发选购指南"收藏量 2 万 +
技术解析类	邀请设计师 / 工程师实名认证回答	"无醛板材真伪鉴别"获专业认可标识
行业趋势类	发布《2024 智能家具技术白皮书》	被 36 氪等媒体引用，品牌搜索量快速增长
在选购决策类问题中，直观的数据对比能帮助用户快速做出选择；技术解析类由专业人士回答，增强内容权威性；行业趋势类白皮书展示品牌专业度，提升品牌影响力		

（2）SEO 实战技巧

长尾词布局：在回答中自然穿插"儿童家具安全标准""岩板餐桌优缺点"等高频搜

索词，有助于提高内容在搜索引擎中的排名，增加曝光机会，让有相关需求的用户更易找到。

内容互动设计：文末设置"点击展开专业参数对照表"，延长页面停留时长。通过互动设计，激发用户好奇心，促使用户更深入了解内容，提升用户参与度。

（二）图片内容：视觉冲击与即时转化

1. 小红书：高颜值种草体系

（1）爆款笔记设计公式

封面图（3大元素）：场景化构图（60%）+核心卖点（30%）+品牌标识（10%）。场景化构图让用户产生代入感，核心卖点突出产品优势，品牌标识强化品牌印象。

内容页（4屏法则）：

1屏：痛点场景（凌乱客厅），引发用户共鸣。

2屏：解决方案（多功能收纳柜），展示产品价值。

3屏：产品细节（五金件特写+检测报告），增强产品可信度。

4屏：行动指引（"私信领优惠码"），引导用户转化。

如"老房改造日记"系列笔记，通过对比图+改造流程图，精准引流客户至电商平台。

（2）图片优化工具

Canva模板库：建立企业专属素材库（含200+家具场景模板）。方便快捷生成符合品牌风格的图片，提高设计效率。

AI修图应用：使用Remini提升产品材质纹理清晰度，细节展示点击率提升18%。清晰的材质纹理展示能更好地吸引用户关注产品细节。

2. 电商主图：5秒决策引导

（1）主图层级设计

表12-3 主图层级设计方案

层级	设计要点	数据提升效果
第1屏	场景化使用（加入人物互动）	点击率+35%
第2屏	功能可视化（如沙发承重测试）	页面停留时长+22秒
第3屏	服务保障（送装/退换流程图解）	转化率+9%
场景化使用让用户直观感受产品使用场景，功能可视化突出产品特点，服务保障增强用户购买信心		

（2）移动端适配技巧

文字大小：确保在手机端能清晰识别，正文字号 ≥ 24px。保证用户在小屏幕上也能轻松阅读文字信息。

色彩对比：使用 Adobe Color 检测对比度，确保符合 WCAG 2.1 标准。鲜明的色彩对比能提升视觉效果，方便用户查看内容。

（三）视频内容：情感共鸣与场景化体验

1. 抖音：15 秒黄金触点

（1）爆款视频模型

"3 秒钩子 +7 秒痛点 +5 秒解决"。例如：

0 ～ 3 秒："别买沙发！90% 的家庭选错了尺寸！"冲突开场，迅速抓住用户眼球。

4 ～ 10 秒：展示拥挤客厅场景—卷尺测量教学—推荐模块化沙发，阐述痛点并提供解决方案。

11 ～ 15 秒："点击左下角获取免费设计"。（转化引导）

（2）直播切片二次创作

剪辑策略：

产品亮点片段（≤ 30 秒）添加"点击回看"浮窗，方便用户快速回顾亮点。

用户证言片段打标签 # 真实评价 #，用于 feed 流投放，增加内容可信度与吸引力。

分发矩阵：

直播原档 → 微信视频号（完整版），适合深度观看。

高光片段 → 抖音 / 快手（挂购物车），利于引流转化。

知识切片 → B 站（添加课程链接），契合 B 站用户学习需求。

2. B 站：深度内容破圈

（1）中视频策划框架

表 12-4　中视频策划框架

视频类型	内容结构	案例数据
工艺纪录片	工厂实拍 + 匠人访谈 + 技术解析	《一张红木椅的诞生》播放量 89 万
硬核测评	实验室检测 + 对比实验 + 选购建议	"20 款乳胶枕拆解" 收藏量破 10 万
行业解密	动画演示 + 专家解读 + 趋势预测	"智能家居芯片战争" 引发科技圈讨论
工艺纪录片展示产品制作过程，硬核测评提供专业选购参考，行业解密满足用户对行业内幕的好奇		

（2）互动设计创新

进度条节点：在 50%、75% 处设置"打卡点"，发放家具清洁券。激励用户观看至特定节点，提高视频完播率。

弹幕互动：当弹幕数超 1000 条时，自动触发产品优惠码。增强用户参与感，活跃视频氛围。

（四）内容形式协同策略

1.全域内容联动模型

新品发布期：文字（公众号深度评测）—图片（小红书场景海报）—视频（抖音开箱）。通过不同平台、不同形式内容的逐步推进，全面展示新品，提高新品曝光度。

促销转化期：直播（产品演示）—短视频（高光切片）—图文（售后保障说明）。各种内容形式相互配合，从产品展示到吸引流量再到消除用户顾虑，促进购买转化。

2.数据资产复用体系

（1）用户行为路径分析

小红书点赞—抖音观看60%以上视频—微信咨询客服—天猫下单。分析用户行为路径，了解用户在不同平台、不同内容形式下的转化过程，为优化运营策略提供依据。

（2）内容元素库建设

表 12-5　内容元素库建设

素材类型	复用场景	管理工具
产品 3D 模型	跨平台场景渲染	酷家乐企业版
用户证言视频	信息流广告 / 详情页	腾讯云媒资库
工艺解析动画	培训资料 / 招商会物料	百度网盘企业版
建立内容元素库，方便在不同场景复用素材，提高内容生产效率与一致性		

（五）效果评估与迭代

1.内容健康度诊断模型

内容健康度诊断模型是评估数字内容生态健康程度的核心工具，其构建与应用需融合多维度指标与智能监测技术。

表 12-6　内容健康度诊断模型

内容形式	核心指标	预警阈值	优化方案
文字	平均阅读进度	<65%	增加分段标题 / 信息图表
图片	详情页跳出率	>55%	强化利益点前置 / 缩短决策链路
视频	3秒完播率	<40%	重构开场冲突 / 加快剪辑节奏
通过核心指标监测内容健康度，达到预警阈值时及时采取优化措施，提升内容质量与用户体验			

2.新媒体健康度诊断

新媒体健康度诊断需从内容质量、传播效能、用户互动及合规性四个维度综合评估，结合当前行业实践与技术趋势，形成高质量诊断框架。

任务实训

【目标】

掌握用户信息的收集方法、用户画像的绘制方法；熟悉新媒体运营平台的特点及平台选择定位的方法；掌握内容定位的方法。

【内容】

对"包包椅"做用户画像，分析在此次新媒体营销活动中平台定位及内容定位成功的原因及不足；针对自己感兴趣的家具产品或企业做新媒体营销时，要对用户、平台及内容进行定位。

实训1：收集用户属性信息，绘制用户画像。

实训2：依据目标受众的特征和行为习惯，选择适合的新媒体平台进行宣传和营销。

实训3：确定营销内容形式，组织内容信息。

【步骤】

步骤1：设计调查问卷、收集二手资料，对得到的用户信息进行数据统计分析，对信息进行分类，并从中抽取用户画像模型。

步骤2：列举可采用的新媒体平台，分析其特点及优劣，确定拟运营的平台。

步骤3：分析用户需求，挖掘用户痛点，确定内容的主要体现形式；组织内容信息，对内容进行策划包装。

第二节　家具微信平台运营

学习目标

【知识目标】

（1）掌握微信生态（个人号、公众号）在家具行业的核心价值与应用场景。

（2）熟悉家具微信运营的四大核心要素：用户画像、内容规划、粉丝裂变、数据闭环。

（3）理解微信平台与线下渠道（卖场、展厅）的协同逻辑与转化路径。

【能力目标】

（1）能够设计家具品牌微信个人号人设与分层运营策略。

（2）具备微信公众号内容矩阵搭建能力（图文、视频、服务功能）。

（3）能够通过数据分析优化粉丝互动率与转化率。

（4）掌握企业微信在售后服务方面的应用方法（如安装进度查询、维修预约）。

一、微信个人号运营

（一）账号搭建与形象打造

1.人设三要素

表 12-7　家具微信账号人设三要素

维度	家具行业示例	数据支撑
身份标签	全屋定制顾问 /10 年从业设计师	企业微信认证 + 职业资格证展示
价值定位	免费户型诊断 + 报价对比	每月服务客户案例 ≥ 20 个
视觉体系	职业正装形象照 + 案例背景图	朋友圈封面点击率 ≥ 15%

身份标签：于家具行业而言，身份标签堪称构建专业形象的基石。例如"全屋定制顾问 /10 年从业设计师"这般明确的身份标识，能助力客户迅速洞悉你的专业领域，感知深厚的经验沉淀。企业微信认证搭配职业资格证展示，从官方权威渠道与专业资质层面，双向夯实可信度。以某知名家具品牌设计师为例，完成企业微信认证后，客户咨询量激增，职业资格证展示页面月均浏览量增加，有力佐证了身份标签认证的关键价值。

价值定位：为客户精准锚定清晰且极具吸引力的价值定位是制胜关键。诸如"免费户型诊断 + 报价对比"，直击客户装修前期对户型优化及成本把控的核心痛点。每月服务客户案例不少于 20 个的实绩，充分彰显该价值定位的可行性与高人气。据市场调研，提供此类服务的家具销售人员，客户转化率较未提供者显著提升。

视觉体系：视觉体系作为客户的第一直观印象来源，其重要性不言而喻。职业正装形象照搭配案例背景图，既能尽显专业风范，又能直观呈现实际业务能力。朋友圈封面作为关键视觉展示窗口，点击率提高，足见其在吸引客户关注方面的成效。经用户反馈，具备优质视觉体系的个人号，其客户留存率比普通个人号高，优势明显。

2.账号基础设置

昵称规范：如采用"品牌 + 职位 + 姓名（索菲亚 – 全屋设计 – 李明）"的格式，能让客户瞬间识别你所属品牌、职位及个人信息，显著增强品牌记忆点与个人辨识度。研究表明，遵循此规范的昵称，可使客户对品牌的认知度显著提升。

个性签名：着重突出服务承诺，像"24 小时响应，免费量房设计"，直接传递服务优势与热忱态度，精准回应客户对服务及时性与增值服务的关切。实践证明，明确服务承诺的个性签名，能促使客户咨询意愿提升，成效可观。

认证体系：企业微信蓝 V 认证彰显企业官方背书，视频号专业领域认证强化个人专业形象。双重认证赋予账号更高权威性，大幅提升客户信任感。

（二）朋友圈建设

1.内容规划矩阵

表 12-8　微信朋友圈内容矩阵

内容类型	占比	发布时间	家具行业案例
专业干货	40%	8:00—9:00	《小户型定制柜的 5 种扩容方案》
客户见证	30%	12:00—13:00	客户改造前后对比视频（带定位信息）
促销活动	20%	18:00—19:00	"周末到店送 3D 效果图设计"
个人背书	10%	21:00—22:00	设计师获奖证书 + 客户感谢信

专业干货（40%）：将发布时间定在 8:00—9:00，契合上班族清晨获取资讯的习惯。诸如《小户型定制柜的 5 种扩容方案》这类内容，精准聚焦小户型用户痛点，提供切实可行的解决方案，深度彰显专业能力。此类专业干货内容的平均阅读量比普通内容更大。

客户见证（30%）：在 12:00—13:00 发布客户改造前后对比视频（附带定位信息），午休时段客户闲暇增多，浏览意愿更强。真实案例搭配定位信息，增强可信度与吸引力。带有定位信息的客户见证内容，互动率比无定位的高。

促销活动（20%）：18:00—19:00 正值客户下班之际，此时推送"周末到店送 3D 效果图设计"等促销活动，极易吸引客户目光。促销活动内容的分享率通常比其他内容高，能有效扩大活动影响力。

个人背书（10%）：21:00—22:00 客户处于晚间休闲时段，更易关注此类内容。设计师获奖证书与客户感谢信，全方位展示个人成就与良好口碑。展示个人背书后，客户对设计师的信任度提升。

2.发布规范

每日发布频次：严格控制在 ≤ 3 条，防止过度营销引发客户反感。研究显示，每日发布超 3 条内容，客户屏蔽率将大大攀升，需谨慎把控。

配图尺寸：统一设定为 1080×1080 像素，确保在各类设备上均能呈现良好展示效果，提升视觉体验。符合此尺寸规范的朋友圈内容，阅读完成率比尺寸杂乱的更高，体验更佳。

地理位置标签：添加地理位置标签，可增强内容真实性，让客户切实感受到服务的本地化与便捷性。带有地理位置标签的内容，更能提升客户的互动意愿和参与度。

（三）内容运营

1.话术体系搭建

新客户咨询：运用"您家的装修进度到哪个阶段了？"这类标准话术，结合快捷回复与素材库，能够迅速响应客户，大幅提升沟通效率。借助快捷回复工具后，大幅缩短首次回复客户时间。

产品疑问解答：发送PDF版的《实木家具保养手册》，依托微盘文件管理，便捷高效。客户对产品疑问解答的满意度、信任度增强。

投诉处理：秉持"已登记您的需求，2小时内专人跟进"的原则，通过企业微工单系统确保处理流程规范有序。投诉处理及时率提升，客户忠诚度因此提升。

表12-9　话术体系搭建与风险控制

场景	核心策略	工具/方法	效果指标	风险点	控制措施
新客户咨询	标准话术+快捷回复	快捷回复模板库	首次响应时间≤2分钟	回复机械缺乏温度	设置20%个性化话术（如称呼用户昵称）
产品疑问解答	发送标准化资料（如保养手册）	微盘文件管理+知识库	解答满意度≥90%	资料过时未更新	每月审核资料库，标注版本号与更新日期
投诉处理	工单系统追踪流程	企业微工单系统+SLA响应机制	投诉闭环率≥95%	责任部门推诿延误	设定跨部门处理时限（如售后24小时响应）

2. 内容生产 SOP（Standard Operating Procedure，标准操作程序）

选题会：从热点捕捉开始，巧用百度指数和微信搜一搜，精准洞察行业热门话题。例如，当"智能家居在家具中的应用"成为热点时，即刻围绕此选题策划内容，紧跟潮流。

内容类型规划：按照"60%解决方案+30%案例+10%促销"的黄金比例规划。以解决客户"如何选择环保家具"的痛点为例，提供翔实的解决方案，结合成功案例，适时推出相关促销活动，全面覆盖。

脚本撰写：遵循"痛点+解决方案+行动号召"的经典结构。比如，在撰写"解决家具异味问题"的内容时，先点明客户对家具异味的困扰，再详细阐述解决方法，最后呼吁客户采取行动，这样逻辑更清晰。

素材采集：深入工厂实拍获取产品生产过程素材，或采用客户授权案例，显著增强内容真实性与吸引力。客户授权案例的阅读量比虚构案例高，真实性为王。

合规审核：邀请法务专业人士确认环保表述等内容的合规性，全力规避法律风险。经法务审核的内容，因合规问题导致的投诉率降为零，保障运营安全。

表12-10　内容生产SOP与风险控制

流程阶段	核心策略	工具/方法	效果指标	风险点	控制措施
选题会	热点捕捉+用户痛点分析	百度指数+微信搜一搜热词	热点匹配度≥80%	选题偏离目标用户需求	建立选题评分模型（需求/热度/转化）

流程阶段	核心策略	工具/方法	效果指标	风险点	控制措施
内容类型规划	60%解决方案+30%案例+10%促销	内容日历排期工具	解决方案阅读完成率≥60%	促销内容过度硬广	软性植入促销信息（如案例中自然提及）
脚本撰写	痛点→解决方案→行动号召	痛点库+CTA话术模板	转化率≥3%	结构松散缺乏逻辑	使用AI脚本检测工具优化逻辑和连贯性
素材采集	工厂实拍+客户授权案例	签约摄影师+授权书模板	真实案例占比≥70%	素材版权纠纷	建立素材溯源系统（时间戳+授权链）
合规审核	法务联合审核敏感表述	合规词库+人工复核	合规通过率100%	新兴法规更新滞后	订阅法规动态提醒，季度更新审核标准

（四）互动与转化

家具行业的分层运营策略需要结合市场需求、消费者画像、产品定位以及渠道特性进行精细化设计，必须构建一个系统化的分层运营框架，帮助提升品牌竞争力、客户黏性和转化效率。

表12-11　家具用户分层运营策略

用户层级	运营策略	转化工具
潜客（咨询未购）	每周推送1次案例+3次活动提醒	模板消息+优惠券
已购客户	每月发送保养指南+专属福利	小程序会员体系
高净值客户	季度上门回访+新品优先体验	企业微信专属客服

潜客（咨询未购）：每周推送1次案例+3次活动提醒，借助模板消息和优惠券，精准吸引转化。提高潜客优惠券的使用率，促进购买行为。

已购客户：每月发送保养指南+专属福利，依托小程序会员体系，增强客户黏性。为已购客户专属发送沙发、床垫、餐桌等不同家具的保养方法。同时，通过小程序会员体系为客户提供专属折扣、生日福利等。已购客户复购率比未采用此策略时高，客户忠诚度也得到提升。

高净值客户：季度上门回访+新品优先体验，由企业微信专属客服提供贴心服务。安排专业设计师回访，了解客户使用家具的感受，并提供一些维护建议。提高高净值客户转介绍率，助力品牌口碑传播。

二、微信公众号运营

（一）注册与搭建

1.注册

（1）选择账号类型

订阅号：适合内容传播（每日1次推送，折叠在订阅栏）。若将内容传播作为核心运营方向，订阅号能够成为品牌向用户输送丰富家居灵感的关键渠道。同时，订阅号还能深入推送产品知识，详细剖析家具所使用的各类材质，如实木家具常用的橡木、胡桃木、白蜡木，它们各自的纹理特点、硬度、耐久性等，加深用户对家具产品的认知与理解。

服务号：适合高频促销（每月4次推送，支持支付功能）。当家具品牌注重与用户展开高频互动并提供便捷服务时，服务号就发挥出独特优势。以家具行业常见业务为例，品牌借助服务号可以实现用户在线预约设计服务。用户能够依据自身房屋的空间结构、个人喜好以及实际需求，便捷地预约专业设计师上门沟通方案。此外，服务号支持商城支付功能，方便用户在浏览家具产品详情后，直接下单购买心仪的产品，极大地提升了用户购物体验，促进交易达成。

企业微信：具有与微信一致的沟通体验，丰富的OA应用和连接微信生态的能力，可帮助企业连接内部、连接生态伙伴、连接消费者。在内部管理方面，企业可利用企业微信进行员工考勤管理，通过打卡功能准确记录员工的出勤情况，还能进行任务分配，将家具销售、售后、物流等不同任务清晰地派发给相应员工，提高工作效率。在客户服务层面，企业可以通过添加客户为好友，为客户提供专属服务。比如，及时跟进客户的订单进度，从下单确认、生产制作、物流运输到最终配送上门，每个环节都能实时告知客户，并且高效解答客户的售后问题，像家具出现质量问题时如何处理、如何进行简单的维修保养等。

（2）填写信息

建议使用企业邮箱进行注册，这种格式的邮箱能够显著提升品牌的专业性与辨识度，让用户在看到邮箱地址时，就能直观地了解到该品牌所属行业以及相关业务属性。在注册过程中，绑定管理员微信是必不可少的步骤，这便于后续接收重要通知，如公众号平台规则更新、账号安全提醒等，同时也方便完成扫码确认等关键账号管理操作，确保账号操作的安全性与便捷性。

若选择进行企业认证，需提交营业执照、法人身份证等信息。企业认证能够有效提升账号的权威性。从搜索排名角度来看，认证后的公众号可能在微信搜索结果中占据更有利的位置，提高品牌的曝光率，便于用户更轻松地找到品牌公众号。

（3）激活账号

完成邮箱验证与微信扫码确认。

2.搭建

（1）基础设置

名称：公众号名称应简洁易记，展现行业特色。以"北欧家居指南"为例，"北欧"明确了品牌专注的家居风格，"家居"一词直接点明行业属性，"指南"则向用户传达了该公众号能够为其提供相关家居知识与指导的信息。这样的名称既方便用户记忆，又便于用户在搜索时精准定位到该公众号，有助于提升品牌的传播效果。

头像：家具品牌可选用品牌 LOGO 作为头像，品牌 LOGO 往往是品牌形象的核心视觉标识，能够在用户心中强化品牌印象。或者使用核心产品图，如经典沙发剪影，让用户在看到头像时，就能直观地了解品牌的产品类型。需要特别注意的是，由于微信头像在多数展示场景中为圆形，因此在上传头像时，要提前精心调整图片，确保品牌标识、产品关键特征等重要信息位于图片中心位置，避免在裁剪为圆形时被遮挡，保证头像在各种展示场景下都能清晰呈现，发挥其应有的品牌宣传作用。

简介：用一句话精准阐述公众号价值是吸引目标用户关注的关键。比如"专注北欧风家具设计，提供一站式家居解决方案"，这句话清晰地向用户传达了品牌的设计风格定位以及能够为用户提供的服务内容。

（2）功能配置

①自定义菜单

一级菜单：设置"精选产品""设计灵感""在线服务"。"精选产品"菜单便于用户快速浏览品牌的优质家具产品，品牌可以按照不同的家具类别，如客厅家具、卧室家具、餐厅家具等进行分类展示，让用户高效地找到自己感兴趣的产品。"设计灵感"菜单则可推送各类家居设计案例、装修风格介绍，满足用户对家居美学的追求。品牌可以分享不同风格的家居空间设计案例，包括色彩搭配、家具组合、软装布置等方面的内容，为用户提供装修灵感。"在线服务"菜单为用户提供的便捷服务入口，让用户快速获取所需服务。

二级菜单：以"在线服务"为例，可下设"预约量房""客服咨询"。用户点击"预约量房"，可填写房屋面积、户型结构、所在地区等信息，预约专业人员上门量房。专业人员会根据测量数据，为用户提供更精准的家具选购与布局建议。"客服咨询"则直接跳转至与客服人员的聊天界面，方便用户随时咨询问题，无论是关于产品价格、材质、尺寸，还是售后服务等方面的疑问，客服人员都能及时解答。

②自动回复

关键词回复：设置关键词回复可大幅提高服务效率。在家具行业，用户常见的问题包括产品报价、材质信息、保养方法等。例如：当用户发送"报价"时，系统自动推送产品价格表，价格表中可以详细列出不同系列、不同款式家具的价格，以及相关的优惠活动信息；当用户发送"实木材质"时，自动回复各类实木家具所使用的木材种类、特点、优缺点等详细信息，让用户迅速获取所需信息，提升用户体验。

被关注回复：用户关注公众号时，自动发送欢迎语与福利，如"关注即领 100 元优惠券"。这种方式能够有效增强用户对公众号的好感，促进用户与品牌互动。优惠券可以在用户购买家具产品时直接抵扣相应金额，刺激用户消费，同时也能引导用户进一步了解品牌的产品与服务。

③注意事项

一是避免名称与已有品牌重复，注册前在微信搜索栏验证唯一性。

二是头像需适配圆形裁剪，避免关键信息被遮挡。

（二）内容策划与制作

1.内容定位

（1）目标受众

主要聚焦25～45岁的中产家庭。这类人群通常具备较强的经济实力，对生活品质有着较高的追求，在家具选择上，注重家居美学与实用性的平衡。他们可能正在进行新房装修，需要配置家具，打造符合自己品味的家居空间；或者正在进行旧房改造，通过更换部分家具来提升家居环境的舒适度与美观度。无论是哪种情况，他们都是家具产品的核心消费群体，对家具的款式、材质、功能等方面有着较高的要求，并且愿意为高品质的家具产品支付合理的价格。

（2）核心方向

知识干货：发布如"实木家具保养十大技巧"这类内容，满足用户对家具保养知识的需求。实木家具由于其材质的特性，需要特定的保养方法来延长使用寿命，保持美观。例如，在清洁方法上，要用柔软的湿布轻轻擦拭，避免使用含有化学成分的清洁剂，以防损伤木材表面的涂层。在避免阳光直射方面，长时间的阳光照射会导致实木家具褪色、开裂，因此要合理摆放家具位置，或者安装窗帘等遮挡阳光。通过详细介绍这些保养要点，为用户提供实用价值，增强用户对品牌的信任，让用户感受到品牌不仅关注产品销售，更关心用户对产品的长期使用体验。

场景化营销：发布"小户型客厅布局方案"，针对小户型用户空间利用难题，提供具体的家具摆放、选择建议。在小户型客厅中，家具的选择要注重小巧、多功能。比如可以选择可折叠的沙发，在需要时展开增加座位，平时收起节省空间；或者选择带有收纳功能的茶几，用于存放杂物。在摆放方面，要避免家具过于集中，可采用沿墙摆放等方式，营造开阔的空间感。结合实际场景，通过图片、文字或视频等形式，让用户更直观地感受家具如何适配不同的空间，激发用户购买欲望，使他们认识到合适的家具能够有效提升小户型空间的使用价值。

品牌故事：像"设计师访谈：如何打造一把经典椅子"，通过讲述设计师创作理念、背后故事，展现品牌设计实力与文化内涵。设计师在设计一把椅子时，可能会从人体工程学角度出发，考虑如何让用户坐得更舒适；也可能从文化传承角度出发，将传统元素融入现代设计中。通过分享这些故事，加深用户对品牌的认知与情感认同，让用户了解到品牌产品背后的设计理念与文化底蕴，在用户心中树立独特的品牌形象，区别于其他竞争对手。

表 12-12　微信公众号营销内容定位策略与风险控制

内容维度	核心策略	示例	风险点	控制措施
知识干货	提供实用保养技巧（如实木家具防开裂）	"实木家具保养十大技巧"	内容过于专业，用户理解困难	结合图文步骤分解，用生活化语言（如"用橄榄油代替化学护理剂"）
场景化营销	解决特定空间难题（如小户型布局）	"小户型客厅扩容三步法"	场景与用户实际需求脱节	用户调研（问卷＋评论区互动）→定制区域性方案（如北上广深小户型 vs 三、四线大户型）
品牌故事	通过设计师访谈传递品牌理念	"一把椅子的诞生：从人体工学草图到成品"	故事缺乏记忆点，难以引发共鸣	挖掘冲突性情节（如"30次打样失败终成经典"）

2. 内容形式

（1）图文结合

长图文：用于深度解析家居趋势，如"2025 年流行色搭配指南"。长图文可以详细阐述流行色的特点，如 2025 年流行的某一颜色的色调、饱和度、明度等属性，以及其在家居空间中的应用案例。通过搭配精美的图片，展示不同家具与流行色的搭配组合，如沙发采用流行色面料，搭配同色系的抱枕、地毯，再结合其他中性色家具，营造出和谐美观的家居氛围。长图文能够为用户提供全面深入的内容，满足用户对家居潮流趋势深入了解的需求。

短图文：适合快速种草新品，如"新品上市丨极简书桌限时 9 折"。短图文简洁明了地介绍新品特点，如极简书桌的材质（如环保板材）、设计亮点（如简约线条、隐藏式收纳空间），以及优惠信息（限时 9 折）。通过简洁的文字和吸引人的图片，迅速吸引用户关注并购买，激发用户的购买冲动。

（2）视频与直播

短视频：通过 30 秒短视频展示家具安装过程或使用场景。比如，展示一款衣柜的安装步骤，从拆箱、组装框架、安装柜门到最终成型，让用户了解产品安装的便捷性。或者展示家具在不同风格家居环境中的使用场景，如一款现代简约风格的餐桌在北欧风、工业风、日式风等不同风格餐厅中的搭配效果，增强用户对产品的感知，让用户更直观地想象产品在家中的实际使用情况。

直播：邀请设计师讲解搭配技巧，直播期间发放专属优惠码。设计师可以实时解答用户疑问，展示不同家具的搭配效果，如如何根据客厅的大小、采光、装修风格选择合适的沙发、茶几、电视柜等家具，并进行现场搭配演示。优惠码能刺激用户在直播过程中下单购买，如提供"满 5000 减 500"的优惠码，吸引用户在直播期间完成交易。

表 12-13　内容形式设计与风险控制

形式类型	应用场景	示例	风险点	控制措施
长图文	深度解析行业趋势	"2025 年家居色彩趋势报告"	阅读完成率低（＜30%）	分章节排版＋关键结论前置，添加目录跳转
短图文	快速种草新品	"极简书桌丨隐藏式收纳＋环保板材"	信息密度不足，转化率低	突出核心卖点（3 秒原则）＋强 CTA（"点击领取优惠券"）
短视频	展示产品安装/使用场景	30 秒"智能沙发变形记：从包装到舒适躺平"	完播率低（＜40%）	前 3 秒高能画面（如"一键平躺"功能演示）
直播	实时互动促转化	设计师直播讲解"客厅风格搭配秘籍"	观众留存率低（＜15 分钟）	提前预告福利（如"整点抽奖免单"）＋实时弹幕答疑

3. 制作流程

（1）选题会

结合用户调研与热点日历确定选题。利用问卷星等工具收集用户需求，在家具行业，用户可能关心的问题包括家具的环保性能、价格合理性、款式新颖度等。通过设置相关问题，了解用户在家具选购、装修过程中遇到的问题及感兴趣的话题。同时参考热点日历，如"双十一"、家装节等重要节点，策划相关选题。例如：在"双十一"期间，推出"双十一家具选购攻略"，为用户提供如何在"双十一"期间挑选性价比高的家具、如何领取优惠券、如何避免购买陷阱等实用建议；在家装节期间，策划"家装节爆款家具推荐"，介绍市场上受欢迎的家具产品，吸引用户关注。

（2）素材库搭建

图片：可从 Unsplash、站酷等网站获取无版权素材，这些网站提供的素材质量高且免费，能够丰富内容的视觉效果。例如，从 Unsplash 上可以获取到各种精美的家居场景图片，用于搭配文章内容，展示不同风格的家居环境。同时，家具品牌要拍摄产品实景图，展示家具的真实外观、细节，如木材的纹理、家具的边角处理、五金配件的质量等，增强用户对产品的信任，让用户更真实地了解产品。

工具：使用 Canva 设计封面，Canva 拥有丰富的模板与设计元素，能够轻松制作吸引人的封面。例如，在设计家具产品介绍文章的封面时，可以选择简洁大气的模板，突出产品图片与文章标题。135 编辑器用于排版，具备多种排版样式，能够使文章布局更美观，通过合理分段、设置标题格式、插入图片等操作，提升用户的阅读体验。剪映用于剪辑视频，其操作简单且功能强大，可满足视频制作的基本需求，如剪辑家具安装视频、使用场景视频时，能够添加字幕、音乐、特效等，使视频更具吸引力。

（3）发布测试

预览检查：在不同设备上预览，检查排版是否错位。用户使用设备多样，包括手机、平板、电脑等，不同设备屏幕尺寸与分辨率不同，可能会导致文章排版出现问题。例如，在手机上显示正常的图文，在平板上可能会出现图片变形、文字重叠等情况。通过多设备预览，能够确保所有用户获得良好的阅读体验，从而提升品牌形象。

A/B 测试：针对同一主题发布两种标题，观察用户点击率，选择点击率更高的版本。例如，对于一篇介绍沙发的文章，分别使用"舒适到不想起身的沙发推荐"和"这款沙发，让你的客厅提升档次"两个标题进行 A/B 测试。通过分析用户点击数据，了解用户对不同标题的喜好，依据测试结果优化标题策略，提高文章的曝光率与点击率。

表 12-14　微信内容制作流程与风险控制

流程阶段	核心任务	工具／方法	风险点	控制措施
选题会	结合用户需求与热点日历	问卷星调研＋百度指数热点分析	选题偏离目标用户兴趣	建立选题评分机制（需求匹配度／热度值／转化潜力）
素材库搭建	获取高质量图文／视频素材	Unsplash 无版权图库＋产品实拍	素材版权纠纷	使用商用授权平台（如摄图网）＋自有素材标注"品牌原创"
发布测试	多设备预览＋A/B 测试	135 编辑器排版＋Canva 封面设计	移动端适配差（文字重叠/图片拉伸）	建立适配标准（字体 ≥ 14px/ 图片比例 16∶9）＋真机测试

（三）粉丝互动与维护

1.互动方式

（1）留言区运营

精选优质评论并回复：当用户在留言区分享观点或提问时，及时精选优质评论并回复。例如，用户分享自己在选购家具时遇到的困难，品牌回复"感谢分享！您提到的在选择合适尺寸家具时遇到的困扰，我们后续会专门出一篇关于如何测量空间与选择合适家具尺寸的文章为您解答"，让用户感受到品牌的关注与重视，增强用户的参与感。通过与用户的互动，品牌还能了解用户的需求与痛点，为后续内容创作与产品优化提供方向。

发起话题讨论：定期发起话题讨论，如"你家的沙发是什么风格？点赞最高送抱枕。"通过这种方式激发用户参与热情，增进用户间的互动。用户在参与讨论过程中，会分享自己家中沙发的风格，如中式古典、欧式奢华、现代简约等，品牌可以从中了解用户的家居风格偏好，为品牌产品设计与推广提供参考。同时，点赞数最高送抱枕的活动也能提高用户的积极性，增强用户对品牌的关注度。

（2）社群导流

在公众号菜单嵌入社群入口，用户点击后自动推送入群二维码，方便用户加入品牌社群，在社群内进行更深入的交流与互动。在家具社群中，用户可以分享自己的装修经验、家具使用心得，品牌也可以在社群内发布新品信息、优惠活动，与用户建立更紧密的联系。

在社群内定期举办"家居改造挑战赛"，鼓励用户晒出自家家居改造前后对比图参与挑战。这既能增强用户参与感与对品牌的黏性，又能通过用户分享展示品牌产品在家居改造中的实际效果，实现口碑传播。例如，用户使用品牌的家具进行家居改造，通过对比图展示改造后的空间变化，吸引其他用户关注品牌产品，激发他们的购买欲望。

表 12-15　微信粉丝互动策略与风险控制

互动类型	核心策略	示例	风险点	控制措施
留言区运营	精选优质评论并回复，发起话题讨论	"点赞最高送抱枕"活动	负面评论未及时处理，话题参与度低	建立关键词过滤库 + 人工审核机制；设置阶梯奖励（如参与人数达 100 人解锁更高奖品）
社群导流	公众号菜单嵌入社群入口，举办"家居改造挑战赛"	用户晒改造对比图获专属优惠券	社群活跃度低（日发言 < 10 条）	设置每日打卡任务（如分享家居灵感）+ 管理员定时互动（早晚各 1 次）

2. 维护策略

（1）分层运营

普通粉丝：为普通粉丝推送常规内容，如每日家居灵感、产品知识等，并定期提供月度福利，如抽奖活动。通过这些方式保持与普通粉丝互动，逐步培养他们对品牌的好感与忠诚度。例如，抽奖活动可以设置家居饰品、优惠券等奖品，吸引普通粉丝参与，让他们持续关注公众号。

高价值用户（如已购客户）：已购客户作为品牌的核心资产，需提供 VIP 级服务，专属设计咨询便是关键一环。当客户计划局部空间改造，比如翻新卧室或重新规划书房时，专属设计师可依据客户现有家具，结合新的功能需求与审美偏好，制定精准设计方案。此外，物流配送上给予优先待遇，缩短家具配送时长，让客户更快享受新品。设立专属售后服务热线，当客户遇到家具损坏、组装难题时，专业售后团队能迅速响应，提供高效解决方案，全方位增强客户与品牌的紧密联系。

（2）流失预警

密切监控取关数据，一旦发现用户取关，立即推送挽留问卷，如"方便告知我们，是什么让您决定离开吗？"以诚恳态度收集反馈。在家具行业，用户取关的原因是多元化的。部分用户关注时期望获取高端定制家具资讯，而公众号内容多为大众款产品介绍，导致需求不匹配；也有用户因品牌产品价格超出预算，多次浏览无果后选择离开；还有用户因购买过程中客服响应慢、售后问题解决不及时、体验不佳而取关。收集这些反馈后，品牌可有针对性地调整内容策略，增加不同价格区间、定制需求的内容；优化定价体系，推出性价比更高的产品线；强化客服与售后培训，提升服务质量，从而有效降低用户流失率，稳固用户基础。

表 12-16　分层维护策略与风险控制

用户类型	运营策略	服务示例	风险点	控制措施
普通粉丝	推送常规内容（家居灵感／产品知识）＋月度抽奖	每日推送"家居配色技巧"，抽奖送靠垫	内容同质化导致取关率上升	动态调整内容类型（每月调研偏好）＋增加互动玩法（如投票选下期主题）
高价值用户	提供 VIP 服务（专属设计／优先物流／售后专线）	已购客户享免费空间改造方案	资源过度倾斜导致普通用户不满	设置服务门槛（年消费≥5 万）＋隐形分层（不公开 VIP 权益）
流失用户	取关后推送挽留问卷，分析原因并优化	问卷反馈优化客服响应速度	问卷回收率低（＜5%）	简化问卷（3 道选择题）＋附赠挽留礼（如9 折券）

表 12-17　流失原因与应对策略

流失原因	典型场景	应对策略
内容需求不匹配	用户关注定制内容，公众号推大众款	增加标签系统（内容分类：平价／轻奢／高端），用户自主选择偏好
价格超预算	多次浏览高价产品未转化	推送相似风格平价替代款（如"这款沙发设计相似，价格仅 1/3"）
服务体验差	客服响应慢／售后推诿	建立服务 SLA（Service Level Agreement, 服务水平协议）标准（5 分钟响应率≥90%）＋售后问题 48 小时闭环

（四）推广与引流

1. 内部推广

朋友圈：鼓励员工积极转发公众号文章，搭配极具吸引力的文案，如"员工力荐！这款沙发，舒适到让您秒变'沙发土豆'，简约时尚的外观适配各种家居风格，错过血亏！"员工社交圈广泛，其中不乏潜在家具购买者。若员工分享时融入真实使用体验，如"我家买了这款沙发，坐感超棒，每天下班往上面一躺，一天的疲惫都没了"，这种真实感能极大提升文章可信度与吸引力，有效扩大传播范围，吸引更多潜在用户的关注。

小程序：在商城小程序首页设置醒目的"关注公众号领券"弹窗，如"关注即享满3000 减 300 优惠券，开启家居焕新之旅"。此方式既能引导用户关注公众号，增加粉丝量，又能刺激商城消费。用户为了使用优惠券更愿意关注，且在购物时可能因优惠刺激增加购买金额，提升品牌销售额。同时，公众号与小程序相互引流，形成良性循环。用户在公众号获取产品信息、家居灵感后，可通过小程序便捷购物；在小程序购物时，又被引导关注公众号，接收更多品牌资讯与优惠。

2.外部引流

（1）SEO优化

文章标题含关键词：撰写文章标题时，精准融入家具行业热门关键词，如"高性价比实木餐桌品牌大盘点""小户型必备多功能衣柜推荐"。如此，当用户在微信或搜索引擎中输入相关关键词时，公众号文章更易出现在前列，提高曝光率。例如，用户搜索"实木餐桌"，含此关键词的文章就有机会被用户点击。选取关键词时，需紧密结合行业热点趋势、用户搜索习惯及自身产品特点，确保关键词热度高且与品牌紧密相关。

正文中插入锚文本链接：在文章正文中巧妙插入锚文本链接，如"想了解更多沙发选购要点？点击查看'沙发选购全攻略'"。在介绍客厅装修风格以及沙发选择时，插入"不同客厅风格适配沙发款式，点此查看详情"链接，用户点击后可跳转至相关文章页面，深入了解信息。合理设置链接，不仅方便用户获取感兴趣的内容，还能构建公众号完整内容体系，增强用户黏性。

（2）异业合作

与家装博主联合发布"全屋软装方案"：与知名家装博主携手，共同打造"全屋软装方案"内容。家装博主粉丝众多，且对家居装修兴趣浓厚。合作中，品牌提供家具产品，博主运用专业知识与创意，将品牌家具融入全屋软装方案，通过图片、文字、视频展示家具在家居空间中的实际效果。例如，博主制作视频，展示如何用品牌沙发、茶几、电视柜等打造现代简约风家居空间，视频发布后引导粉丝关注公众号获取产品信息与优惠信息，实现互利共赢。

在家居展会上设置"扫码关注送测量尺"活动：家居展会的人流量大，潜在客户多。展会现场开展扫码关注送测量尺活动，测量尺作为装修常用工具，实用性强，能有效吸引参展人员关注。工作人员向参展者介绍公众号价值，如"关注我们，获取最新家具潮流、专业装修知识，还有专属优惠"，让参展者在获取测量尺的同时，对公众号产生兴趣，增加粉丝量。

表12-18 推广与引流策略

推广类型	核心策略	工具/资源	效果指标	风险点	控制措施
内部推广					
朋友圈转发	员工分享＋真实体验文案	员工激励政策＋文案模板库	转发率≥60%	员工积极性不足/文案夸大	设置转发积分奖励＋AI文案合规检测

推广类型	核心策略	工具/资源	效果指标	风险点	控制措施
小程序引流	弹窗优惠券（关注领券）	小程序开发工具+优惠券管理系统	关注转化率≥25%	用户领券后取关	设置用券门槛（消费后解锁）
外部引流					
SEO优化	关键词布局+锚文本链接	百度指数+微信SEO插件	搜索排名TOP3占比≥40%	关键词堆砌影响阅读体验	自然密度控制（关键词占比3%～5%）
异业合作	家装博主联名内容+展会扫码活动	KOL资源库+展会活动策划团队	合作内容曝光量≥10万次	合作方数据造假/展会人流虚标	签订效果对赌协议+第三方人流统计

（五）最新运营策略

1.算法优化

微信"千人千面"推荐。

内容需垂直细分：避免内容宽泛，聚焦细分领域，如专注"儿童房家具"。在竞争激烈的家具市场，垂直细分内容能精准定位目标用户，提高内容与用户兴趣的匹配度。专注儿童房家具的公众号可深入探讨安全性，如儿童床边角圆润处理；环保性，如衣柜甲醛释放量标准；趣味性，书桌设计激发学习兴趣等。通过提供专业、针对性强的内容，在微信"千人千面"算法中获得更高曝光度，吸引精准用户关注。

增加互动指标：全力提升内容互动指标，如阅读完成率、转发率。高互动指标表明内容受用户喜爱，微信算法会据此加权，提升其曝光度。在家具内容创作中，可设置互动环节，如在文章结尾提问"您觉得这款儿童房书桌收纳设计如何？欢迎留言分享"，引导用户评论；或在文中提示"分享到朋友圈，和朋友一起探讨儿童房装修"，鼓励转发。还可以制作互动图文、视频，如线上家具搭配小游戏，根据用户搭配推荐产品，提高参与度，提升互动指标。

表12-19　算法优化策略与风险控制

策略维度	核心策略	工具/方法	效果指标	风险点	控制措施
垂直细分	聚焦单一场景（如儿童房家具）	用户画像工具+行业细分报告	精准用户占比≥70%	受众规模受限	扩展关联子话题（如儿童房收纳/环保材料）
互动提升	植入问答/搭配游戏	互动插件（投票/测试工具）	互动率≥15%	互动设计复杂导致流失	简化操作步骤（3步内完成）+即时奖励反馈

2.内容创新

互动图文：在图文内容中嵌入投票组件，如"两款茶几，简约现代风与中式古典风，您更青睐哪一款？"通过此方式增加用户互动，收集用户喜好数据，为产品研发与推广提供依据。例如，品牌推出两款风格迥异的茶几，用户投票后，品牌可根据结果调整产品策略。同时，设置奖励机制，从投票用户中抽取幸运者，赠送茶几优惠券或小礼品，提高参与积极性。

视频号联动：在公众号文章中巧妙插入视频号内容，引导用户"点赞—关注—转化"。视频号传播力与社交属性强，与公众号联动可扩大传播范围，促进用户转化。如公众号介绍新上市沙发时，插入视频号展示沙发外观、材质、使用场景及用户体验的视频，用户阅读文章时点击观看，能够更直观地了解产品。视频结尾提示"关注公众号，获取更多沙发产品信息与优惠"，实现视频号与公众号流量互通，提高关注转化率。

表 12-20　内容创新策略与风险控制

创新形式	执行方法	工具/资源	效果指标	风险点	控制措施
互动图文	嵌入投票组件＋优惠券奖励	135编辑器互动插件＋优惠券系统	投票参与率≥30%	奖品吸引力不足	设置阶梯奖励（参与即送＋中奖加赠）
视频号联动	公众号文章植入视频号内容＋关注引导	视频号创作工具＋流量监测系统	视频号导流率≥25%	视频与图文内容割裂	主题统一策划（如"儿童房改造全流程"）

3.数据分析

（1）核心指标

打开率：分析文章打开率可评估标题的吸引力。若打开率低，需优化标题，结合热点、用户痛点与产品亮点创作。报道环保热点时，标题可设为"警惕！你家家具环保达标吗？"；针对用户选购家具尺寸的困扰，标题可设为"轻松选购适配家具尺寸的秘诀在此"；突出产品亮点，如"这款智能沙发，让家居生活品质飞跃"。持续优化标题，提高打开率，让更多用户看到内容。

分享率：分享率反映内容价值与吸引力。高分享率表明内容引发共鸣，值得分享；低分享率则需反思内容是否满足需求、具备传播价值。创作家具内容时，提供实用、有趣、独特的内容，如分享小众家具打造高级感家居空间的技巧，或制作有趣的家具 DIY 教程视频。设置分享奖励机制，用户分享文章获积分，可兑换家居饰品或优惠券，激励用户分享。

转化率：转化率衡量行动呼吁（Call to Action，CTA）按钮效果，如"立即购买""了解更多"。通过分析转化率，优化按钮设计与位置，提高转化率。在家具公众号中，CTA按钮设计简洁醒目，颜色与文章协调，如"立即购买"按钮用鲜明橙色，与产品图形成对比。位置设置在产品介绍后，用户了解产品且产生兴趣时，方便点击购买或了解更多。还可通过 A/B 测试，尝试不同按钮文案、颜色、位置，找出最优组合。

（2）工具

微信公众平台后台：利用微信公众平台后台数据分析功能，了解用户地域分布、性别比例、使用设备等信息，助力品牌精准营销。在家具行业中，不同地域用户偏好有别：南方潮湿，用户倾向防潮好的橡胶木家具；北方寒冷，实木搭配厚坐垫的家具更受欢迎。了解地域分布，品牌可有针对性地推送产品与装修知识。性别比例也影响产品设计与推广，男性重功能耐用，女性重美观搭配，品牌据此设计产品、制定推广策略。同时，了解设备信息，确保公众号内容在不同设备上呈现良好效果。

新榜：借助新榜对标行业头部账号内容策略。分析头部账号选题方向，如当下热门的"智能家居在家居中的应用""复古家具流行趋势"；分析内容形式，是图文、视频还是直播；分析发布时间规律等。品牌通过学习借鉴，了解行业受欢迎选题、独特呈现方式及最佳发布时间，合理安排自身公众号运营，提升运营水平，在市场竞争中脱颖而出。

表 12-21　数据分析策略与风险控制

分析维度	核心指标	优化策略	工具支持	风险点	控制措施
打开率	标题点击率（≥8%）	A/B 测试标题（痛点型 vs 好奇型）	微信公众平台+第三方 A/B 工具	标题党导致用户信任下降	平衡吸引力与真实性（禁用夸张词汇）
分享率	社交传播率（≥5%）	植入社交货币（如"测测你的家居风格"）	新榜传播力指数	分享内容涉及敏感信息	预埋分享内容审核机制
转化率	CTA 按钮点击率（≥3%）	动态调整按钮位置/颜色（热力图分析）	腾讯云分析+热力图工具	过度营销引发用户反感	限制单页 CTA 数量（≤2个）

（六）运营规范

1. 内容红线

（1）禁用话术

虚假宣传：在家具行业中，价格是消费者关注的焦点，品牌宣传价格优势时，务必避免"全网最低价"这类无时限表述。应明确活动起止时间，如"'双十一'期间，本品牌某款实木床特价直降 1000 元，活动时间为 11 月 1 日 0 点至 11 月 11 日 24 点"，确保宣传真实准确，避免误导消费者，防止因虚假宣传引发投诉与信任危机。

绝对化用语：在宣传家具环保性能时，要杜绝"100% 零甲醛"这类绝对化表述。家具生产即便采用环保材料工艺，也难以达到完全零甲醛。品牌应以科学、客观的态度说明，如"本品牌家具甲醛释放量符合国家 E1 级标准，每立方米不超过 1.5 毫克"，并附上检测报告链接或图片，供消费者查阅验证，增强宣传可信度。

（2）版权风险

在设计公众号内容时，为规避字体版权风险，推荐使用思源黑体、站酷酷黑体等免费可商用字体。若使用其他商用字体，必须购买授权。某家具品牌因在公众号文章中使用未经授权的时尚字体，被字体公司起诉，最终支付高额赔偿金并重新修改文章的字体。因此，品牌务必谨慎选择字体，确保公众号运营合法合规。

2.认证合规

企业认证资料需每年度更新：家具企业经营状况、联系方式等信息可能随时间变化，如办公地址、联系电话变更，业务范围拓展调整。为保证公众号认证有效、信息准确，每年按时更新企业认证资料至关重要。这不仅能向用户展示最新企业信息，维护品牌正规专业形象，增强用户信任，还能避免因认证过期未更新，导致公众号部分功能受限，影响推广与运营。

广告合作需标注"广告"字样：家具公众号运营过程中，品牌常与其他企业合作推广产品或服务。此时，需在文章末尾等显著位置标注"本文为品牌特约内容"，明确告知用户该内容为广告，严格遵守广告发布规定，切实维护用户知情权。

三、行业工具推荐

内容排版：135 编辑器、i 排版。

数据监测：友盟 +、腾讯有数。

裂变工具：小裂变、媒想到。

任务实训

【目标】

通过模拟南康家具品牌微信运营全流程，提升从账号搭建到转化落地的系统能力。

【内容】

为某实木家具品牌设计微信个人号人设及 30 天增粉计划。

策划公众号"金九银十"促销专题内容（图文 + 视频）。

分析某品牌微信后台数据，提出 3 条运营优化建议。

【步骤】

步骤 1：人设设计

确定角色定位（如"10 年实木家具品鉴师"）。

制作视觉素材（职业形象照、朋友圈封面图）。

步骤 2：增粉活动策划

设计裂变路径：公众号回复关键词→生成专属海报→邀请 5 人关注领取《实木保养手册》。

设置数据监测点：海报扫码率、邀请完成率、取关率。

步骤 3：内容创作

图文：《秋季实木家具防干裂指南》（插入门店预约插件）。

视频：拍摄"从原木到成品"的工厂溯源短片。

步骤 4：数据分析

导出月度图文阅读来源分布数据（公众号会话 / 朋友圈 / 搜一搜）。

对比不同内容类型的分享率（案例类＞促销类＞知识类）。

家具视频和直播平台运营。

第三节　家具视频和直播平台运营

学习目标

【知识目标】

（1）掌握家具行业视频与直播运营的核心逻辑及平台规则（如抖音、快手、淘宝直播）。

（2）理解短视频内容策划、直播脚本设计、用户互动转化的方法论。

（3）熟悉家具类视频的拍摄技巧、场景化展示策略及违规风险规避。

【能力目标】

（1）能独立完成家具短视频的选题、拍摄、剪辑及发布。

（2）能策划并执行一场完整的家具直播活动，包括预热、控场、促单全流程。

（3）能通过数据分析（如完播率、停留时长、转化率）优化运营策略。

一、视频运营

（一）内容深度策划

1.用户决策心理分析

表 12-22　用户决策阶段及内容策略

决策阶段	内容策略	案例应用
认知阶段	痛点放大（如"收纳做不好，房子大不了"）	短视频展示无收纳空间，小户型脏乱
兴趣阶段	解决方案植入（产品功能）	场景化演示收纳床扩容效果
决策阶段	信任背书（质检流程）	工厂流水线实拍＋质检报告
行动阶段	限时促销（倒计时）	直播专属折扣券发放

在家具采购过程中，消费者决策心理呈阶段性特征，各阶段需要差异化内容策略引导。

认知阶段：此阶段消费者需求模糊，痛点放大策略可有效吸引关注。如针对"小户型缺乏收纳空间，房间脏乱"这一问题，制作对比短视频，直观呈现购买带更多收纳功能家具与购买不带此功能家具在房间整洁度与活动空间方面的区别，引发消费者对此类家具的关注，为后续产品推荐作铺垫。

兴趣阶段：消费者察觉痛点后，寻求解决方案。此时，将产品功能融入内容是关键。以收纳床为例，通过场景化展示，呈现其在不同使用状态下的扩容效果及空间扩展效果，让消费者清晰了解产品功能，激发兴趣，提升产品好感度。

决策阶段：消费者产生兴趣后，信任背书至关重要。工厂流水线实拍与质检报告能增强消费者对产品质量的信心。工厂实拍展示生产标准与工艺，质检报告以权威数据证明产品合规，消除消费者决策顾虑，促成购买。

行动阶段：限时促销是刺激购买的有效手段。直播中发放专属折扣券并设置倒计时，营造紧张氛围，利用消费者的紧迫感促其下单。如告知折扣券仅 30 分钟有效，过期恢复原价，推动消费者迅速决策。

2. 内容矩阵搭建

（1）纵向矩阵：按沙发、床垫、柜类等产品线细分，构建独立内容体系，精准满足消费者对特定产品的需求。例如，针对沙发产品线，包括制作款式选择、材质对比、舒适度评测等内容；床垫产品线则围绕软硬度、支撑性、透气性展开创作，为不同需求的消费者提供专业内容。

（2）横向矩阵：按知识类、剧情类、测评类等内容形式划分。知识类内容如家具选购指南、保养知识分享，树立品牌专业形象；剧情类将故事、情景短剧融入产品，增强趣味性与吸引力；测评类对不同品牌、款式的家具进行客观评测，为消费者提供决策参考。

示例：某品牌账号结构

主账号：发布品牌活动与爆款推荐。新品发布会、周年庆等活动通过主账号传播，提升曝光度与影响力；爆款推荐集中展示热门产品，吸引关注，促进销售。

子账号 1：专注家具清洁技巧（知识类），定期分享沙发污渍清理、木质家具保养等的方法，增加用户黏性，提升品牌好感度。

子账号 2：以家具改造日记（剧情类）为主题，记录改造全过程，展示改造前后变化，激发消费者对家具改造的兴趣，体现产品应用多样性。

（二）拍摄技术

1. 多机位拍摄

表 12-23　不同机位拍摄作用及适用场景

机位	作用	适用场景
主机位	全景展示	客厅空间整体布局
侧机位	细节特写（材质纹理）	沙发缝线、木材切面
俯拍机位	功能演示（储物空间）	橱柜内部结构展示

主机位：用于全景展示，适用于呈现客厅空间整体布局等场景。通过主机位拍摄，消费者可全面了解空间内家具摆放与环境搭配，形成整体视觉印象。

侧机位：聚焦细节特写，如沙发缝线、木材切面等材质纹理。近距离拍摄展示工艺细节，彰显产品品质，增强消费者对产品质量的信心。

俯拍机位：主要用于功能演示，如橱柜内部结构展示。俯拍视角直观呈现储物空间布局与收纳设计，满足消费者对家具功能性的关注。

2. 特殊拍摄手法

慢动作：展示家具承重测试时，采用慢动作拍摄重物坠落冲击过程，将瞬间冲击清晰分解，让消费者直观感受家具承重能力，增强对产品质量的信任。

一镜到底：模拟消费者从进门到使用家具的全流程体验，跟随镜头移动，全方位展示家具在实际生活场景中的使用情况，增强代入感，提升消费者对产品的认知与好感度。

（三）平台差异化运营

表 12-24　不同平台用户内容偏好及运营重点

平台	内容偏好	运营重点	家具行业案例
抖音	高节奏、强视觉	黄金 3 秒 + 话题挑战	"爆改小卧室"话题
视频号	社交裂变、私域导流	朋友圈转发 + 公众号绑定	"老客户晒家"活动
快手	真实感、下沉市场	工厂直击 + 价格优势	低价床垫产地直播
B 站	深度内容、年轻用户	科普长视频 + 弹幕互动	UP 主"家具材质大揭秘"

抖音：用户偏好高节奏、强视觉内容。运营时，黄金 3 秒至关重要，需在视频开头以具有冲击力的画面或引人思考的问题迅速吸引眼球。积极参与话题挑战，如林氏木业"爆改小卧室"话题，借助话题热度推广产品与理念。

视频号：具有社交裂变与私域导流特点。运营重点在于鼓励朋友圈转发，与公众号绑定实现多渠道传播。"老客户晒家"活动，通过用户朋友圈分享使用体验，借助社交网络快速传播品牌；与公众号绑定后，可在公众号详细介绍活动，促进私域流量转化。

快手：注重真实感，用户群体具有下沉市场特点。工厂直击类内容展示生产过程，增强产品可信度；强调价格优势，契合下沉市场对性价比的追求。比如，低价床垫产地直播，从产地展示产品，让消费者感受源头价格实惠，吸引其购买。

B 站：以深度内容与年轻用户为主。运营时可制作科普长视频，如 UP 主"家具材质大揭秘"，深入讲解家具材质知识，满足年轻用户求知欲；通过弹幕互动增强用户与创作者的交流，营造良好社区氛围，提升用户认同感。

（四）版权与合规管理

音乐：为避免版权纠纷，应使用平台版权库或 Epidemic Sound 等无版权音乐平台资源。

字体：商用字体须授权使用。推荐思源黑体、阿里巴巴普惠体等免费商用字体，其可读性与美观性俱佳，用于视频标题、字幕、说明文字，既能增添专业感，又能规避字体侵权风险。

二、直播运营

（一）全链路流量运营

1. 流量漏斗模型

直播预告视频是流量起点，展示新品、优惠等内容吸引潜在消费者，将其引入直播流量池。直播当天通过抖音 DOU+、巨量千川等付费推广提升曝光度，吸引更多目标消费者进入直播间。直播间自然流量由平台根据观看时长、互动率等数据指标免费推荐。粉丝团/ 社群私域流量是长期积累的忠实用户，直播时积极参与互动并购买。成交用户复购是流量漏斗的末端，通过优质产品与服务促使消费者再次购买，实现用户价值最大化。

流量来源占比方面，付费投流约占 40%，快速提升直播间热度与曝光度；自然推荐占 30%，反映直播间内容质量与用户互动对流量的吸引能力；粉丝召回占 20%，体现品牌私域流量运营成果；其他来源占 10%，包括外部链接引流、平台活动等。

2. 投流策略

表 12-25　投流策略

投放目标	适用阶段	定向参数
直播间加热	开播前 1 小时	家居兴趣人群 + 同城用户
商品点击	促销节点（整点秒杀）	高购买力女性（25 ～ 40 岁）
粉丝增长	日常直播	竞品账号粉丝

直播间加热：适用于开播前 1 小时，投放目标为吸引更多观众。定向家居兴趣人群，

精准推送直播信息；选择同城用户，增加本地曝光量，方便本地消费者到店体验或购买。

商品点击：促销节点如整点秒杀时使用，投放目标是提高商品点击率。定向高购买力女性（25～40岁），该群体在家居采购中决策权与购买力均较高，有针对性的投放可有效提升商品点击率与购买转化率。

粉丝增长：日常直播时，投放目标为增加直播间粉丝数量。定向竞品账号粉丝，吸引其关注，扩大自身粉丝群体，实现粉丝量的增长。

（二）技术工具赋能

1.虚拟直播技术

绿幕抠像：通过绿幕抠像实现虚拟背景切换。家具直播中，可将直播间背景切换为巴黎家居展场景，让消费者仿佛置身于展会现场，提升直播间视觉效果与吸引力，带来全新直播体验。

多机位导播：利用手机与相机同步推流实现多机位导播。直播时可根据需要灵活切换产品特写与全景镜头，如介绍沙发时，先展示整体搭配，再特写材质纹理与缝线工艺，全面展示产品，提升直播的专业性与观赏性。

2.数据看板监控

实时大屏：实时显示在线人数、成交金额、热卖商品 TOP3 等关键数据。主播与运营团队可据此直观了解直播间实时情况，及时调整直播策略。如果发现在线人数下降，可增加互动环节、推出限时优惠吸引用户留存；如果某款商品销量突出，则应加大介绍与推广力度。

敏感词提醒：自动屏蔽"假货""投诉"等关键词，避免负面词汇影响直播氛围与品牌形象。当敏感词出现时，运营团队应及时关注并处理用户疑问与投诉，维护直播间的良好秩序。

（三）用户分层运营

表 12-26　直播用户分层运营策略

标签维度	运营动作	工具支持
消费等级	高客单用户推送定制服务	抖音电商罗盘分层功能
互动行为	高频互动者邀请进福利群	企业微信自动拉群
地域分布	同城用户推送线下活动	数据平台地域热力图

消费等级：根据消费金额划分用户等级。针对高客单用户，推送定制服务，如专属家具定制方案、优先配送安装等。借助抖音电商罗盘分层功能，清晰了解不同等级用户的分布，有针对性地运营。

互动行为：分析互动行为，将高频互动者邀请进福利群。比如，针对在直播间积极留言、点赞、分享的用户，通过企业微信自动拉群，提供群内专属折扣、新品优先试用等福利，增强用户黏性与忠诚度。

地域分布：利用数据平台的地域热力图了解用户地域分布。针对同城用户，推送线下门店新品体验、促销活动等信息，促进线上线下融合，提高用户参与度与购买转化率。

（四）直播后链路转化

1.次日追单策略

私信未付款用户：直播结束次日，向未付款用户发送私信，如"库存告急！您选的沙发仅剩最后 2 件！"营造库存紧张氛围，提醒用户尽快付款，促进订单转化。

社群发放专属优惠券：在直播粉丝社群发放专属折扣码，如"直播粉丝专属折扣码【LIVE100】"，鼓励用户使用优惠券购买，提高购买意愿与转化率。

2.数据复盘模板

数据复盘可全面评估直播效果，发现问题并提出优化措施。

观看人数：目标值 5000，实际值 3200。可能因预告视频曝光不足，优化措施可增加 DOU + 投放预算，或优化预告视频内容，提高其吸引力。

转化率：目标值 2%，实际值 1.3%。可能因产品组合吸引力低，可通过增加满减套餐、组合购买优惠等活动，丰富产品组合形式，提高吸引力与转化率。

三、新兴趋势与创新玩法

（一）元宇宙直播

虚拟家居展厅：消费者以虚拟形象进入 3D 展厅，自由搭配家具。比如，根据个人喜好在虚拟空间摆放沙发、茶几、电视柜等，实时查看搭配效果，提前感受家具在家中的实际布局效果。这种方式让消费者直观体验家具组合搭配，减少实际购买后因搭配不满意而退货的风险。

非同质化代币，（Non-Fungible Token，NFT）数字藏品：购买实体家具赠送设计师签名款等限量版数字艺术品。NFT 数字藏品具有唯一性与不可复制性，能增加产品附加值，吸引收藏爱好者与追求个性化的消费者。家具品牌发行 NFT 数字藏品，可提升品牌知名度与影响力，拓展营销渠道。

（二）AI 技术应用

智能剪辑：AI 自动截取产品讲解、促销节点等直播高光片段。直播结束后，运营团队利用智能剪辑工具快速生成精彩短视频，用于社交媒体推广，吸引更多用户关注，引导其观看直播回放或参与下次直播，提高直播内容的二次传播价值。

虚拟主播：采用虚拟主播进行 7×24 小时直播，循环讲解产品参数。虚拟主播不受时间与空间限制，可在夜间或非直播时段为消费者介绍家具材质、尺寸、功能等参数，解答常见问题，降低人力成本，满足消费者随时获取信息的需求。

（三）跨界联名直播

家居 × 家电：与扫地机器人品牌联合直播，演示家具与家电的适配性。展示扫地机器人在不同家具布局房间中的工作情况，以及家具设计如何为其运行提供便利。通过跨界联名直播，为消费者提供更全面的家居生活解决方案，拓展双方品牌用户群体，实现互利共赢。

设计师专场：邀请知名家居设计师直播连线，为消费者提供一对一搭配建议。设计师根据消费者家居风格、空间大小、个人喜好等，提供个性化家具搭配方案。这种直播形式可以提升消费者购物体验，借助设计师影响力提升品牌形象与知名度。

（四）行业术语

表 12-27　直播术语

术语	含义	应用场景
GMV	成交总额	直播战报数据统计
UV 价值	每个观众带来的平均收入	评估直播流量效率
憋单	延迟上架商品制造稀缺感	直播中促单话术设计
冷启动	新账号 / 新内容初始流量积累阶段	投流策略制定

GMV：常用于直播战报数据统计，反映直播销售业绩，是衡量直播效果的重要指标。品牌可通过分析 GMV 变化评估直播策略有效性，为后续运营提供参考。

UV 价值：指每个观众带来的平均收入，用于评估直播流量效率。UV 价值越高，直播间流量转化效果越好。品牌可通过优化直播内容、产品组合、促销活动等提高 UV 价值，实现流量最大化利用。

憋单：直播中延迟上架商品制造稀缺感的促单话术设计。主播介绍产品时，反复强调商品数量有限、即将上架，营造紧张购买氛围，激发消费者购买欲望，促使其在商品上架后尽快下单。

冷启动：指新账号 / 新内容初始流量积累阶段。此阶段账号或内容缺乏粉丝基础与曝光度，需通过一系列策略获取初始流量。

任务实训

【目标】

完成一场完整的家具直播演练，并产出 3 条垂直类短视频。

【内容】

选定一款家具产品（如布艺沙发）。

设计短视频分镜头脚本（突出透气性、可拆洗等特点）。

策划 30 分钟直播脚本（含产品讲解、优惠活动、互动问答）。

【步骤】

市场调研：分析竞品直播间的话术结构。

内容创作：短视频和直播脚本。

短视频：采用"痛点＋解决方案"结构（如展示脏污沙发→拆洗过程→焕新效果）。

直播脚本：设置3个产品体验节点（坐感测试、材质燃烧实验、颜色搭配演示）。

执行复盘：通过直播数据优化次日话术。

参考文献

[1] 郭琼，宋杰.定制家居终端设计师手册[M].北京：化学工业出版社，2020.

[2] 陶涛.家具市场新营销[M].北京：化学工业出版社，2020.

[3] 何晓兵.网络营销：基础、策略与工具[M].北京：人民邮电出版社，2023.

[4] 韩超，茹华所，何良君，等.市场营销理论与实务[M].昆明：云南大学出版社，2023.

[5] 张华.新媒体营销[M].北京：企业管理出版社，2023.

[6] 张建军.网络营销[M].南京：东南大学出版社，2022.

[7] 徐娜.家居陈列布置[M].南京：江苏凤凰美术出版社，2022.

[8] 任菲.新中式家居设计与软装搭配[M].南京：江苏凤凰美术出版社，2020.

[9] 范蓓.家具设计[M].北京：中国水利水电出版社，2024.

[10] 李伟栋，李金甲.板式家具数字化制造技术[M].北京：化学工业出版社，2024.

[11] 王金祥.大匠之道[M].苏州：苏州大学出版社，2023.

[12] 蒲剑.红木家具全屋定制[M].南京：江苏人民出版社，2022.

[13] 徐洪文.家具市场营销的理论与实践：评《家具企业市场营销管理》[J].木材工业，2020，34(6): 67.

[14] 朱毅.南康家具产业园区发展水平研究[D].赣州：江西理工大学，2024.

[15] 李黄安，王军善.赣州南康区：家具产业从草根经济变身标杆行业[N].中国经济导报，2024-09-05(002).